建设工程招标投标法律实务精要

栗魁◎著

精选九十余个典型案例

精讲法理、实务十三个专题

精析招标投标法律适用

知识产权出版社
全国百佳图书出版单位
—北 京—

图书在版编目（CIP）数据

建设工程招标投标法律实务精要／栗魁著．—北京：知识产权出版社，2020.6
（2021.9 重印）

ISBN 978 - 7 - 5130 - 6666 - 2

Ⅰ.①建… Ⅱ.①栗… Ⅲ.①建筑工程—招标投标法—法规—研究 Ⅳ.①D922.297.4

中国版本图书馆 CIP 数据核字（2019）第 284831 号

责任编辑：齐梓伊　　　　　　　　执行编辑：凌艳怡
封面设计：张新勇　　　　　　　　责任校对：谷　洋
责任印制：刘译文

建设工程招标投标法律实务精要

栗　魁　著

出版发行：	知识产权出版社 有限责任公司	网　址：	http：//www.ipph.cn
社　　址：	北京市海淀区气象路50号院	邮　编：	100081
责编电话：	010 - 82000860 转 8176	责编邮箱：	qiziyi2004@qq.com
发行电话：	010 - 82000860 转 8101/8102	发行传真：	010 - 82000893/82005070/82000270
印　　刷：	北京建宏印刷有限公司	经　销：	各大网上书店、新华书店及相关专业书店
开　　本：	720mm×1000mm　1/16	印　张：	18.25
版　　次：	2020 年 6 月第 1 版	印　次：	2021 年 9 月第 2 次印刷
字　　数：	281 千字	定　价：	88.00 元

ISBN 978 - 7 - 5130 - 6666 - 2

谨 以 此 书 献 给

我 律 师 生 涯 中 的 两 位 老 师

朱 树 英 大 律 师

陆 咏 歌 大 律 师

序　一

今年是一个特殊的年份。年初武汉新型冠状病毒肺炎爆发，全国各行各业众志成城，驰骋武汉。习近平总书记指出："要把人民群众生命安全和身体健康放在第一位，坚决遏制疫情蔓延势头。"无数的勇士、无数的平凡人在这个春天一起携手战斗，捍卫着安全、健康以及所有我们共同珍惜的东西。而这疫情期间，栗魁律师将其著作《建设工程招标投标法律实务精要》专递于我，特请我指点作序，多次沟通，盛情难却。

说起我与栗魁律师的结缘，还要回到 2003 年。时恰，我受邀来豫讲授《最高人民法院关于审理建设工程施工合同纠纷案件适用法律问题的解释》。授课完毕，栗魁律师诚挚挽留向我请教如何走专业化道路，成为专业律师。我与栗魁律师畅谈于理学重地嵩阳书院，相得甚欢，此后，一直保持友好联系。

"天道酬勤，春华秋实。"栗魁律师经历了十几年的专业化磨炼，已稍有成就。此次，栗魁律师撰写的《建设工程招标投标法律实务精要》是其对多年专业化经验的部分总结，值得肯定。读后，我感觉内容可圈可点，总体有以下几个特色。

一是，坚持问题为导向，不只追求知识的系统性，而是重点培养读者分析问题和解决问题的能力。本书分为 13 个专题，紧密围绕招标投标法中典型问题，结合《最高人民法院关于审理建设工程施工合同纠纷案件适用法律问题的解释（二）》最新处理意见展开。如中标通知书的性质与中标合同问题、必须招标项目法律认定、招标投标文件法律性质及顺位、低于成本价中标合同效力及工程结算、"黑白合同"认定及结算等，对实践中常见的疑难问题进行专题研究，重点突出，避免了枯燥无味的理论说教，使得全书有声有色，易于理解。

二是，坚持立体研究，在分析问题时，把法理、法规和典型案例紧密融合，从而窥见法律适用的逻辑。"法律的生命在于实施"是习近平总书记法治思想的重要观点，要求将"字面上的法"变为"生活中的法"。本书每个专题涉及法理分析、实务争议以及作者个人的观点，再结合现有法律规定、司法实践典型案例倾向性观点予以佐证，做到理论指导实践，实践检验理论，可谓"三位一体"，相得益彰。在最后一个专题，对招标投标法如何修改作者提出了个人意见和思考。

三是，重视真实的司法案例。案例是活的法律，赋予法律以生命。真实的司法案例，让读者洞悉招标投标法的真实运作。本书基本上选取的均为从最高人民法院或者其他法院筛选而出的典型案例，具有普遍指导性和实用性，也在一定程度上代表了人民法院的倾向性观点，对预判案件走向有积极的帮助。从案例中吸取教训，从案例中发现问题，也是本书写作的初衷和意义。

承上所述，本书结构清晰、说理到位，结合案例，兼有实用性和可读性，具有较强的参考价值，可作为法官、律师、法务等人员工具书。

"业精于勤荒于嬉，行成于思毁于随。"这是栗魁律师正式出版的第一本书籍，在此，我也对他寄予厚望。要保持谦虚谨慎的态度，"不畏浮云遮望眼"的攀登精神，"超前、实务、至诚、优质"的发展理念，"苟日新，日日新，又日新"的气象，撰写更多有实用价值的书籍。以堪精的专业实力和工匠精神，敢于担当的勇气，在专业化道路上不断深耕细作、扩展广度、延伸深度、上下求索、克己奋进，更上一层楼。

朱树英

2020 年 2 月 20 日

于上海

序 二

古人云："闻道有先后，术业有专攻。"随着依法治国的推进及市场深度和广度的发展，律师的专业化已是必然的发展趋势。客户对专业化有很强的标签性认识，在某个领域中具有专业化能力也是很强的竞争力。专业化、精细化是今后律师行业发展的基本要求。

今日拜读《建设工程招标投标法律实务精要》感受颇深。洋洋洒洒20余万字，一气呵成。虽我对建设工程招标投标不甚了解，但知该领域法律问题复杂，涉及内容繁多，若不深入研究实践，难以形成完整知识体系。本书设13个专题，附90余个案例，问题明确、重点突出、说理详实、有理有据，使得其他领域读者皆可读懂，很有实用性。这种"裁判加评析"的写作思路和框架，使我这个从事刑事业务的律师也受益匪浅，对这一新领域、新业务"跃跃欲试"。

栗魁律师从业20余年，选择一专并投入长期研究，将自己的经验毫无保留地分享给大家，实属难以，也一定程度上弥补了河南律师在建设工程领域著书稀少的空缺。与此，栗魁律师在发展自身技能的同时，也为河南律师在建设工程领域的专业化提升多有献力献策。

最后，希望栗魁律师再接再厉、不骄不躁，在自己的专业道路上继续深耕细作，将更多实用有效的经验与众多读者分享交流，相互促进、共同发展。

陆咏歌

2020 年 3 月 20 日

于金博大律师事务所

目 录 ↘

CONTENTS

中标通知书的性质与中标合同的问题

中华人民共和国最高人民法院（以下简称最高人民法院）公布的《最高人民法院关于审理建设工程施工合同纠纷案件适用法律问题的解释（二）（征求意见稿）》第1条关于中标通知书的性质规定："招标人向中标人发出中标通知书后，一方未依照招标投标法第四十六条第一款的规定履行订立书面合同义务，对方请求其承担预约合同违约责任或者要求解除预约合同并主张损害赔偿的，人民法院应予支持。

另一种意见：招投标文件与中标通知书已具备建设工程施工合同主要内容，且不得作实质性变更，即使未订立书面合同，本约亦成立。"

这说明在该司法解释制定过程中关于中标通知书的性质存在两种意见，第一种认为中标通知书为预约合同，第二种认为其为本约合同。

最终发布的正式稿第10条规定："当事人签订的建设工程施工合同与招标文件、投标文件、中标通知书载明的工程范围、建设工期、工程质量、工程价款不一致的，一方当事人请求将招标文件、投标文件、中标通知书作为结算工程价款的依据的，人民法院应予支持。"

从正式稿的规定来看，笔者倾向于认为中标通知书具有本约性质，即在招标人发出中标通知书后，招标人、中标人之间的合同依法成立。下文将对中标通知书的法律性质及其中问题进行解析。

一、中标通知书的含义

中标通知书是指招标人在确定中标人后，向中标人发出通知，通知其中标的书面凭证。经过严格的招标投标程序，招标人最终确定中标人，此时发出的中标通知书一般有法定代表人的签字和招标人的公章，对外确认和宣示的效力较高。

中标通知书的内容通常比较简单，主要写明中标人、项目名称、中标价格、工期、工程质量、开竣工时间、质量标准等，常见的格式有如下两种。

格式一：《建设工程施工合同（示范文本）》所附样本

中标通知书

_____（中标人名称）：

你方于_____（投标日期）所递交的_____（项目名称）_____标段施工投标文件已被我方接受，被确定为中标人。

中标价：_____元。

工期：_____日历天。

工程质量：符合_____标准。

项目经理：_____（姓名）。

请你方在接到本通知书后的_____日内到_____（指定地点）与我方_____签订施工承包合同，在此之前按招标文件第二章"投标人须知"第7.3款规定向我方提交履约担保。

特此通知。

招标人：（盖单位章）

法定代表人：（签字）

年　　月　　日

格式二：表格形式

中标通知书①

_____（中标人名称）：

你方于_____（投标日期）所递交的_____（项目名称）标段

---

① 袁华之：《建设工程索赔与反索赔》，法律出版社2016年版，第91－92页。

施工投标文件已被我方接受，你方已被确定为中标人。

工程名称		建设规模	
建设地点			
中标范围			
中标价	小写　　　　元（大写		）
中标期限	日历天	计划开工日期	年　　月　　日
		计划竣工日期	年　　月　　日
工程质量			
项目经理		注册建造师执业资格	
备注			

请你方在接到本通知书后的_____日内与我方签订施工承包合同，在此之前按招标文件第二章"投标人须知"的规定向我方提交履约担保。

附随的澄清、说明、补正事项纪要（如果有），是本中标合同的组成部分。

特此通知。

附：澄清、说明、补正事项纪要

招标人：（盖章）

法定代表人：（签字）

年　　月　　日

二、招标投标中的要约与承诺

招标投标过程中，避免不了涉及要约和承诺的理论和实践，笔者在此进行简单的阐述，以便读者理解和衔接下文中标通知书性质的概念。

（一）要约

按照我国民法的基本原理，要约涉及两个方面，即要约邀请和要约。要约邀请发生在订立合同的准备阶段，是希望他人向自己发出要约的意思表示。

《中华人民共和国合同法》（以下简称《合同法》）第 15 条第 1 款规定："……寄送的价目表、拍卖公告、招标公告、招股说明书、商业广告等为要约邀请。"实质上，其就是通过向不特定的对象做出了某种意思表示，希望某人向自己发出要约。

在合同法理论层面，目前要约邀请并无明确的法律意义，也不能产生相应的法律效力，但是在客观方面，它确实会对交易所衍生的民事权利造成影响。但是由于其法律层面效力的缺失，在司法实践中，特殊情境下会采取将要约邀请"视为要约"的方式，把要约邀请转化为要约后赋予其法律效力。[①]

要约是希望和他人订立合同的意思表示。意思表示应当符合如下要求：首先，内容具体确定，其中"具体"是指要约的内容必须具有足以使合同成立的主要条款；而"确定"是指要约的内容必须明确，表述不能模棱两可。其次，需表明经受要约人的承诺，要约人即受该意思表示约束。另外，我国采取的是"到达主义"，即要约到达受要约人时生效。采用数据电文形式订立合同，指定特定系统接收数据电文的，该数据电文进入该特定系统的时间，视为到达时间；未指定特定系统的，该数据电文进入收件人的任何系统的首次时间，视为到达时间。

（二）承诺

《合同法》第 8 条第 1 款规定："依法成立的合同，对当事人具有法律约束力，当事人应当按照约定履行自己的义务，不得擅自变更或者解除合同"，该法第 44 条第 1 款规定："依法成立的合同，自成立时生效。"由于我国合同法采取的是"到达主义"，即除另有约定，承诺到达即生效，这是合同法确立的关于承诺生效的基本原则。

需要注意的是，《中华人民共和国招标投标法》（以下简称《招标投标法》）对于中标通知书何时生效，采取的是英美法系中"发信主义"，这有别于我国合同法规定的生效原则，即当受要约人向要约人发出有效承诺时，承诺生效。

[①] 张华、沈忱："要约邀请、要约和承诺的法律效力"，载《法律适用》2013 年第 9 期，第 65 – 70 页。

三、中标通知书生效后未签订书面合同应承担的责任

根据上述对要约与承诺的分析及我国招标投标法中采取的"发信主义"，招标人发出的中标通知书即属于承诺。《招标投标法》第45条第2款规定："中标通知书对招标人和中标人具有法律效力。中标通知书发出后，招标人改变中标结果的，或者中标人放弃中标项目的，应当依法承担法律责任。"可见，中标通知书一旦发出后，不论中标人是否收到，中标通知书即对招标人和中标人产生了一定法律约束力，违反该约束力，应承担相应的法律责任。从最初的立法目的来看，如此立法也正是为了防止招标人恶意毁标，中标人擅自恶意放弃，保证其他投标人合法权益进而维护交易秩序。但法律及相关司法解释并未明确该种责任是缔约过失责任还是违约责任。

实践中，一般认为中标通知书生效之后合同未成立的，拒绝签订合同一方承担缔约过失责任；反之，若合同在中标通知书送达后成立的，拒绝签订合同一方则应承担违约责任。缔约过失责任的赔偿范围仅为信赖利益损失——所受损害与所失利益（机会损失），而违约责任的赔偿包括实际损失和可得利益损失。

案例1-1：广厦建设集团有限责任公司与福州市台江区房地产开发公司其他合同纠纷案——最高人民法院（2014）民一终字第155号民事判决书

裁判要旨：中标通知书发出后，合同关系成立，未签订合同的应返还投标保证金并支付利息，并赔偿中标工程交易服务费、保函手续费和临时设施费。

裁判摘要：一审判决依据中标通知书，认定广厦公司、台江公司之间就案涉项目确立合同关系正确。此案双方当事人的权利义务，应依据台江公司的招标文件、广厦公司的投标文件、中标通知书及相关证据予以认定。最高人民法院判决台江公司退还广厦公司投标保证金并支付利息，赔偿广厦公司中标工程交易服务费、保函手续费和临时设施费。

案例 1-2：安徽水利开发股份有限公司与怀远县城市投资发展有限责任公司缔约过失责任纠纷案——安徽省高级人民法院（2014）皖民二终字第 00659 号民事判决书

裁判要旨：投标人收到中标通知书时，其与招标人之间的合同尚未成立，招标人拒绝签订承包合同，违背了诚实信用原则，应属于违反先合同义务而造成对方信赖利益损失的缔约过失责任，应承担损害赔偿责任。

裁判摘要：安徽省高级人民法院认为，怀远县城投公司发出招标公告的行为属要约邀请，安徽水利公司的投标行为属要约，而怀远县城投公司向安徽水利公司发出中标通知书属承诺。根据《招标投标法》第 46 条、《合同法》第 32 条的规定，安徽水利公司收到中标通知书时，其与怀远县城投公司之间的合同尚未成立。怀远县城投公司拒绝签订承包合同的行为，违背了诚实信用原则，应属于违反先合同义务而造成对方信赖利益损失的缔约过失责任。依据《合同法》第 42 条的规定，怀远县城投公司应当向安徽水利公司承担损害赔偿责任，原审法院认定怀远县城投公司应向安徽水利公司承担缔约过失责任正确。缔约过失责任是违反先合同义务而造成对方信赖利益损失而应承担的民事责任，它仅限于赔偿对方实际利益损失而不包括基于合同成立后的可得利益损失。关于赔偿金额，安徽水利公司购买标书费用 1,000 元以及投标保证金 5,000 万元按照中国人民银行同期同类贷款利率的 1.3 倍计算利息损失。

案例 1-3：无锡市世达建设有限公司与无锡市百田建筑设计咨询有限责任公司建设工程施工合同纠纷再审案——江苏省高级人民法院（2013）苏民申字第 604 号民事裁定书

裁判要旨：投标人发出的投标函相当于要约，而招标人发出的中标通知书相当于承诺，该中标通知书到达投标人时，双方之间的建设工程施工合同成立并生效，且投标人实际已进场施工，双方之间的建设工程施工合同已实际履行。

裁判摘要：关于世达公司与百田公司之间是否成立建设工程施工合同关系的问题，涉案工程经百田公司以邀请招标的形式向相关施工单位进行招标，而世达公司依据招标文件发出了投标函，百田公司依该函向世达公司出具了中标通知书。世达公司发出的投标函相当于要约，而百田公司发出的中标通知书相当于承诺，该中标通知书到达世达公司时，双方之间的建设工程施工合同成立并生效。虽然之后双方没有签订书面的建设工程施工合同，但由于中标通知书中包含了建设工程施工合同的基本要素，故未签订书面合同并不影响双方之间成立建设工程施工合同关系。世达公司认为没有签订书面合同，故双方之间的合同关系未成立的理由不能成立。由于双方之间已成立建设工程施工合同关系，且世达公司已进场施工，双方之间的建设工程施工合同已实际履行。世达公司认为本案应适用缔约过失责任的理由亦不能成立。

关于双方当事人是否存在违约以及责任大小的问题。世达公司主张未能签订书面合同以及合同未能完全履行的责任在百田公司。经查，双方在中标通知书中明确在该中标通知书发出后 15 天内签订合同，世达公司在收到该中标通知书后，并未提出异议，且进场施工。根据该行为可以认定双方就中标价1,850万元达成一致。而之后百田公司要求世达公司签订的合同文本于招标投标文件没有实质性变更。世达公司在认可招标投标文件的情况下，又要求增加工程款，该行为系导致双方产生争议的主要原因，由于双方一直不能达成一致意见，最终导致合同不能继续履行。百田公司明确要求对方在 15 日内签订书面合同，却在未签订书面合同的情形下，即同意世达公司进场施工，故百田公司亦有过错。一审、二审法院认定世达公司承担60%的责任而百田公司承担40%的责任，并无不当。世达公司认为应由百田公司承担全部责任的理由不能成立。

从以上案例可以看出，中标通知书生效后一方拒绝签订书面合同应承担什么责任还是取决于"中标通知书"性质的认定，倘若认定发出中标通知书合同成立，则为违约责任；认定其为预约合同，则为缔约过失责任。鉴于招标投标程序本身的严肃性和缔约过失责任的轻微性之衡量，笔者不支持其为预约合同的学说，赞成违反者承担违约责任。

诚然，最高人民法院民事审判第一庭编著的《最高人民法院建设工程施工合同司法解释（二）理解与适用：条文·释义·原理·实务》一书中对招标行为的法律性质是要约邀请和投标行为的法律性质是要约行为的观点自不必赘述。我们应当尊重立法本意，其既不承认本约合同的成立，也不否认预约行为的确认，只是明确了具体的责任内容，即如果招标人发出中标通知书后不与中标人签订合同，应当退还投标保证金及投标人的其他实际损失；反之，中标人应当承担招标人重新招标所遭受的实际损失；如果双方对违约有约定则参照约定。① 然而，未来各级法院对此究竟如何定性，笔者预测为以"违反预约合同"为主，可拭目以待。

四、关于中标通知书性质的观点

此处，中标通知书的性质是指中标通知书生效之后，若双方没有签订书面合同，是否影响合同的成立，目前有如下几种观点。

（一）合同未成立

此观点认为，中标通知书的发出，仅是对招标人程序上的确认，并未确定合同是否签订，更无法代表合同已成立，不具有法律约束力。此观点依据是《招标投标法》第 46 条"招标人和中标人应当自中标通知书发出之日起三十日内，按照招标文件和中标人的投标文件订立书面合同的规定"。同时，《合同法》第 270 条规定，"建设施工合同应当采用书面形式"；第 32 条规定，"当事人采用合同书形式订立合同的，自双方当事人签字或者盖章时合同成立"。据此，双方另行签订书面合同时建设施工合同成立，如未能依法签订书面合同，合同尚未成立，过错方承担的只是缔约过失责任。

（二）合同成立并生效

此观点认为，我国合同法采取的是"证据生效原则"。经过招标投标程序后，依据《合同法》第 25 条"承诺生效时合同成立"可知，当招标人向中标人发出中标通知书后，两者之间的合同就已经成立。《合同法》第 44 条

---

① 最高人民法院民事审判第一庭编著：《最高人民法院建设工程施工合同司法解释（二）理解与适用：条文·释义·原理·实务》，人民法院出版社 2019 年版，第 41－44 页。

规定："依法成立的合同，自成立时生效。法律、行政法规规定应当办理批准、登记手续生效的，依照其规定。"即招标人向中标人发出中标通知书时承诺生效，至于《招标投标法》第 46 条要求的签订书面合同，仅是倡导性和管理性的规定，以便于维护双方的合法权益和行政备案管理，即便招标人与中标人未签署书面合同，亦不影响合同生效。因此，中标通知书发出后，中标人与招标人之间已经产生了相应的权利义务关系，招标人和中标人有义务按照招标文件、中标人的投标文件、中标通知书确定的内容履行自己的权利和义务，其后即使双方签订书面合同，实质性内容也不能违背招标文件、投标文件、中标通知书确定的内容。另，中标通知书发出后 30 日内签订工程合同，其实质就是对招标文件、投标文件、中标通知书确定的内容进行进一步确认和补充。

（三）成立预约合同

该观点认为，中标通知书发出仅表示招标人和中标人将在某一时间订立特定的合同。对于此，笔者认为应先对于预约合同作简单阐述。

预约合同就是双方约定在将来一定期限内订立合同，其本质上也是一种合意。也就是说，虽然预约合同是为了将来订立本约合同而签订的，但其本身具有独立性，是当事人以未来订立的合同为内容的合意，该合同旨在保障本约合同的订立①。预约合同的特征有：其一，明确当事人在未来的某一时间订立合同；其二，预约合同的内容是未来订立合同，而不是现在订立的合同；其三，预约合同本质上也是一种合意，违反该合意应承担相应的法律责任。

该制度在《最高人民法院关于审理买卖合同纠纷案件适用法律问题的解释》第 2 条"当事人签订认购书、订购书、预订书、意向书、备忘录等预约合同，约定在将来一定期限内订立买卖合同，一方不履行订立买卖合同的义务，对方请求其承担预约合同违约责任或者要求解除预约合同并主张损害赔偿的，人民法院应予支持"，及《最高人民法院关于审理商品房买卖合同纠

---

① 王利明："预约合同若干问题研究——我国司法解释相关规定述评"，载《法商研究》2014年第 1 期，第 54－62 页。

纷案件适用法律问题的解释》第5条"商品房的认购、订购、预订等协议具备《商品房销售管理办法》第十六条规定的商品房买卖合同的主要内容,并且出卖人已经按照约定收受购房款的,该协议应当认定为商品房买卖合同"的规定中得到支持,上述司法解释事实上承认了预约合同及其效力。

关于预约合同的效力,理论上存在着磋商说和缔约说之争。磋商说认为,只要当事人达成了预约合同,则双方都有为达成本约合同而进行磋商的义务,而对于最终是否磋商成功,订立本约合同的目的在所不问,只注重磋商的过程,不关注磋商的结果。缔约说则相反,认为当事人签订预约合同的最终目的就是要达成本约的目的,否则就没有签订预约合同的必要。

最高人民法院认为,预约合同理论有一定的合理性。成立预约合同这一观点将招标投标过程所形成的合同视为预约合同,将招标投标过程视为订立合同过程中的磋商程序。中标通知书一经发出,在招标人与中标人之间成立预约合同且生效。而后,招标人、中标人均负有按照招标文件、投标文件订立书面合同的义务,将招标投标过程中包括实质性内容在内的有关权利、义务固定下来,有利于合同的执行,这也正符合招标投标法中当事人应当在规定期限内订立书面合同的规定,也比较符合缔约说关于预约合同效力的理论。①

案例1-4:林州市采桑建筑劳务输出有限公司、天津市西青区大寺镇倪黄庄村民委员会、天津市诚益投资有限公司与天津市华北建设有限公司建设工程施工合同纠纷案——天津市高级人民法院(2013)津高民一终字第0077号二审民事判决书

裁判要旨:《招标投标法》第46条、第59条规定,招标人向中标人发出中标通知书后,双方还需履行签订书面合同的程序,故建设工程施工合同属于要式合同,其成立生效须以形成书面协议为要件。中标通知书确定中标人后,招标人与中标人之间成立预约合同,双方均负有依据中标通知书的内容

---

① 最高人民法院民事审判第一庭编著:《最高人民法院建设工程施工合同司法解释(二)理解与适用:条文·释义·原理·实务》,人民法院出版社2019年版,第236页。

订立本约合同的义务，但预约合同并不等同于本约合同。

　　裁判摘要：天津市高级人民法院认为，涉诉工程通过招标投标程序确定华北建设公司为中标单位后，招标人倪黄庄村委会并未根据中标通知书与华北建设公司签订书面的建设工程施工合同。林州采桑公司虽然主张倪黄庄村委会与华北建设公司已经根据中标通知书签订了书面的建设工程施工合同，并提供了一份由倪黄庄村委会与华北建设公司签订的建设工程施工合同复印件，但倪黄庄村委会与华北建设公司均否认其曾经签订过此份合同。一审法院根据林州采桑公司的申请，依法向天津市西青区建设工程招标管理办公室调取诉争工程的备案合同，但备案材料中并无该合同。林州采桑公司主张诉争工程《中标通知书》的性质为承诺，自华北建设公司收到《中标通知书》时合同即告成立，在天津市西青区建设工程招标管理办公室对《中标通知书》进行备案后，合同即生效。但结合《招标投标法》第46条、第59条的规定，招标人向中标人发出中标通知书后，双方还需履行签订书面合同的程序，故建设工程施工合同属于要式合同，其成立生效须以形成书面协议为要件。中标通知书确定中标人后，招标人与中标人之间成立预约合同，双方均负有依据中标通知书的内容订立本约合同的义务，但预约合同并不等同于本约合同。

　　综上，法院认为林州采桑公司关于此案存在备案合同的主张依据不足，难以认定。三方协议明确约定，林州采桑公司执行2007年8月8日合同。当事人各方对林州采桑公司实际按照施工图施工的事实均无异议，且房友咨询公司在回复意见中明确指出，备案的《工程量清单报价》与图纸量存在严重偏差，故该案应以2007年8月8日合同以及施工图作为结算及鉴定依据，一审法院的认定并无不当，林州采桑公司关于此项的上诉理由不能成立。

　　根据《合同法》第13条、第25条的规定，当事人订立合同，采取要约、承诺方式，承诺生效时合同成立。从招标投标程序来看，招标属于要约邀请，投标属于要约，中标通知书属于承诺，故中标通知书生效后，合同成立并生效。按照《招标投标法》第46条、《中华人民共和国招标投标法实施条例》（以下简称《招标投标法实施条例》）第57条的规定，招标人和中标人应当按照招标文件和中标人的投标文件订立书面合同，不得再行订立背离合同实质性内容的其他协议，在中标通知书生效后，合同的主要条款已经确定，招标人与中标人不能随意变更。①

虽成立预约合同关系说认为，中标通知书中确定中标人后，招标人与中标人之间成立预约合同，双方均负有依据中标通知书的内容订立本约合同的义务，且司法实践裁判中也有支持该观点的，认为合同尚未成立的原因还在于并未形成书面合同。但是，针对《招标投标法》第 46 条中规定须订立的"书面合同"的性质，中标通知书本身即属于"书面合同"，并未违反《合同法》第 270 条和《招标投标法》第 46 条的规定。《合同法》第 11 条规定："书面形式是指合同书、信件和数据电文（包括电报、电传、传真、电子数据交换和电子邮件）等可以有形地表现所载内容的形式。"中标通知书显然符合上述形式要求。

案例 1 - 5：新疆中新资源有限公司与大庆油田工程有限公司委托创作合同纠纷再审案——最高人民法院（2016）最高法民再 11 号民事判决书

裁判要旨：投标人递交投标文件，投标文件内容具体明确，经开标与评标程序后，招标人发出《中标通知书》性质应为承诺，该《中标通知书》到达投标人时起承诺即生效，合同已经成立。

裁判摘要：此案所涉的 EM 油田 50 万吨产能建设地面工程设计项目系中新资源公司依照《招标投标法》的规定，以邀请招标的方式与大庆油田公司订立的。中新资源公司于 2008 年 3 月 2 日向大庆油田公司发出的《投标邀请函》系中新资源公司向潜在投标人发出的要约邀请。大庆油田公司收到《投标邀请函》后，按照中新资源公司的招标文件的要求，编制投标文件，对中新资源公司招标文件的实质性要求和条件做出响应，提出了设计项目的报价，参加了项目投标，递交了投标文件。大庆油田公司的投标文件内容具体确定，表明经中新资源公司接受，即受该意思表示约束，故大庆油田公司投标行为的性质应为要约；中新资源公司经过开标与评标程序，于 2008 年 3 月 17 日向大庆油田公司发出中新建 2008—001 号《中标通知书》，同意大庆油田公

---

① 李奇玥："我国建设工程招标投标存在的问题及建议"，载《工程经济》2017 年第 3 期，第 23 - 26 页。

司的要约行为，中新资源公司发出的《中标通知书》性质应为承诺，该《中标通知书》到达大庆油田公司时起承诺即生效。依照《合同法》第25条的规定，承诺生效时合同成立。故双方当事人之间的建设工程设计合同已经成立。中新资源公司认为，此时"双方作为合同主体的地位固定下来，但是合同内容有待双方进一步商榷"，双方当事人之间成立的是预约合同，对于中新资源公司与大庆油田公司之间存在或者成立委托设计合同关系的认定，既无事实依据，又与《招标投标法》的规定相悖，不能成立。

案例1-6：广厦建设集团有限责任公司与福州市台江区房地产开发公司其他合同纠纷案——最高人民法院（2014）民一终字第155号民事判决书

裁判要旨：中标通知书可以作为认定当事人确立合同关系的依据。

裁判摘要：关于中标通知书的效力问题，最高人民法院认为，根据《最高人民法院关于适用〈中华人民共和国合同法〉若干问题的解释（二）》第14条、《合同法》第52条第5项之规定，确认民事合同无效，应以法律、行政法规效力性强制性规定为依据。《中华人民共和国建筑法》（以下简称《建筑法》）第7条、《招标投标法》第9条关于建筑工程开工前建设单位应当申请领取施工许可证、招标项目应当先履行审批手续等规定，属于管理性的强制性规定，而并非对招标投标行为及中标合同的效力性强制性规定。广厦公司以案涉项目公开招标时不具备国有土地使用权证、规划许可证等，违反了建筑法、招标投标法等法律规定为由，主张案涉中标通知书无效，缺乏法律依据。一审判决依据《中标通知书》，认定广厦公司、台江公司之间就案涉项目确立合同关系正确。该案双方当事人的权利义务，应依据台江公司的《招标文件》、广厦公司的《投标文件》、中标通知书及相关证据予以认定。

案例1-7：营口绿源锅炉有限责任公司与东营市河口区国有资产运营管理中心、东营市河口区城市管理局招标投标买卖合同纠纷案——山东省高级人民法院（2014）鲁商终字第184号民事判决书

裁判要旨：以招标投标方式缔约时，中标通知书是招标人做出承诺的意思表示，投标人收到招标人发出的中标通知书时该承诺生效即合同成立。

裁判摘要：山东省高级人民法院认为，涉案招标投标采购合同已经成立并生效。原审法院认为，《合同法》第25条规定"承诺生效时合同成立"。《招标投标法》第45条规定"中标人确定后，招标人应当向中标人发出中标通知书，并同时将中标结果通知所有未中标的投标人。中标通知书对招标人和中标人具有法律效力。中标通知书发出后，招标人改变中标结果的，或者中标人放弃中标项目的，应当依法承担法律责任。"根据上述法律规定，在通过招标投标方式缔约时，中标通知书是招标人做出承诺的意思表示，投标人收到招标人发出的中标通知书时该承诺生效即合同成立。本案中，在河口国资运营中心、河口城管局发出营口绿源公司为第一中标人的公示公告并期满后，由于其发现营口绿源公司提供的投标文件未响应涉案招标文件的实质性要求，进而对营口绿源公司的投标作废标处理，并未发放中标通知书，因而涉案招标投标采购合同成立要件并未齐备，该合同并未成立并生效。故营口绿源公司关于合同已经成立并生效的诉讼请求，没有事实和法律依据，法院不予支持。

案例1-8：河北建设集团安装工程有限公司与重庆云计算投资运营有限公司等建设工程施工合同纠纷案——重庆市高级人民法院（2017）渝民终221号民事判决书

裁判要旨：发出中标通知书的行为应视为承诺，招标文件、投标文件及中标通知书上载明的权利义务意思表示真实，内容不违反法律的强制性规定，对双方具有约束力，投标文件和中标通知书符合"有形地表现所载内容"的构成要件，可以认定双方已采用书面形式订立了合同。

裁判摘要：重庆市高级人民法院认为，云计算投运公司应当赔偿河北建安公司拆除临时设施造成的损失907,356.99元。

事实和理由如下。招标人云计算投运公司向投标人河北建安公司发出中标通知书的行为应视为承诺，招标文件、投标文件及中标通知书上载明的权利义务意思表示真实，内容不违反法律的强制性规定，对双方具有约束力。关于云计算投运公司主张建设工程施工合同属于要式合同，本案中双方未签订书面合同，故合同尚未成立的辩解意见不予采纳。法院认为，依照《合同法》第 11 条的规定，书面形式是指合同书、信件和数据电文等可以有形地表现所载内容的形式。就本案而言，招标文件、投标文件和中标通知书符合"有形地表现所载内容"的构成要件，可以认定双方已采用书面形式订立了合同，故对云计算投运公司的该项辩解意见，法院不予采纳。

从以上案例来看，招标属于要约邀请，投标属于要约，中标通知书属于承诺的观点在要约承诺理论框架内并无障碍。本书倾向于认可招标投标法规定的当事人应当按照招标文件、投标文件订立书面合同是行政管理和对招标投标文件细化的需要，并不影响当事人之间合同的合法有效的观点。[①]

五、《施工合同司法解释（二）》的相关观点

《最高人民法院关于审理建设工程施工合同纠纷案件适用法律问题的解释（二）》（以下简称《施工合同司法解释（二）》）第 10 条规定："当事人签订的建设工程施工合同与招标文件、投标文件、中标通知书载明的工程范围、建设工期、工程质量、工程价款不一致的，一方当事人请求将招标文件、投标文件、中标通知书作为结算工程价款的依据的，人民法院应予支持。"

在 2019 年 1 月 3 日《施工合同司法解释（二）》公布之际，最高人民法院民事审判第一庭相关负责人就该解释接受记者采访时，特别强调"最重要的是，第 10 条确定了一项基本原则，即当事人签订的建设工程施工合同的实质性内容只要与招标文件、投标文件、中标通知书的记载不一致，就应当以招标文件、投标文件、中标通知书作为结算建设工程价款的依据，以杜绝黑白合同，明招暗定现象"。

本条司法解释规定当事人签订的合同与招标投标文件不一致时应将招标投标文件作为结算工程价款的根据，这既是维护招标投标秩序的要求，也体现了当事人的真实意思。

该条也隐含了支持中标通知书属于本约的观点，即招标人发出中标通知书后，在招标人和中标人之间的施工合同成立。

[①] 最高人民法院民事审判第一庭编著：《最高人民法院建设工程施工合同司法解释（二）理解与适用：条文·释义·原理·实务》，人民法院出版社 2019 年版，第 40 页。

最高人民法院民事审判第一庭相关负责人还认为，将招标过程认定为在当事人之间成立本约合同，则一旦当事人签订的书面合同与招标投标文件相背离，完全可以根据招标投标文件确定当事人之间的权利义务关系，当事人的权利义务就不会存在真空地带。①

法律链接

一、法律法规

（一）《合同法》

第11条 书面形式是指合同书、信件和数据电文（包括电报、电传、传真、电子数据交换和电子邮件）等可以有形地表现所载内容的形式。

第13条 当事人订立合同，采取要约、承诺方式。

第14条 要约是希望和他人订立合同的意思表示，该意思表示应当符合下列规定：

（一）内容具体确定；

（二）表明经受要约人承诺，要约人即受该意思表示约束。

第15条 要约邀请是希望他人向自己发出要约的意思表示。寄送的价目表、拍卖公告、招标公告、招股说明书、商业广告等为要约邀请。

商业广告的内容符合要约规定的，视为要约。

第16条 要约到达受要约人时生效。

采用数据电文形式订立合同，收件人指定特定系统接收数据电文的，该数据电文进入该特定系统的时间，视为到达时间；未指定特定系统的，该数据电文进入收件人的任何系统的首次时间，视为到达时间。

第21条 承诺是受要约人同意要约的意思表示。

第25条 承诺生效时合同成立。

第26条 承诺通知到达要约人时生效。承诺不需要通知的，根据交易习惯或者要约的要求作出承诺的行为时生效。

---

① 最高人民法院民事审判第一庭编著：《最高人民法院建设工程施工合同司法解释（二）理解与适用：条文·释义·原理·实务》，人民法院出版社2019年版，第239页。

采用数据电文形式订立合同的，承诺到达的时间适用本法第十六条第二款的规定。

第32条 当事人采用合同书形式订立合同的，自双方当事人签字或者盖章时合同成立。

第270条 建设施工合同应当采用书面形式。

（二）《建筑法》

第15条第1款 建筑工程的发包单位与承包单位应当依法订立书面合同，明确双方的权利和义务。

（三）《招标投标法》

第45条 中标人确定后，招标人应当向中标人发出中标通知书，并同时将中标结果通知所有未中标的投标人。

中标通知书对招标人和中标人具有法律效力。中标通知书发出后，招标人改变中标结果的，或者中标人放弃中标项目的，应当依法承担法律责任。

第46条 招标人和中标人应当自中标通知书发出之日起三十日内，按照招标文件和中标人的投标文件订立书面合同。招标人和中标人不得再行订立背离合同实质性内容的其他协议。

（四）《招标投标法实施条例》

第73条 依法必须进行招标的项目的招标人有下列情形之一的，由有关行政监督部门责令改正，可以处中标项目金额10‰以下的罚款；给他人造成损失的，依法承担赔偿责任；对单位直接负责的主管人员和其他直接责任人员依法给予处分：（一）无正当理由不发出中标通知书……（三）中标通知书发出后无正当理由改变中标结果……

二、各地方司法指导意见

（一）《盐城市中级人民法院关于审理建设工程施工合同纠纷案件若干问题的指导意见》（盐城市中级人民法院审判委员会2010年7月15日第9次会议讨论通过）

26. 中标通知书发出后，招标人或中标人拒绝签订施工合同的，除中标无效外，受损失一方要求相对方承担违约责任的，应予支持。

（二）《山东省高级人民法院 2008 年民事审判工作会议纪要》（鲁高法〔2008〕243 号）

四、关于建设工程施工合同纠纷案件中若干问题的处理

（一）关于建设工程必须进行招标而未招标或者中标无效应当如何把握的问题……根据《招标投标法》第五章规定的中标无效的六种情形，由于中标通知书对当事人双方具体法律约束力，因此，中标无效的，建设工程施工合同自然无效。

专题二

必须招标的工程项目的法律认定

一、招标的方式

（一）法律规定

《招标投标法》第 10 条将招标分为公开招标和邀请招标。公开招标，是指招标人以招标公告的方式邀请不特定的法人或者其他组织投标。邀请招标，是指招标人以投标邀请书的方式邀请特定的法人或者其他组织投标。

（二）两种招标方式对比

表 2-1　公开招标和邀请招标方式对比

招标方式 两者区别	公开招标	邀请招标
针对的对象不同	所有潜在投标人	特定的潜在投标人
发布方式不同	必须通过媒介发布招标公告	向特定的法人或者其他组织发出投标邀请书
公开程度不同	公开范围大	公开范围小
所需时间和费用不同	花费时间较长、费用高	花费时间短、费用相对较低
程序不同	程序较为复杂	程序相对简单

（三） 两种招标方式优缺点对比

表 2 - 2　公开招标和邀请招标优缺点对比

招标方式	优点	缺点
公开招标	公开招标坚持公开、公正、公平原则，有利于防止和克服垄断；采用市场机制，公开信息，规范程序，公平竞争，客观评价，公正选择；有利于防范招标投标活动操作人员和监督人员的舞弊现象	招标人审查程序烦琐，工作量比较大，时间长，招标费用支出较多
邀请招标	邀请目标明确，时间短，程序简单，成本小	具有一定排斥性和局限性，不利于投标人的充分竞争和招标人的选择

二、必须招标的工程项目的范围

在《招标投标法》中，强制招标的范围着眼于"工程建设项目"[①] 进行设定。《招标投标法》第 3 条规定，在中华人民共和国境内进行下列工程建设项目包括项目的勘察、设计、施工、监理以及与工程建设有关的重要设备、材料等的采购，必须进行招标。

基于项目性质和资金来源的不同，《招标投标法》将必须进行招标的工程建设项目范围界定为以下三类。

（一） 大型基础设施、公用事业等关系社会公共利益、公众安全的项目

基础设施、公用事业等关系社会公共利益、公众安全必须招标的项目具体范围包括：

（1） 煤炭、石油、天然气、电力、新能源等能源基础设施项目；

---

　　① 《招标投标法实施条例》第 2 条对此做出了明确的界定，即《招标投标法》第 3 条所称工程建设项目，是指工程以及与工程建设有关的货物、服务。前款所称工程，是指建设工程，包括建筑物和构筑物的新建、改建、扩建及其相关的装修、拆除、修缮等；所称与工程建设有关的货物，是指构成工程不可分割的组成部分，且为实现工程基本功能所需的设备、材料等；所称与工程建设有关的服务，是指为完成工程所需的勘察、设计、监理等服务。

（2）铁路、公路、管道、水运以及公共航空和 A1 级通用机场等交通运输基础设施项目；

（3）电信枢纽、通信信息网络等通信基础设施项目；

（4）防洪、灌溉、排涝、引（供）水等水利基础设施项目；

（5）城市轨道交通等城建项目。

案例 2－1：甘肃北方电力工程有限公司与青岛华建阳光电力科技有限公司建设工程施工合同纠纷案——最高人民法院（2016）最高法民终 522 号民事二审判决书

裁判要旨：土建及电气安装工程属应依法招标投标的范围。

裁判摘要：关于案涉《土建及电气安装工程施工合同》的效力问题。《招标投标法》第 3 条第 1 款规定："在中华人民共和国境内进行下列工程建设项目包括项目的勘察、设计、施工、监理以及与工程建设有关的重要设备、材料等的采购，必须进行招标：（一）大型基础设施、公用事业等关系社会公共利益、公众安全的项目；（二）全部或者部分使用国有资金投资或者国家融资的项目；（三）使用国际组织或者外国政府贷款、援助资金的项目。前款所列项目的具体范围和规模标准，由国务院发展计划部门会同国务院有关部门制订，报国务院批准。"《工程建设项目招标范围和规模标准规定》① 第 7 条规定："本规定第二条至第六条规定范围内的各类工程建设项目，包括项目的勘察、设计、施工、监理以及与工程建设有关的重要设备、材料等的采购，达到下列标准之一的，必须进行招标：（一）施工单项合同估算价的 200 万元人民币以上的；（二）重要设备、材料等货物的采购，单项合同估算价在 100 万元人民币以上的；（三）勘察、设计、监理等服务的采购，单项合同估算价在 50 万元人民币以上的；（四）单项合同估算价低于第（一）、（二）、（三）项规定的标准，但项目总投资额在 3000 万元人民币以上的。"本案中，北方公司与华建公司于 2014 年 8 月 3 日签订《土建及电气安装工程施工合同》，约定由北方公司对华建公司所有的青海省

---

① 该规定于 2018 年 3 月 8 日废止。

××20兆瓦光伏电站部分工程项目进行施工。根据本案的情况,北方公司承包施工的工程符合必须进行招标的条件,依法应履行招标投标程序。而北方公司与华建公司所签订的《土建及电气安装工程施工合同》并未履行招标投标程序,违反了《招标投标法》的规定,依法应为无效。一审法院对案涉《土建及电气安装工程施工合同》的性质认定正确。

另,合同的效力是合同对当事人所具有的法律拘束力,是基于对国家利益、社会公共利益的保护而对当事人的合意进行法律上的评价。合同的效力问题,关涉合同的价值判断,对合同的效力和性质认定不必基于当事人的请求,人民法院可依职权主动进行审查。故北方公司在一审时虽未提出有关确认合同效力的诉讼请求,但基于前述分析,一审法院对案涉合同效力和性质认定,并不违反不告不理的民事诉讼原则。

案例2-2:华锦建设集团股份有限公司与滨州市城区城市基础设施建设指挥部、山东省滨州市人民政府建设工程施工合同纠纷案——山东省高级人民法院(2014)鲁民一初字第23号民事判决书

裁判要旨:案涉建设施工项目为道路施工工程,属于必须进行招标的工程建设项目。

裁判摘要:对于案涉三份建设施工合同的效力问题,原告华锦公司主张案涉工程系原告不属于必需招标的工程,因此主张合同有效。被告滨州建设指挥部主张合同没有经过招标投标,应认定无效。法院认为,根据《招标投标法》第3条第1款第1项规定,"大型基础设施、公用事业等关系社会公共利益、公众安全的项目"必须进行招标。原国家发展计划委员会《工程建设项目招标范围和规模标准规定》第2条规定,关系社会公共利益、公众安全的公用事业项目的范围包括……(二)铁路、公路、管道、水运、航空以及其他交通运输业等交通运输项目。案涉建设施工项目为道路施工工程,属于必须进行招标的工程建设项目,根据《最高人民法院关于审理建设工程施工合同纠纷案件适用法律问题的解释》(以下简称《施工合同司法解释(一)》)第1条第3项的规定,案涉建设工程必须进行招标而未招标,合同应当认定无效。

案例 2 - 3：青岛中浙实业有限公司与南京华世特建筑工程有限公司建设工程施工合同纠纷案——青岛市中级人民法院（2013）青民一终字第2158 号民事判决书

裁判要旨：涉案工程系桥梁制作安装工程，属于涉及社会公共利益、公共安全的基础设施，必须依法进行招标。

裁判摘要：法院认为，《招标投标法》第 3 条规定："在中华人民共和国境内进行下列工程建设项目包括项目的勘察、设计、施工、监理以及与工程建设有关的重要设备、材料等的采购，必须进行招标：（一）大型基础设施、公用事业等关系社会公共利益、公共安全的项目……"此案中，涉案工程系桥梁制作安装工程，属于涉及社会公共利益、公共安全的基础设施，必须依法进行招标，而涉案工程并未依据上述法律规定进行招标，违反了法律的强制性规定。同时，华世特公司作为桥梁制作安装施工企业，亦不具备桥梁施工的相应资质。根据《施工合同司法解释（一）》第 1 条"建设工程施工合同具有下列情形之一的，应当认定无效：（一）承包人未取得建筑施工企业资质或者超越资质等级的；（二）没有资质的实际施工人借用有资质的建筑施工企业名义的；（三）建设工程必须进行招标而未招标或者中标无效的"的规定，中浙公司与华世特公司签订的上述合同应认定为无效合同。华世特公司主张上述合同合法有效，缺乏法律依据，法院对其该项主张亦不予支持。

案例 2 - 4：河南县天河电力投资开发有限责任公司与甘肃金发建筑工程有限公司建设工程施工合同纠纷再审审查与审判监督案——最高人民法院（2017）最高法民申 3167 号民事裁定书

裁判要旨：水电站工程项目属必须进行招标投标的施工项目。

裁判摘要：关于《洮河李恰如水电站工程建设前期施工合同》及《补充协议》合同效力的问题。《招标投标法》第 3 条规定："在中华人民共和国境内进行下列工程建设项目包括项目的勘察、设计、施工、监理以及与工程建设有关的重要设备、材料等的采购，必须进行招标：（一）大型基础设施、公用事业等关系社会公共利益、公众安全的项目……"《工程建设项目招标范围和规模标准规定》第 2 条规定："关系社会公共利益、公众安全的基础设施项目的范围包括……（四）防洪、灌溉、排涝、引（供）水、滩涂治理、水土保持、水利枢纽等水利项目……"该规定第 7 条规定："本规定第二条至第六条规定范围内的各类工程建设项目，包括项目的勘察、设计、施工、监理以及与工程建设有关的重要设备、材料等的采购，达到下列标准之一的，必须进行招标：（一）施工单项合同估算价的 200 万元人民币以上的……"天河公司与金发公司签订的《洮河李恰如水电站工程建设前期施工合同》约定，"天河公司将青海省河南县洮河流域李恰如水电站工程建设前期施工'三通一平'工作、临建房屋修建及砂石料备料工程委托给金发公司进行施工。根据水电站前期工作具体工作量，估计合同总价为人民币8,055,399.09元。"洮河流域李恰如水电站工程项目按照上述规定，属必须进行招标投标的施工项目，金发公司施工的水电站前期工程系水电站建设中的单项施工项目，该施工单项合同估价已经超过 200 万元，属于必须进行招标投标的施工项目。依据《施工合同司法解释（一）》第 1 条第 3 项"建设工程必须进行招标而未招标或者中标无效的，应当根据合同法第五十二条第（五）项的规定，认定无效"之规定，洮河李恰如水电站工程前期"三通一平"工程未进行招标，天河公司与金发公司签订的《洮河李恰如水电站工程建设前期施工合同》及《补充协议》无效。

（二）全部或者部分使用国有资金投资或者国家融资的项目

全部或者部分使用国有资金投资或者国家融资的项目包括如下几种：

（1）使用预算资金 200 万元人民币以上，并且该资金占投资额 10% 以上的项目；

（2）使用国有企业事业单位资金，并且该资金占控股或者主导地位的项目。

案例 2-5：贵州中新房国石低碳住工有限公司与毕节金海湖新区管理委员会建设工程施工合同纠纷案——最高人民法院（2018）最高法民终 716 号民事判决书

裁判要旨：财政拨款项目属于必须招标投标的工程，未经招标投标签订的合同无效。

裁判摘要：《购买补充协议书》为建设工程施工合同，因违反了法律、行政法规的强制性规定，为无效合同。具体分析如下：其一，根据《购买补充协议书》的内容，"工程承包范围：施工图纸全部内容……二、合同工期。

计划开工日期：2017 年 5 月 30 日。计划竣工日期：一期工程 1—6 号楼竣工日期：2017 年 8 月 31 日……八、购买价款确定：乙方必须完全垫资完成'贵州毕节经济开发区 2015 年公租房项目'1—12 号楼施工的全部内容（含附属工程），建筑工程安装费及配套基础设施工程费按对应的《贵州省（2004）版计价定额》《13 清单计价计量规范》及相关配套文件计取，人工机械费用按工程实施期间贵州现行文件规定执行，材料价按现行市场价执行……"可以确定，《购买补充协议书》的性质为建设工程施工合同。其二，按照《招标投标法》第 3 条第 2 项"在中华人民共和国境内进行下列工程建设项目包括项目的勘察、设计、施工、监理以及与工程建设有关的重要设备、材料等的采购，必须进行招标……（二）全部或者部分使用国有资金投资或者国家融资的项目"和《施工合同司法解释（一）》第 1 条第 3 项"建设工程施工合同具有下列情形之一的，应当根据合同法第五十二条第（五）项的规定，认定无效……（三）建设工程必须进行招标而未招标或者中标无效的"的规定，建设工程必须进行招标而未招标或者中标无效的，建设工程施工合同无效。本案中，甲方金海湖管委会购买案涉公租房项目款项来源于财政拨款，属于必需依法进行招标投标的工程，但双方未经招标程序即签订《购买补充协议书》，违反了法律的强制性规定，故案涉《购买补充协议书》属于无效合同。最高人民法院驳回上诉，维持原判。

案例 2-6：鄂尔多斯市横东建筑集团有限责任公司与鄂托克旗住房和城乡规划建设局建设工程施工合同纠纷案——鄂托克旗人民法院（2018）内 0624 民初 912 号民事判决书

裁判要旨：道路铺装硬化工程使用政府资金支付，属于全部使用国有资金投资的项目，属于必须招标范围。

裁判摘要：法院认为，原告与被告之间签订了《建设工程施工合同》，其内容规定资金来源为政府资金，但本案中原告、被告双方未依法进行招标程序，所涉鄂托克旗乌兰镇人行道路铺装硬化工程使用政府资金支付，属于全部使用国有资金投资的项目。依据《招标投标法》第 3 条规定，在中华人民共和国境内进行下列建设工程项目的勘察、设计、施工、监理以及工程建设有关的重要设备、材料等的采购，必须进行招标：①大型基础设施、公用事业等关系公共利益、公共安全的项目；②全部或者部分使用国有资金投资或者国家融资的项目；③使用国际组织或者外国政府贷款、援助资金的项目。《施工合同司法解释（一）》第 1 条规定，建设工程施工合同具有下列情形之一的，应当根据合同法第 52 条第 5 项的规定，认定无效：①承包人未取得建筑施工企业资质或者超越资质等级的；②没有资质的实际施工人借用有资质的建筑施工企业名义的；③建设工程必须进行招标而未招标或者中标无效的。双方签订的合同违反法律、行政法规的强制性规定，故原告、被告所签订的案涉合同应属无效。根据《施工合同司法解释（一）》第 2 条的规定，案涉建设工程施工合同无效。

（三）使用国际组织或者外国政府贷款、援助资金的项目

使用国际组织或者外国政府贷款、援助资金的项目包括：

（1）使用世界银行、亚洲开发银行等国际组织贷款、援助资金的项目；

（2）使用外国政府及其机构贷款、援助资金的项目。

三、必须招标的工程项目的规模标准

2018 年 3 月 30 日，中华人民共和国发展改革委员会（以下简称国家发展改革委）印发《必须招标的工程项目规定》（国家发展改革委令第 16 号，以下简称 16 号令），自 2018 年 6 月 1 日起实施，对《工程建设项目招标范围和规模标准规定》进行了较大的修改（见表 2 - 3）。

表 2 - 3 两规定对必须招标项目规模规定差异表

规定项 ＼ 规定名称	《必须招标的工程项目规定》	《工程建设项目招标范围和规模标准规定》
施工价格（单项合同估算价）	400 万元以上	200 万元以上
货物价格（重要设备、材料等货物）	200 万元以上	100 万元以上
服务价格（勘察、设计、监理等服务）	100 万元以上	50 万元以上
同一项目中可以合并进行的勘察、设计、施工、监理以及与工程建设有关的重要设备、材料等的采购，合同估算价合计达到前款规定标准的，必须招标。		

四、可以不进行招标的工程项目

对于客观上不可能或者不适宜进行招标的工程项目的特殊情形，《招标投标法》第66条作了规定："涉及国家安全、国家秘密、抢险救灾或者属于利用扶贫资金实行以工代赈、需要使用农民工等特殊情况，不适宜进行招标的项目，按照国家有关规定可以不进行招标。"此处的"国家规定"，主要包括全国人民代表大会及其常委会制定的法律、决议，国务院制定的行政法规、决定、规范性文件以及国务院有关部门制定的规章等。

除《招标投标法》第66条规定的可以不进行招标的特殊情况外，《招标投标法实施条例》第9条亦规定有下列情形之一的，可以不进行招标：①需要采用不可替代的专利或者专有技术；②采购人依法能够自行建设、生产或者提供；③已通过招标方式选定的特许经营项目投资人依法能够自行建设、生产或者提供；④需要向原中标人采购工程、货物或者服务，否则将影响施工或者功能配套要求；⑤国家规定的其他特殊情形。招标人为适用前款规定弄虚作假的，属于《招标投标法》第4条规定的规避招标。

需要特别说明的是，民营投资商品房已不属于必须招标项目。早在2014年5月，住房和城乡建设部（以下简称住建部）发布的《住房城乡建设部关于开展建筑业改革发展试点工作的通知》（建市〔2014〕64号）就将吉林、广东、江苏、安徽作为建筑市场监管综合试点地区，改革招标投标监管方式。2014年7月住建部发布的《住房城乡建设部关于推进建筑业发展和改革的若干意见》（建市〔2014〕92号）提出，要调整非国有资金投资项目的发包方式，试行非国有资金投资项目建设单位自主决定是否进行招标发包的政策。笔者认为，对于招标投标改革试点地区，地方政府对商品房招标投标予以放宽的，应认可未经招标投标签订的建设工程施工合同的效力。

2017年2月21日，《国务院办公厅关于促进建筑业持续健康发展的意见》（国办发〔2017〕19号）中重点指出"缩小并严格界定必须进行招标的工程建设项目范围，放宽有关规模标准，防止工程建设项目实行招标'一刀切'。在民间投资的房屋建筑工程中，探索由建设单位自主决定发包方式。"

山东省住房和城乡建设厅、山东省发展和改革委员会印发的《山东省房屋建筑和市政基础设施工程招标投标改革工作方案》（鲁建建管字〔2017〕6号）规定，"建设单位自主选择招标方式或直接委托，对直接委托的项目，住房和城乡建设部门要加强事中事后监管，确保工程质量安全"。

天津市住房和城乡建设委员会发布的《关于开展民间投资房屋建筑工程招标改革试点工作的通知》（津建招标〔2017〕418号）规定，"……二、民间投资房屋建筑工程，由建设单位自主选择发包方式。1. 选择招标发包的，建设单位仍按我市现行有关规定执行；2. 选择直接发包的，建设单位应将房屋建筑工程发包给具有相应资质等级的承包单位，合同金额不得低于成本价。不再缴纳建设工程交易服务费。并按照以下程序进行：建设单位办理工程报建备案后，应通过天津市建筑市场监管与信用信息平台，提交项目核准或备案文件、承包协议、承包单位资质证书等办理直接发包申请。经审核合格后，建设单位持直接发包登记表办理合同备案、质量安全、施工许可等手续。"

《湖南省人民政府办公厅关于促进建筑业持续健康发展的实施意见》（湘政办法〔2018〕21号）规定，探索开展对信用良好、具有相关专业技术能力、能够提供足额担保的企业，在其资质类别内放宽承揽业务范围限制的试点工作；并在民间投资的房屋建筑工程领域，探索由建设单位自主决定发包方式。

《上海市住房和城乡建设管理委员会关于进一步改善和优化本市施工许可办理环节营商环境的通知》（沪建建管〔2018〕155号）规定，"一、自主决定发包方式。在本市社会投资的房屋建筑工程中，可由建设单位自主决定发包方式，不再强制要求进行招标投标。"

案例2－7：中建三局第一建设工程有限责任公司、中建三局第一建设工程有限责任公司广西分公司建设工程施工合同纠纷再审案——最高人民法院（2018）最高法民再163号民事判决书

裁判要旨：商品住宅由建设单位自主决定是否发包，不属于《必须招标的工程项目规定》确定的必须招标的范围，从保护市场交易的安全稳定和诚实信用原则考虑，案涉《建设工程施工合同》现应认定有效。

裁判摘要：关于案涉《建设工程施工合同》的效力问题。法院认为，根据《招标投标法》第 3 条及原《工程建设项目招标范围和规模标准规定》第 3 条第 5 项的规定，商品住宅属于必须进行招标的关系社会公共利益、公众安全的项目。原判决认定案涉项目不属于必须强制招标的工程项目范围的理由为案涉项目系金胤公司以自有资金建设且采取自主招标方式已获南宁市发展与改革委员会批复同意。对此，因南宁市发展与改革委员会在《关于"龙胤·凤凰城二期"房地产项目核准的批复》中明确："由项目法人自主决定项目工程是否招标投标以及选择何种招标方式"，且南宁市建设工程招标投标监督管理办公室已对案涉发承包关系进行审核，并在《发承包审核通知书》备案单位处加盖"南宁市建设工程招标投标监督管理办公室建设工程备案专用章"，体现了当地行政主管部门对案涉发承包关系的认可，故金胤公司邀请中建三局等公司参与项目投标，系依据行政主管部门的行政批复实施，案涉《建设工程施工合同》未经公开招标投标程序而签订，不可简单归责于金胤公司。同时法院考虑到，2017 年 2 月 21 日，《国务院办公厅关于促进建筑业持续健康发展的意见》明确提出，"完善招标投标制度。加快修订《工程建设项目招标范围和规模标准规定》，缩小并严格界定必须进行招标的工程建设项目范围，放宽有关规模标准，防止工程建设项目实行招标'一刀切'。在民间投资的房屋建筑工程中，探索由建设单位自主决定发包方式。"2018 年 3 月 27 日，国家发展改革委关于《必须招标的工程项目规定》第 4 条规定，不属于该规定第 2 条、第 3 条规定情形的关系社会公共利益、公众安全的项目，必须招标的具体范围由国务院发展改革部门会同国务院有关部门按照确有必要、严格限定的原则制定。其后 2018 年 6 月 6 日颁布的《必须招标的基础设施和公用事业项目范围的规定》进一步明确了不属于《必须招标的工程项目规定》第 2 条、第 3 条规定情形的大型基础设施、公用事业等关系社会公共利益、公众安全的项目范围，必须招标的具体范围不包括商品住宅。此情形下，案涉《建设工程施工合同》虽未经公开招标投标程序而签订，但该行为的发生已不绝对地损害国家利益或者社会公共利益。参照《最高人民法院关于适用〈中华人民共和国合同法〉若干问题的解释（一）》第 4 条"人民法院确认合同效力时，对合同法实施以前成立的合同，适用当时的法律合同无效而适用合同法合同有效的，则适用合同法"规定的精神，从保护市场交易的安全稳定和诚实信用原则考虑，案涉《建设工程施工合同》现应认定有效。

案例2-8：重庆华昊房地产开发有限公司与重庆渝永建设（集团）有限公司建设工程施工合同纠纷申请再审案——最高人民法院（2015）民申字第3242号民事裁定书

裁判要旨：使用非国有资金投资的商品房项目，不属于必须招标范围，可采取自主发包模式。

裁判摘要：最高人民法院认为，涉案富华大厦工程属于华昊公司自有资金建设，根据重庆市建设委员会《关于非国有资金投资建设工程施工承发包监督管理有关事项的通知》（渝建发（2007）159号）的相关要求，对全部使用非国有资金投资的建设工程施工发包，应充分尊重非国有资金投资主体发包自主性，由发包人自主决定发包方式，自主决定是否进入有形建筑市场开展承发包活动，自主依法组织承发包活动。结合《重庆市房屋建筑和市政基础设施工程项目施工招标投标管理办法》《重庆市工程建设项目招标范围和规模标准规定的通知》可以看出，自2007年8月开始，在重庆市范围内对自筹资金开发的商品房项目已采取自主发包模式，涉案富华大厦工程在当时的重庆市辖范围内已不属于必须招标的工程项目范围。

五、可以邀请招标的工程项目

国务院发展计划部门确定的国家重点项目和省、自治区、直辖市人民政府确定的不适宜公开招标的地方重点项目，经国务院发展计划部门或者省、自治区、直辖市人民政府批准，可以进行邀请招标。

《招标投标法实施条例》第8条规定，国有资金占控股或者主导地位的依法必须进行招标的项目，应当公开招标，但有下列情形之一的，可以邀请招标：①技术复杂、有特殊要求或者受自然环境限制，只有少量潜在投标人可供选择；②采用公开招标方式的费用占项目合同金额的比例过大。

有前面第2项所列情形，属于该条例第7条规定的项目，由项目审批、核准部门在审批、核准项目时做出认定；其他项目由招标人申请有关行政监督部门做出认定。

六、其他争议问题

（一）涉案工程项目是物流园中的一个货运发运装置，属煤炭储运项目，为企业投资建设，不属于必须招标的范畴

案例 2 - 9：瓜州广汇能源物流有限公司与中十冶集团有限公司建设工程施工合同纠纷案——甘肃省高级人民法院（2016）甘民终 292 号民事判决书

裁判摘要： 关于案涉工程项目是否属于必须招标的项目，双方签订的《广汇柳沟综合物流园生产部分建设施工合同》是否有效的问题。根据二审查明的事实，即甘肃省发展和改革委员会、甘肃省工业和信息化委员会出具的两份证明可知，涉案工程项目是物流园中一个货运发运装置，属煤炭储运项目，为企业投资建设，其并不属于《招标投标法》规定的"大型基础设施、公用事业等关系社会公共利益、公共安全的项目"，不属于必须招标的范畴，所以双方当事人在平等、自愿基础上签订的合同是合法有效的。一审法院对合同效力的认定是准确的。

（二）教学楼依据《招标投标法》的规定，属于必须进行招标的工程建设项目

案例 2 - 10：遂平县恒安建筑工程有限公司与郑州华信学院建设工程施工合同纠纷案——最高人民法院（2013）民申字第 1685 号民事裁定书

裁判摘要： 关于案涉工程款的结算方式的问题。涉案工程为华信学院的教学楼，属关系社会公共利益、公众安全的工程项目，依据《招标投标法》的规定，属于必须进行招标投标的工程建设项目。华信学院未经招标投标程序与恒安建筑公司签订建设工程施工合同，系违反法律规定的强制性规范，该合同无效。因恒安建筑公司所建造的工程已交付华信学院使用，根据《施工合同司法解释（一）》第 2 条的规定，可以参照合同约定的工程价款结算方式支付工程价款。本案所涉合同约定的工程价款结算方式为固定加价变更

签证。一审、二审法院依据双方合同的相关约定，采用合同固定加价变更签证的方式进行工程价款结算，符合法律规定。因此，恒安建筑公司主张因涉案合同被确认无效，要求按建设工程的成本价结算工程价款，缺乏法律依据，法院不予支持。

（三）涉及企业商业秘密不能成为认定工程属于不适宜进行招标项目的依据

如何理解和确定《招标投标法》规定的必须招标工程的范围是建设工程施工合同纠纷案件中经常遇到的问题，其对正确处理相关纠纷意义重大。[①]《招标投标法》第66条规定："涉及国家安全、国家秘密……特殊情况，不适宜进行招标的项目，按照国家有关规定可以不进行招标。"如果建设工程仅涉及企业商业秘密，且该秘密未经主管机关批准上升为国家秘密，不能据此认定该工程涉及国家秘密且不适宜进行招标。

保密法实施后，企业的商业秘密如果要成为国家秘密，应当通过中央机关与国家保密局会签规范性文件的形式来确认。不进行招标的企业商业秘密在性质上要重于选择法定招标形式的（不采用公开招标，采取邀请招标）。对后者，《招标投标法》第11条规定，国务院发展计划部门确定的国家重点项目和省、自治区、直辖市人民政府确定的地方重点项目不适用公开招标的，经国务院发展计划部门或者省、自治区、直辖市人民政府批准，可以进行邀请招标。根据举轻以明重的法解释原则，如果认定该案工程属《招标投标法》第66条规定的"国家秘密"的范围，至少其也应经过国家发展计划部门或省、自治区、直辖市人民政府的批准。

（四）工程代建合同是否必须进行招标

项目代建制起源于美国，即建设经理经业主的委托对工程项目整体负责。我国对该概念的引入时间尚短，为加强政府投资项目管理，改进建设实施方式，2004年《国务院关于投资体制改革的决定》（国发〔2004〕20号）中规

[①] 参见《涉及企业商业秘密不能成为认定工程属于不适宜进行招标项目的依据》一文的论述，载《民事审判指导与参考：总第38集》，法律出版社2009年版，第247页。

定："对非经营性政府投资项目加快推行'代建制'，即通过招标等方式，选择专业化的项目管理单位负责建设实施，严格控制项目投资、质量和工期，竣工验收后移交给使用单位。"在该文件发布生效之后，代建制在进一步深化国有固定资产投资体制改革，充分利用社会专业化组织的技术和管理经验，提高政府投资项目的建设管理水平和投资效益等方面，发挥了越来越重要的作用。

　　然而，2004 年至今，一直没有在国家层面上出台的配套法律法规、部门规章对代建制予以明确规定。各地方政府针对政府投资项目代建行为制定了一些地方性规范性文件，如北京市发展与改革委员会制定的《北京市政府投资建设项目代建制管理办法（试行）》（2004 年 3 月 1 日实施）。该办法第 2 条规定："本办法所称代建制，是指政府通过招标的方式，选择社会专业化的项目管理单位，负责项目的投资管理和建设组织实施工作，项目建成后交付使用单位的制度。"随着代建制的推广和社会效益的进一步凸显，各地逐渐出现非政府投资项目也采取代建制的做法。

　　根据上述国务院文件，参照各相关地方关于代建制的立法，我们认为代建制的核心是建设单位向代建单位采购代建管理服务，即代建合同的法律性质是工程管理服务合同。其与监理合同类似，但又不同于监理合同。代建合同的受托人对工程项目进行全面的管理服务，既包括前期立项、选定施工单位、做好施工准备，也包括施工阶段对工期、工程质量、工程款支付进行全程控制，对施工单位进行监督指导，还包括项目后期的竣工验收、结算、资料移交、试运行等等。①

　　另外，《招标投标法》关于必须进行招标工程建设项目范围的规定属于效力性强制性规定，具体理由如下。

　　首先，《招标投标法》是规范建筑市场招标投标活动，具有公法性质的

---

① 陈鑫、程世刚、张龙："工程代建合同是否必须进行招标投标？"，来源公众号："建设工程法律评论"，https：//mp. weixin. qq. com/s？ src ＝ 3&timestamp ＝ 1550111199&ver ＝ 1&signature ＝ uP5rK － PoX5I7bSSEXO409T86pOaNW － yj1SB9ndi1csOGsIqTbiwwAsODn9YfDKmQi1a 13HlOrWivWoTQSntDRrOgQUw LeRWrPbepvqtzuUG0BABybUOoK2qTqIEUL7zzRFBY2AaLNC2zwmIFYkEgw Q25i0EqH3my85OLo0GtLmE ＝ ，访问日期：2016 年 9 月 30 日。

一部法律。如果应当招标未招标即签署有关合同，将严重侵害建筑市场的招标投标法律秩序，损害国家、社会公共利益，也间接损害其他市场主体参与市场竞争的合法权益。换言之，未经招标投标即签署合同的行为本身就被《招标投标法》禁止。因此，将《招标投标法》对必须进行招标的工程项目范围的规定理解为效力性强制性规定，符合《招标投标法》的立法宗旨。

其次，《施工合同司法解释（一）》第1条规定："建设工程施工合同具有下列情形之一的，应当根据《合同法》第五十二条第（五）项的规定，认定无效……（三）建设工程必须进行招标而未招标或者中标无效的。"虽然该司法解释只适用于建设工程施工合同，但该司法解释明确表明，最高人民法院将《招标投标法》关于必须进行招标的工程项目范围的规定，认定为"效力性强制性规定"。

《招标投标法》第3条第1款规定："在中华人民共和国境内进行下列工程建设项目包括项目的勘察、设计、施工、监理以及与工程建设有关的重要设备、材料等的采购，必须进行招标：（一）大型基础设施、公用事业等关系社会公共利益、公众安全的项目；（二）全部或者部分使用国有资金投资或者国家融资的项目；（三）使用国际组织或者外国政府贷款、援助资金的项目。"《招标投标法实施条例》第2条规定："招标投标法第三条所称工程建设项目，是指工程以及与工程建设有关的货物、服务。前款所称工程，是指建设工程，包括建筑物和构筑物的新建、改建、扩建及其相关的装修、拆除、修缮等；所称与工程建设有关的货物，是指构成工程不可分割的组成部分，且为实现工程基本功能所必需的设备、材料等；所称与工程建设有关的服务，是指为完成工程所需的勘察、设计、监理等服务。"虽然《招标投标法实施条例》第2条对《招标投标法》第3条所称的"工程建设项目"进行解释时，将"与工程建设有关的服务"定义为"为完成工程所需的勘查、设计、监理等服务"，未列举"代建"这一服务形式，但该定义中的"等"字应表示列举未尽，代建活动属于与工程建设有关的服务，应当受《招标投标法》第3条的调整。因此，代建活动属于必须进行招标的范围。

（五）旅游项目涉及社会公共利益、公众安全的，属于依法必须进行招标范围

案例 2-11：福建省随园旅游发展有限公司与福建省惠五建设工程有限公司建设工程施工合同纠纷再审审查与审判监督案——最高人民法院（2017）最高法民申 3847 号民事裁定书

裁判摘要：法院经审查认为，根据《招标投标法》第 3 条的规定，案涉项目系旅游项目，属于依法必须进行招标的涉及社会公共利益、公众安全的项目，且事实上随园公司也履行了招标程序，因此，随园公司与承包方签订《建设工程施工合同》的行为应当受《招标投标法》的约束。《招标投标法》第 43 条规定，在确定中标人前，招标人不得与投标人就投标价格、投标方案等实质性内容进行谈判。本案中，招标公告发布之前，随园公司与惠五建设公司就已经于 2013 年 1 月 8 日签订《专用条款》，并由惠五建设公司进场施工。由此可见，在招标之前当事人已经针对合同实质性内容进行了谈判，存在明标暗定的串标行为，违反了法律强制性规定。根据《合同法》第 52 条第 1 款第（五）项的规定，当事人针对案涉工程签订的《专用条款》及《建设工程施工合同》应认定为无效。根据《施工合同司法解释（一）》第 2 条的规定，建设工程施工合同无效，但建设工程经竣工验收合格，承包人请求参照约定支付工程价款的，应予支持。本案中，除上述两份合同外，双方当事人在施工过程中又分别于 2014 年 5 月 29 日、6 月 25 日签订两份《补充协议书》，对工程款的付款进度、结算审核、损失补贴、违约金计算等做出安排。原审法院依据该两份《补充协议书》确定双方的权利义务，符合当事人的约定和法律规定。随园公司认为原审事实认定错误，《补充协议书》应为无效合同，应当以备案的《建设工程施工合同》确定结算工程款的申请理由，缺乏事实和法律依据，法院不予支持。但原审关于《专用条款》及《建设工程施工合同》"均是双方当事人的真实意思表示，没有违反法律和行政法规规定，属合法有效的认定"属适用法律错误。

（六）　自有资金投入购物中心项目不属于必须招标项目

案例 2－12：中国建筑股份有限公司与昆山市超华投资发展有限公司建设工程施工合同纠纷案——最高人民法院（2014）民一终字第 310 号民事判决书

裁判摘要：最高人民法院经审理认为，昆山超华商贸城二期工程"超华·欧尚"购物中心项目系超华公司以自有资金予以投资的，属于商业用途，非属由政府投资管理提供公共服务、关系社会公共利益、公众安全的相关工程项目，不属于《招标投标法》第 3 条及《招标范围和规模标准规定》（国家计委 3 号令）第 3 条所规定的强制招标范围。依据《合同法》第 52 条第 1 款第（五）项、《最高人民法院关于适用〈中华人民共和国合同法〉若干问题的解释（一）》第 4 条之规定，人民法院确认合同无效应当以全国人大及其常委会制定的法律和国务院制定的行政法规为依据，不得以地方性法规、行政规章为依据。一审判决认定案涉 915 合同无效不当，最高人民法院予以纠正。关于案涉 926 合同的效力问题。926 合同虽经过招标和投标程序后签订，且招标投标过程中，超华公司委托的招标代理公司也通知邀请的投标单位进行了投标，但该中标结果与之前超华公司与中建公司已签订的案涉 915 合同的总价款基本一致；同时，招标投标之前，中建公司已开始进场施工，据此，双方的行为属于串通投标。根据《招标投标法》第 53 条之规定，招标人和投标人串通投标的，中标无效。一审判决认定 926 合同无效，依法有据，法院予以维持。

（七）　车间建设工程不属于必须招标工程

案例 2－13：四川东嘉建筑工程有限公司与四川省犍为凤生纸业有限责任公司建设工程施工合同纠纷申请再审案——最高人民法院（2014）民申字第 532 号民事裁定书

裁判摘要：关于双方所签订的合同效力问题。东嘉公司认为该合同属于必须进行招标投标而未依法进行招标投标的无效合同。结合本案查明的事实，案涉合同标的碱回收车间建设工程是凤生纸业公司等量异地搬迁技术改造项目的部分工程,该项目是凤生纸业公司自有的工业建筑,不涉及社会公共利益、公众安全,不属于大型基础设施,也不属于公用事业,凤生纸业公司是有限责任公司,项目资金来源是自筹和银行贷款,不属于《招标投标法》及其实施条例、《工程建设项目招标范围和规模标准规定》规定的必须进行招标的范围。因此,东嘉公司主张案涉工程未经招标,施工合同因而无效,没有法律依据。

（八）建设项目的勘察、设计,采用特定专利或者专有技术的,经项目主管部门批准,可以不进行招标

案例2-14:青海西部化工有限责任公司与中天建设集团有限公司建设工程施工合同纠纷上诉案——最高人民法院（2009）民终字第7号民事裁定书

裁判摘要:关于案涉建设工程施工合同的效力问题。《招标投标法》第3条规定:"在中华人民共和国境内进行下列工程建设项目包括项目的勘察、设计、施工、监理以及与工程建设有关的重要设备、材料等的采购,必须进行招标:(一)大型基础设施、公用事业等关系社会公共利益、公众安全的项目;(二)全部或者部分使用国有资金投资或者国家融资的项目;(三)使用国际组织或者外国政府贷款、援助资金的项目。前款所列项目的具体范围和规模标准,由国务院发展计划部门会同国务院有关部门制订,报国务院批准。法律或者国务院对必须进行招标的其他项目的范围有规定的,依照其规定。"该法第66条规定:"涉及国家安全、国家秘密、抢险救灾或者属于利用扶贫资金实行以工代赈、需要使用农民工等特殊情况,不适宜进行招标的项目,按照国家有关规定可以不进行招标。"《工程建设项目招标范围和规模标准规定》第7条规定:"本规定第二条至第六条规定范围内的各类工程建设项目,包括项目的勘察、设计、施工、监理以及与工程建设有关的重要设备、材料等的采购,达到下列标准之一的,必须进行招标:(一)施工单项合同估算价的200万元人民币以上的……"该规定第8条规定:"建设项目的勘察、设计,采用特定专利或者专有技术的,或者其建立艺术造型有特殊要求的,经项目主管部门批准,可以不进行招标。"本案建设工程施工合同属

于施工单项合同。根据《招标投标法》第 3 条和《工程建设项目招标范围和规模标准规定》第 7 条的规定，该合同价款暂估 550 万元，应当属于必须招标的范围。虽然西部化工在向青海省格尔木昆仑经济开发区管委会递交了《申请报告》，提出"由于本项目的一些工艺布局、工艺流程、施工图纸、技术参数尚属世界顶尖技术，属于我公司的高度商业机密，为防止技术泄密，因此特请示对此项工程不采取公开招标的方式，而采用议标的方式进行施工招标"，但其所称该公司的"高度商业机密"并不符合《招标投标法》第 66 条规定所称的可以不进行招标的"涉及国家安全、国家秘密"的特殊情况。此外，青海省发展计划委员会向西部化工下发《柴达木天然气—盐湖资源利用基地规划项目示范工程的批复》（青计工业〔2003〕314 号），以及青海省格尔木昆仑经济开发区开发建设局分别为本案团结湖示范工程项目核发建设用地规划许可证、建设工程规划许可证和建筑工程施工许可证的事实，也不能认定为《工程建设项目招标范围和规模标准规定》第 8 条规定的项目主管部门对本案工程可以不进行招标的批准行为。据此，案涉建设工程属于法律、行政法规规定的必须招标的项目。《施工合同司法解释（一）》第 1 条规定："建设工程施工合同具有下列情形之一的，应当根据合同法第五十二条第五项的规定，认定无效……（三）建设工程必须进行招标而未招标或者中标无效的。"根据该规定，应当认定本案当事人所签的建设工程施工合同无效。对案涉工程施工合同的无效，西部化工作为建设方，应当承担主要责任。

法律链接

一、法律规定

《合同法》

第 52 条　有下列情形之一的，合同无效：

（一）一方以欺诈、胁迫的手段订立合同，损害国家利益；

（二）恶意串通，损害国家、集体或者第三人利益；

（三）以合法形式掩盖非法目的；

（四）损害社会公共利益；

（五）违反法律、行政法规的强制性规定。

二、司法解释及各地方司法指导意见

（一）《施工合同司法解释（一）》（法释〔2004〕14号）

第1条 建设工程施工合同具有下列情形之一的，应当根据合同法第五十二条第（五）项的规定，认定无效：

……

（三）建设工程必须进行招标而未招标或者中标无效的。

（二）《北京市高级人民法院关于审理建设工程施工合同纠纷案件若干疑难问题的解答》（京高法发〔2012〕245号）

3. 如何认定是否属于必须招标的建设工程？

《解释》第一条第（三）项规定的"必须进行招标"的建设工程的认定应当依据《中华人民共和国招标投标法》第三条的规定、《中华人民共和国招标投标法实施条例》和原国家发展计划委员会《工程建设项目招标范围和规模标准规定》的相关规定予以确定。法律、行政法规有新规定的，适用其新规定。

（三）《江苏省高级人民法院关于审理建设工程施工合同纠纷案件若干问题的解答》（江苏省高级人民法院审判委员会会议纪要〔2018〕3号）

2. 商品房未经招标投标程序签订的建设工程施工合同效力如何认定？

当事人以商品房未经招标投标程序主张签订的建设工程施工合同无效的，除符合《招标投标法》第3条规定的必须招标的项目外，不予支持。

（四）《河北省高级人民法院建设工程施工合同案件审理指南》（冀高法〔2018〕44号）

2. 当事人以商品房开发未经招标投标程序主张签订的建设工程施工合同无效的，如果该开发项目符合《中华人民共和国招标投标法》第三条、《河北省实施〈中华人民共和国招标投标法〉的办法》第六条、第九条规定的强制招标投标项目而未进行招标投标的，人民法院应予支持。但根据国务院《关于促进建筑业持续健康发展的意见》（2017年第19号），在民间投资的建设工程项目中，可由建设单位自主决定发包方式。

3. 法律、行政法规规定必须经过招标投标的建设工程，当事人以招标投标程序违法，或者存在串标、明招暗定等情形主张建设工程施工合同无效的，应承担相应的举证责任，人民法院经审查，认定确实存在以上情形的，该建设工程施工合同为无效合同。

（五）《广东省高级人民法院关于审理建设工程合同纠纷案件疑难问题的解答》（粤高法〔2017〕151号）

1. 建设工程依法必须进行招标的范围如何确定

工程建设项目包括项目的施工、勘察、设计、监理以及与工程建设有关的重要设备、材料等的采购，符合《中华人是共和国招标投标法》第三条第一款规定的三种条件之一，并达到《工程建设项目招标范围和规模标准规定》的相应范围和标准，应依法进行招标。但根据国务院《关于促进建筑业持续健康发展的意见》（2017年第19号），在民间投资的建设工程项目中，可由建设单位自主决定发包方式。

（六）《四川省高级人民法院关于审理建设工程施工合同纠纷案件若干疑难问题的解答》（川高法民一〔2015〕3号）

8. 如何认定是否属于必须招标投标的建设工程？

最高人民法院《关于审理建设工程施工合同纠纷案件适用法律问题的解释》（以下简称《建工司法解释》）第一条第（三）项规定的"必须进行招标"的建设工程的认定应当依据《中华人民共和国招标投标法》第三条、《中华人民共和国招标投标法实施条例》和原国家发展计划委员会《工程建设项目招标范围和规模标准规定》（2000年第3号令）的相关规定予以确定。法律、行政法规有新规定的，适用新规定。

法律、行政法规规定不是必须进行招标投标的建设工程，但当事人自愿进行招标投标的，应当受《中华人民共和国招标投标法》的约束。

（七）《重庆市高级人民法院民一庭关于当前民事审判疑难问题的解答》（2014年4月3日）

11. 必须进行招标的建设工程如何认定？

答：《最高人民法院关于审理建设工程施工合同纠纷案件适用法律问题的解释》（法释〔2004〕14号）第一条规定："建设工程施工合同具有下列情形之一的，根据合同法第五十二条第（五）项的规定，认定为无效……

（三）建设工程必须进行招标而未招标或者中标无效的。"审查建设工程是否属于必须进行招标的项目，应根据招标投标法、工程建设项目招标范围和规模标准规定，并参照《重庆市房屋建筑和市政基础设施工程项目施工招标投标管理办法》（渝建发〔2009〕42号）、《重庆市工程建设项目招标范围及规模标准规定》（渝办发〔2010〕12号）等进行判定。根据前述规定并非必须进行招标的建设工程，重庆市建设行政主管部门也不进行招标审查的，建设工程发包时未进行招标不影响合同的效力。

专题三

招标文件、投标文件的法律性质及其顺位

《施工合同司法解释（二）》第10条规定："当事人签订的建设工程施工合同与招标文件、投标文件、中标通知书载明的工程范围、建设工期、工程质量、工程价款不一致，一方当事人请求将招标文件、投标文件、中标通知书作为结算工程价款的依据的，人民法院应予支持。"理论上讲招标文件、投标文件和中标通知书的相关内容应该是一致的，但在现实中三者有时也不一致，此时该以哪份文件为准呢？

这就涉及招标文件、投标文件的法律性质及在合同解释中的顺位问题。

一、招标文件的法律性质及效力

（一）招标文件为要约邀请

招标文件是招标建设工程的大纲，是投标人进行投标活动的主要依据。根据《标准施工招标文件》2.1.1的规定，招标文件包括：①招标公告（或投标邀请书）；②投标人须知；③评标办法；④合同条款及格式；⑤工程量清单；⑥图纸；⑦技术标准和要求；⑧投标文件格式；⑨投标人须知前附表规定的其他材料。

根据《合同法》第15条之规定："要约邀请，是指希望他人向自己发出要约的意思表示。寄送的价目表、拍卖公告、招标公告、招股说明书、商业广告等为要约邀请。"要约邀请本质上是一种事实行为，但它是具有一定法律意义的事实行为。根据以上规定可知，招标公告属于要约邀请，那么招标文件是否为要约邀请呢？法律并未明确。招标文件是招标人向潜在投标人发

出并告知项目需求、招标投标活动规则和合同条件等信息的文件，是项目招标投标活动的主要依据，对招标投标活动各方均具有法律约束力。

从其含义来看，招标文件针对的对象也是不特定的多数人，只是对这个不特定多数人进行了限缩，即符合招标公告要求的不特定多数人。且招标文件也是希望符合要求的不特定多数人向招标人发出要约的意思表示，符合要约邀请的构成要件；同时，招标公告、招标文件均是招标行为的组成部分和具体体现，其法律性质应为要约邀请。

《招标投标法》规定的招标程序主要为编制招标文件、发布招标公告、进行资格预审、发售招标文件、招标文件的澄清、开标、评标、定标、发出中标通知等一系列法律行为。投标人按照招标文件的要求编制投标文件并对招标文件提出的实质性要求和条件做出响应。评标委员会按照招标文件确定的评标标准和方法，对投标文件进行评审和比较，筛选中标人和中标候选人，招标人发出中标通知书后，招标人和中标人按照招标文件、投标文件订立书面合同。因此，招标文件是招标投标程序中重要的法律文件，是投标和评标的重要依据，也是招标人与中标人订立书面合同的基础，据此可以得出招标文件是特殊的要约邀请的结论。

（二）招标文件对招标人和投标人具有法律约束力

一般认为招标是要约邀请，投标是要约，中标通知书是承诺。从上文可知，招标文件是招标投标重要的法律文件，是投标、开标、评标、定标的依据，也是招标人与中标人订立合同的基础。虽招标文件无合同约束力，但不能因此否认招标文件具有一定的法律约束力。

从法理上讲，法律的约束力远大于合同，两者并非同一个概念。从规定上看，招标文件的法律约束力主要体现在《招标投标法》如下规定中：第23条规定招标人可对已发出的招标文件进行必要的澄清或者修改；第27条第1款规定投标文件应当对招标文件提出的实质性要求和条件做出响应；第28条规定投标人应当在招标文件要求提交投标文件的截止时间前将投标文件送达投标地点；第41条规定的中标条件；第42条规定的评标委员会按照招标文件进行评标；第46条规定按照招标文件和中标人的投标文件订立书面合同；

第 60 条规定中标人不履行与招标人订立的合同的法律后果；以上均体现了招标文件对招标人和投标人的法律约束力。另，招标人不得擅自改变已发出的招标文件，如果招标人擅自改变已发出的招标文件，应赔偿由此而给投标人造成的损失。[①]

案例 3 - 1：河南五建建设集团有限公司与新乡医学院建设工程施工合同纠纷案——河南省高级人民法院（2015）豫法民一终字第 42 号民事判决书

裁判要旨：招标答疑系对招标文件的内容进行进一步解释、明确，属于招标文件的附属内容，对招标投标方均有约束力。

裁判摘要：关于电梯安装配合费、地下室灯具漏项造价应否计入工程价款的问题。在招标投标活动过程中，由建设部门、设计单位、招标代理单位、各投标单位参加的招标答疑，系对招标文件内容进行的进一步解释、明确，属于招标文件的附属内容，对招标投标方均有约束力。根据答疑纪要内容，分包工程不计取配合费，漏项中标后不调整，因此，电梯安装配合费和地下室灯具漏项不应计入工程价款。河南五建公司关于该两项费用应计入工程价款的上诉理由不能成立，法院不予支持。

案例 3 - 2：龙邦装潢股份有限公司与长兴广播电视台合同纠纷案——浙江省湖州市中级人民法院（2012）浙湖商终字第 97 号民事判决书

裁判要旨：在招标投标过程中，招标文件中有关投标须知、投标人资格要求及合同条件的说明等的规定，对招标投标双方当事人具有法律约束力，如违反招标文件的规定，应当承担相应的民事责任。投标保证金是一种债权成立阶段的担保，类似于立约定金。

裁判摘要：龙邦装潢股份有限公司在投标过程中，违反招标文件的规定，在投标期间，其项目经理赵小明同时正在承建浙江警察学院综合楼装饰工程。

---

① 宋宗宇："建筑工程招标投标的法律约束力"，载《现代法学》2000 年第 2 期，第 104 - 107 页。

而长兴县传媒中心室内装饰工程招标公告和招标文件均要求项目经理无在建工程，故龙邦公司提供的资料与实际情况不符，属于投标人在投标过程中提供虚假资料的行为，该行为已经长兴县建设局等相关部门调查属实。鉴于龙邦装潢股份有限公司在投标中提供虚假资料的行为，长兴广播电视台在招标文件中的投标须知中也明确约定，如投标人在投标过程中提供虚假资料，并经查证属实的，将拒还投标保证金，故该条款对投标人龙邦装潢股份有限公司具有法律约束力。长兴广播电视台根据投标须知相关条款和长兴县建设局的调查及长兴县监察局等有关部门协调会议纪要的相关规定，对龙邦装潢股份有限公司提交的 50 万元保证金不予退还上缴国库，并将结果函复龙邦装潢股份有限公司并无不当，其行为并未侵害龙邦公司的权益。综上，原审判决认定事实基本清楚，适用法律和实体处理并无不当，但在理由表述部分欠准确，二审予以调整充实，上诉人龙邦装潢股份有限公司的上诉理由不能成立。

案例 3－3：郑州黄河工程有限公司与四川省宝兴县水务局合同纠纷案——四川省雅安市中级人民法院（2017）川 18 民终 144 号民事判决书

　　裁判要旨：招标行为属于要约邀请，招标文件不违反法律规定，具有法律效力，对招标投标双方当事人均具有法律约束力。

　　裁判摘要：招标行为属于要约邀请，但对招标人仍然具有一定的法律约束力，宝兴县水务局的招标文件属于宝兴县水务局就宝兴县堤防工程（安置点）Ⅰ标段、Ⅱ标段项目的要约邀请。该招标文件未违反法律规定，具有法律效力，对招标投标双方当事人均具有法律约束力。黄河工程公司在投标过程中，违反招标文件的规定，递交的投标文件中存在未如实申报诉讼及仲裁的弄虚作假情形，该情形已经宝兴县监察局、宝兴县发展改革和经济商务局、宝兴县水务局调查核实。招标文件明确约定，投标人在投标过程中弄虚作假的，保证金不予退还，该项约定对黄河工程公司具有法律约束力。宝兴县水务局据此不予退还黄河工程公司投标保证金符合约定，其行为未侵害黄河工程公司的合法权益。《工程建设项目施工招标投标办法》属部门规章，而雅安市人民政府鉴于"4·20"芦山地震灾后恢复重建工作的特殊性，根据国务院发布的《国务院关于支持芦山地震灾后重建政策措施意见》（国发

〔2013〕28号）的精神，在请示四川省人民政府后，依据《四川省人民政府办公厅办文通知》（B〔2013〕2139-1号）答复意见，以政务服务中心雅政中心发布的《关于"4·20"芦山地震灾后恢复重建部分重大项目进入省公共资源交易服务中心招标投标相关事宜的补充通知》规定的"招标人可以根据项目的实际情况确定投标保证金金额，不设置80万元上限，但不得超过项目估算价的2%"内容并不导致保证金超出80万元的部分无效，宝兴县水务局做出对黄河工程公司缴纳的270万元保证金全部不予退还的决定符合上述规定，黄河工程公司上诉认为保证金超出80万元的部分无效的理由不能成立，法院不予采纳。

二、投标文件的法律性质及效力

（一）投标文件的法律性质为要约

投标文件是投标人根据招标文件的要求所编制的响应性文件。根据《标准施工招标文件》第3.1款的规定，投标文件应包含以下内容：①投标函及投标函附录；②法定代表人身份证明文件或附有法定代表人身份证明的授权委托书；③联合体协议书；④投标保证金；⑤已标价工程量清单；⑥施工组织设计；⑦项目管理机构；⑧拟分包项目情况表；⑨资格审查资料；⑩投标人须知前附表规定的其他材料。

《合同法》第14条规定："要约是希望和他人订立合同的意思表示，该意思表示应当符合下列规定：（一）内容具体确定；（二）表明经受要约人承诺，要约人即受该意思表示约束。"在法律性质上，投标性质属于要约，是投标人希望与招标人订立合同的意思表示。其构成要件包括以下几方面：

（1）要约必须是特定人的意思表示。投标人编制的投标文件发出的对象是特定的，即只能向招标人发出，而招标人是特定、唯一的。

（2）要约必须具有订立合同的意图。投标人向招标人发出投标文件，是希望自己能够中标并签订合同的意思表示。

（3）要约必须向要约人希望与之缔结合同的受要约人发出。投标人应向招标人发出要约，不能是向其他主体。

（4）要约内容必须确定和完整。投标人需严格按照招标文件内容编制投标文件，并对招标文件提出的实质性要求和条件做出响应。

（5）要约必须送达受要约人。投标人必须在招标文件要求的时间内将投标文件送达招标人指定地点及指定接收人。

（二）投标文件对投标人具有法律约束力

首先，投标人按照招标文件的要求进行文件编制和做出实质性响应，如对资格要求（主要为经营资格、专业资质、财务状况、技术能力、管理能力、业绩、信誉等方面），商务、技术标准，投标人须知，合同部分（主要为工程期限、工程范围、工程质量、工程价款等方面）等方面的要求做出回应。

其次，若投标人中标，即必须按照投标文件所记载的内容与招标人签订书面合同，投标文件是签订书面合同基础之一。从另一个角度看，投标人将投标文件寄出后，在提交投标文件的截止期限届满后，不得随意修改或撤回投标文件。

最后，投标文件直接影响中标后投标人的合同签订及签订后工程价款的结算。《施工合同司法解释（二）》第10条规定："当事人签订的建设工程施工合同与招标文件、投标文件、中标通知书载明的工程范围、建设工期、工程质量、工程价款不一致，一方当事人请求将招标文件、投标文件、中标通知书作为结算工程价款的依据的，人民法院应予支持。"该条实际上表明，投标人的投标报价在和投标人与招标人签订的合同不一致时，应按照招标文件、投标文件、中标通知确立的工程价款为依据，因此，投标文件直接影响投标人中标后的切身利益。

案例3-4：华泰建设工程有限公司与赣州开发区建设投资（集团）有限公司建设工程施工合同纠纷案——江西省高级人民法院（2017）赣民终325号民事判决书

裁判要旨：招标公告是要约邀请，投标行为属于要约行为，中标通知书的法律性质是承诺行为，发生合同法关于承诺的效力。该中标通知书到达投标人时，双方之间的建设工程施工合同成立并生效。

裁判摘要：关于开发区建投公司应否向华泰公司赔偿利益损失5,566,832元的问题。涉案工程经开发区建投公司以公开招标的形式向相关施工单位进行招标，而华泰公司依据招标文件向开发区建投公司发出《江西省房屋建筑和市政基础设施工程施工招标投标文件》，开发区建投公司依该文件向华泰公司出具了中标通知书。招标人开发区建投公司的招标公告是要约邀请，投标人华泰公司投标属于要约，开发区建投公司发出中标通知书实质上是招标人对其经评标委员会评审确定的中标人华泰公司的承诺，是招标人同意中标人华泰公司要约的意思表示，其法律性质是承诺行为，发生合同法关于承诺的效力。该中标通知书到达华泰公司时，双方之间的建设工程施工合同成立并生效。虽然之后双方没有签订书面的建设工程施工合同，但由于中标通知书中包含了建设工程施工合同的基本要素，故未签订书面合同并不影响双方之间成立建设工程施工合同关系。开发区建投公司认为没有签订书面合同，故双方之间的合同关系未成立的理由不能成立。具体理由如下：根据《合同法》第13条"当事人订立合同，采取要约、承诺方式"，第14条"要约是希望和他人订立合同的意思表示，该意思表示应当符合下列规定：（一）内容具体确定；（二）表明经受要约人承诺，要约人即受该意思表示约束"以及第15条"要约邀请是希望他人向自己发出要约的意思表示。寄送的价目表、拍卖公告、招标公告、招股说明书、商业广告等为要约邀请。商业广告的内容符合要约规定的，视为要约"的规定，案涉投标文件的内容具有足以使得合同成立的主要条款，且投标文件表明投标人的主观目的是缔结合同，中标后将受投标文件的约束。同时，《招标投标法》第45条的规定明确了中标通知书的法律效力和对双方当事人的法律约束力。当招标人向中标人发出中标通知书，表示招标人接受该投标人的要约并向其发出中标通知书的行为，应属承诺。中标通知书到达中标人时，招标人与中标人既有要求对方签订施工合同的权利，也有及时配合对方签订施工合同的义务。《招标投标法》第46条的规定进一步强化了中标通知书对双方的法律约束力，招标投标双方应在中标通知书发出后30日内，依据招标文件、投标文件所确定的内容，签订书面合同。另外，《合同法》第11条规定，书面形式是指合同书、信件和数据电文（包括电报、电传、传真、电子数据交换和电子邮件）等可以有形地表现所载内容的形式。投标人发出的投标文件（要约）和招标人发出的中标通知书（承诺）显然均已符合书面形式的要求，招标投标双方当事人未签订书面合同并不影响双方之间成立建设工程施工合同的法律关系，任何一方拒绝履行都应承担违约责任。

案例 3-5：济南某甲公司与山东某乙置业有限公司建设工程监理合同纠纷案——山东省济宁市中级人民法院（2018）鲁 08 民终 1599 号民事判决书①

裁判要旨：投标行为的法律性质是要约行为。作为要约的投标行为具有法律约束力，应确定中标人行为的法律性质是承诺行为。

裁判摘要：法院认为，关于双方当事人签订的《建设工程委托监理合同》中关于延期监理费的约定是否有效的问题，从法律性质上来讲，招标行为属于要约邀请，招标人发布招标邀请书的直接目的在于邀请投标人投标，因此，招标行为一般没有法律约束力。而投标行为的法律性质是要约行为，作为要约的投标行为具有法律约束力，确定中标人行为的法律性质是承诺行为。采购机构一旦宣布确定中标人，就是对中标人的承诺。就本案而言，某乙公司就涉案工程委托招标代理机构发出《邹城市和谐家园住宅小区工程施工监理招标文件》，该行为应视为邀约邀请，即使招标文件中有"工程工期延长、局部变更，不增加监理服务费"的相关内容，亦不应依据该条款约束双方当事人，而应该以中标文件及合同中所载明的条款作为涉案工程结算的依据。济南某甲公司在投标文件中明确载明，"本项目监理服务期：1460 日历天，其中：施工阶段 730 日历天，交工验收与缺陷责任期阶段 730 日历天"，"如果你方接受我方的投标，我们将保证在接到业主的进驻通知后 3 天内进驻现场并开展监理工作。在合同协议书正式签署生效之前，本投标书连同你方的中标通知书及双方共同签署的补充文件将构成双方共同遵守的文件，对双方具有约束力。"由上述文件的法律性质及载明的内容来看，一审依据招标文件的有关内容而否定济南某甲公司投标文件的内容及双方在合同中明

---

① 该判决书原文隐去了公司名称。

确约定的结算条款显然不当，其认定双方关于延期监理费的有关约定无效亦不符合法律规定及双方当事人真实意思的表示。

三、招标文件和投标文件的顺位

招标文件和投标文件的顺位，在 1999 版、2013 版、2017 版《建设工程施工合同（示范文本)》（以下简称××版示范文本）中有相关描述。

（一）1999 版示范文本与 2017 版示范文本中解释顺序的区别

1999 版示范文本第 2.1 条约定如下："合同文件应能相互解释，互为说明。除专用条款另有约定外，组成本合同的文件及优先解释顺序如下：(1) 本合同协议书；(2) 中标通知书；(3) 投标书及其附件；(4) 本合同专用条款；(5) 本合同通用条款；(6) 标准、规范及有关技术文件；(7) 图纸；(8) 工程量清单；(9) 工程报价单或预算书。合同履行中，发包人、承包人有关工程的洽商、变更等书面协议或文件视为本合同的组成部分。"

2017 版示范文本通用条款第 1.5 条约定如下："组成合同的各项文件相互解释，互为说明。除专用条款另有约定外，解释合同文件的优先顺序如下：(1) 合同协议书；(2) 中标通知书（如果有)；(3) 投标函及其附录（如果有)；(4) 专用合同条款及其附件；(5) 通用合同条款；(6) 技术标准和要求；(7) 图纸；(8) 已标价工程量清单或预算书；(9) 其他合同文件。上述各项合同文件包括合同当事人就该项合同文件所作出的补充和修改，属于同一类内容的文件，应以最新签署的为准。在合同订立及履行过程中形成的与合同有关的文件均构成合同文件组成部分，并根据其性质确定优先解释顺序。"

我们从以上两个版本内容的比较，不难发现存在以下变化。

1. "投标书及其附件"变成"投标函及其附录"

2007 年版《标准施工招标文件》第八章"投标文件格式"规定，投标文件包含投标函及投标函附录、法定代表人身份证明、授权委托书、联合体协议书、投标保证金、已标价工程量清单、施工组织设计、项目管理机构、拟分包项目情况表、资格审查资料、其他材料。2017 版示范文本的变化是为了与 2007 年版《标准施工招标文件》保持一致。

2. "工程量清单"变成"已标价的工程量清单或预算书"

2007 年版《标准施工招标文件》规定的招标文件和投标文件中均包含工程量清单，因招标文件中的工程量清单没有标注对应工程量的单价，投标文件中的已标价的工程量清单为施工合同约定合同价格对应的工程量清单，故将已标价的工程量清单作为合同文件的组成部分。

（二）解释顺序应遵循的原则

笔者以 2017 版示范文本为例，来解释说明示范文本对合同文件组成及解释顺序的约定。

根据 2017 版示范文本关于解释顺序的规定，我们可以得出：第一，如果对上述通用条款有不同的解释顺位，应在专用条款明确约定，此时以特别约定为准；第二，如果同一类内容的文件在施工过程中出现了补充或者修改，一般情况下，应当以签订时间在后的为准；第三，因建设工程施工周期较长，避免不了施工过程中形成其他合同文件，如果没有特殊约定，则应当根据其性质确定解释顺序。第四，如果当事人并未选择示范文本，则可根据签订的合同自由约定解释顺位。

案例 3-6：溧阳全润建设工程有限公司（原江苏宏大建设集团有限公司）与天津空港二手车交易市场有限公司建设工程施工合同纠纷案——最高人民法院（2018）最高法民终 1128 号民事裁定书

裁判要旨：一审法院委托的鉴定机构在对案涉工程造价进行鉴定时，未综合考虑合同组成文件的内容及解释顺序，鉴定意见的部分依据不符合当事人的约定。

裁判摘要：法院认为，本案建设工程施工合同系经招标、投标后订立。其中，《合同专用条款》第 2 约定，"合同文件组成及解释顺序：执行《通用条款》第 2 条"；《通用条款》第 2.1 明确约定，"组成合同的文件及优先解释顺序如下：1. 本合同协议书；2. 中标通知书；3. 投标书及其附件；4. 本合同专用条款；5. 本合同通用条款；6. 标准、规范及有关技术文件；7. 图纸；8. 工程量清单；9. 工程报价单或预算书。合同履行中，发包人、承包人有关工程的洽谈、变更等书面协议或文件视为本合同的组成部分。"一审法院委托的鉴定机构在对案涉工程造价进行鉴定时，未综合考虑合同组成文件的内容及解释顺序，有关鉴定意见不符合当事人的约定。一审判决以鉴定意见作为认定工程价款的根据，认定基本事实不清。

（三）《施工合同司法解释（二）》对顺位解释的影响

《施工合同司法解释（二）》第 10 条规定："当事人签订的建设工程施工合同与招标文件、投标文件、中标通知书载明的工程范围、建设工期、工程质量、工程价款不一致，一方当事人请求将招标文件、投标文件、中标通知书作为结算工程价款的依据的，人民法院应予支持。"

理论上讲，招标文件、中标人的投标文件和中标通知书应该是一致的，但在现实中，三者有时也不一致，该以哪份文件为准呢？

1. 从《合同法》的角度，投标文件效力高于招标文件

《建设工程工程量清单计价规范》第 7.1.1 条规定："实行招标的工程合同价款应在中标通知书发出之日起 30 日内，由发承包双方依据招标文件和中标人的投标文件在书面合同中约定。合同约定不得违背招、投标文件中关于工期、造价、质量等方面的实质性内容。招标文件与中标人投标文件不一致的地方，以投标文件为准。"其理由是，在工程招标投标及建设工程合同签订过程中，招标文件为要约邀请，投标文件为要约，中标通知书为承诺。因此，在签订建设工程合同时，若招标文件与中标人的投标文件有不一致的地方，应以投标文件为准。

对于 2017 版示范文本第 1.5 条中合同文件的优先顺序，该文本认为"中标通知书高于投标文件，但招标文件不属于合同文件"。

2011 版《建设项目工程总承包合同示范文本》规定的解释顺序是：①本合同协议书；②本合同专用条款；③中标通知书；④招标投标文件及其附件；⑤本合同通用条款。和示范文本相比，他们都认为中标通知书和投标文件属于合同文件，不同点在于《建设项目工程总承包合同示范文本》也把招标文件作为合同文件，但没有对招标文件和投标文件的效力做出比较。

2. 从《招标投标法》的角度，招标文件效力高于投标文件

《招标投标法实施条例》第 51 条规定："有下列情形之一的，评标委员会应当否决其投标：（一）投标文件未经投标单位盖章和单位负责人签字；（二）投标联合体没有提交共同投标协议；（三）投标人不符合国家或者招标文件规定的资格条件；（四）同一投标人提交两个以上不同的投标文件或者投标报价，但招标文件要求提交备选投标的除外；（五）投标报价低于成本或者高于招标文件设定的最高投标限价；（六）投标文件没有对招标文件的实质性要求和条件作出响应；（七）投标人有串通投标、弄虚作假、行贿等违法行为。"特别是第六项明确要求，投标文件必须对招标文件的实质性要求和条件进行响应，否则否决投标（过去通常称之为废标）。从招标投标过程看，招标文件也是处于基础地位。

中标通知书效力最高，关于这点应该争议不大，但招标文件、投标文件的效力高低存在争议，从《招标投标法》作为特别法的角度及招标投标的基本原理，似应得出招标文件高于投标文件的结论。

案例 3 - 7：平煤神马建工集团有限公司新疆分公司与大地工程开发（集团）有限公司天津分公司建设工程施工合同纠纷案——最高人民法院（2018）最高法民终 153 号民事判决书

裁判要旨：从招标文件看，固定总价是在固定单价的计价方式基础上根据工程量计算得出，投标函表示，其理解并同意中标价为固定价，即在投标有效期内和合同有效期内，该价格固定不变，即表明其认可以固定总价进行结算。

裁判摘要：关于固定单价和固定总价以及最终价格的确定是否影响合同效力的问题。平煤神马新疆分公司认为招标文件采取的是固定单价，但相关协议约定的是固定总价，且价格几次变化，背离了招标文件，应属无效。《招标投标法》第 46 条规定，招标人和中标人应当自中标通知书发出之日起 30 日内，按照招标文件和中标人的投标文件订立书面合同。招标人和中标人不得再行订立背离合同实质性内容的其他协议。从大地天津分公司制作的招标文件看，固定总价是在固定单价的计价方式基础上根据工程量计算得出。

平煤神马新疆分公司在投标函中表示，其理解并同意中标价为固定价，即在投标有效期内和合同有效期内，该价格固定不变，表明其认可以固定总价进行结算。后双方据此签订《合同协议书》，约定该合同为固定总价合同，并未背离招标投标结果。虽然案涉投标价、中标价、合同价并不完全相同，但一方面，投标价格12,669.7万元、中标价格11,900万元以及合同约定价格11,776.24万元三个价格之间并无巨大的悬殊；另一方面，由于合同总价是根据固定单价计算得出，有关工程量需要双方磋商确认，故经双方协商确定最后价格并无不妥。因此，本案固定单价、固定总价的表述以及价格的调整并不属于《招标投标法》第46条第1款规定的招标人和中标人再行订立背离合同实质性内容的其他协议的情形。据此，平煤神马新疆分公司的有关主张，缺乏依据，法院不予支持。

案例3-8：王某某与毛某某建设工程施工合同纠纷案——四川省高级人民法院（2017）川民再323号

裁判要旨：《专用合同条款》中载明的解释合同文件的顺序，即合同协议书（包括补充合同书）优先，专用合同条款及其他文件其次。因此，在《施工（承包）合同》与《专用合同条款》《风险责任书》对工程价款的约定不一致时，可依据合同约定的解释顺序。

裁判摘要：关于工程价款的认定是依据承包合同的定价还是沐川县审计局做出的审计结论的问题，法院认为，本案工程价款应以承包合同的定价为依据。其理由是：第一，毛某某与正旭公司对案涉工程价款有明确的约定，且该约定非因业主确认的工程量发生增加或减少不得变更。毛某某与正旭公司签订的《施工（承包）合同》第5条约定，合同价款为8,630,742元，毛某某不承担税收及上交的管理费用，施工过程中实际发生的工程量变更以监理、业主最终的确认为结算依据。毛某某与正旭公司签订的《风险责任书》第2.4.2条约定："在本责任书执行过程中公司对项目中标预算中的各项清单、数量及综合单价一律不做任何调整；若因业主、建设单位对施工变更造成任何工程量增加或减的，项目综合单价或工程结算总价若有变化，均以业主书面确认的为准。"第2.6条约定："工程价款：施工合同约定的总价为

8,630,742.00元（大写：捌佰陆拾叁万零柒佰肆拾贰元），最终工程价款以该项目实际竣工审计结算总价为准。"第二，《专用合同条款》第25条、《风险责任书》第2.6条中虽有工程竣工结算以审计机关做出的审计结论作为结算依据的约定，但双方并未明确约定审计的主体。双方在签约时亦均不明知沐川县审计局会对业主沐川国土局的发包工程进行审计。因此，沐川县审计局做出的审计结论并不当然就是毛某某工程的结算依据。第三，法院就沐川县审计局做出的《审计报告》的理解和适用函询沐川县审计局，该局做出《关于审计报告相关问题的回复》载明：本案所涉工程是属政府投资项目，该局依法进行审计，《审计报告》对沐川国土局具有法律效力。案涉工程是由正旭公司中标承建，沐川国土局是与正旭公司签订的施工合同，应按审定的工程结算价与施工单位办理工程结算。根据沐川县审计局的上述回复意见，沐川县审计局是对沐川国土局的发包工程进行的审计，并非是针对毛某某工程的审计。本案中，正旭公司不同意将该《审计报告》作为其与毛某某结算的依据。因此，该《审计报告》不应作为本案所涉工程的结算依据。第四，《施工（承包）合同》中约定承包方式为包工、包料，合同价为8,630,742元，毛某某不承担税收及上交的管理费用。《专用合同条款》及《风险责任书》中却载明以审计机关做出的审计结论作为结算依据，二者就工程价款的约定存在冲突，双方当事人对合同条款的理解存在争议。二审法院依据《专用合同条款》中载明的解释合同文件的顺序，即合同协议书（包括补充合同书）优先，专用合同条款及其他文件其次。因此，在《施工（承包）合同》与《专用合同条款》《风险责任书》对工程价款的约定不一致时，按照合同约定的解释顺序，以《施工（承包）合同》载明的工程价款8,630,742元为准，并无不当。

案例3－9：红旗渠建设集团有限公司与北京市中关村中学建设工程施工合同纠纷案——北京市第一中级人民法院（2018）京01民终198号民事判决书

裁判要旨：招标文件依据招标投标法律法规的规定以及双方签订的合同的通用条款及专用条款中的约定，为合同文件的组成部分，在没有优先于该文件解释顺序之前的合同文件做出其他约定的情况下，上述条款对双方依法具有合同的约束力。

裁判摘要：法院认为，中关村中学与红旗渠公司签订的《建设工程施工合同》及《补充协议》系双方当事人真实意思表示，未违反法律法规的效力性强制性规定，合法有效。红旗渠公司上诉主张中关村中学应当支付拆除工程、混凝土工程的工程款，依据为双方签订的《补充协议》中约定对由于抗震等级提高导致工程量增加的据实结算。法院认为，招标文件中已经明确上述工程为"一次性包死，结算时不予调整"，招标文件依据招标投标法律法规的规定以及双方签订的合同的通用条款及专用条款中的约定，为合同的文件组成部分，在没有优先于该文件解释顺序之前的合同文件做出其他约定的情况下，上述条款对双方依法具有合同的约束力。双方签订的《补充协议》约定"本协议的结算与原合同一并执行，按审计后的造价结算为准"并未变更原合同的结算方式，因此，对于鉴定所涉及的拆除工程款 128,112.19 元及混凝土工程款 916,190.86 元均不应计入涉案工程合同外增项部分造价中。

▌法律链接▐

一、《招标投标法》

第 23 条 招标人对已发出的招标文件进行必要的澄清或者修改的，应当在招标文件要求提交投标文件截止时间至少十五日前，以书面形式通知所有招标文件收受人。该澄清或者修改的内容为招标文件的组成部分。

第 27 条第 1 款 投标人应当按照招标文件的要求编制投标文件。投标文件应当对招标文件提出的实质性要求和条件作出响应。

第 28 条第 1 款 投标人应当在招标文件要求提交投标文件的截止时间前，将投标文件送达投标地点。招标人收到投标文件后，应当签收保存，不得开启。投标人少于三个的，招标人应当依照本法重新招标。

第 41 条 中标人的投标应当符合下列条件之一：

（一）能够最大限度地满足招标文件中规定的各项综合评价标准；

（二）能够满足招标文件的实质性要求，并且经评审的投标价格最低；但是投标价格低于成本的除外。

第42条　评标委员会经评审，认为所有投标都不符合招标文件要求的，可以否决所有投标。

依法必须进行招标的项目的所有投标被否决的，招标人应当依照本法重新招标。

第46条　招标人和中标人应当自中标通知书发出之日起三十日内，按照招标文件和中标人的投标文件订立书面合同。招标人和中标人不得再行订立背离合同实质性内容的其他协议。

招标文件要求中标人提交履约保证金的，中标人应当提交。

第60条　中标人不履行与招标人订立的合同的，履约保证金不予退还，给招标人造成的损失超过履约保证金数额的，还应当对超过部分予以赔偿；没有提交履约保证金的，应当对招标人的损失承担赔偿责任。

中标人不按照与招标人订立的合同履行义务，情节严重的，取消其二年至五年内参加依法必须进行招标的项目的投标资格并予以公告，直至由工商行政管理机关吊销营业执照。

因不可抗力不能履行合同的，不适用前两款规定。

二、《施工合同司法解释（二）》

第10条　当事人签订的建设工程施工合同与招标文件、投标文件、中标通知书载明的工程范围、建设工期、工程质量、工程价款不一致，一方当事人请求将招标文件、投标文件、中标通知书作为结算工程价款的依据的，人民法院应予支持。

专题四

中标无效的认定

根据《招标投标法》《招标投标法实施条例》的规定，中标无效包括下表所示的7种情形。

表 4-1 中标无效情形一览表

序号	中标无效的情形	法律依据
1	招标代理机构泄密或串通	《招标投标法》第50条：招标代理机构违反本法规定，泄露应当保密的与招标投标活动有关的情况和资料的，或者与招标人、投标人串通损害国家利益、社会公共利益或者他人合法权益的……前款所列行为影响中标结果的，中标无效。
2	招标人泄密	《招标投标法》第52条：依法必须进行招标的项目的招标人向他人透露已获取招标文件的潜在投标人的名称、数量或者可能影响公平竞争的有关招标投标的其他情况的，或者泄露标底的……前款所列行为影响中标结果的，中标无效。
3	串通招标投标	《招标投标法》第53条：投标人相互串通投标或者与招标人串通投标的……中标无效……
4	行贿谋取中标	《招标投标法》第53条：……投标人以向招标人或者评标委员会成员行贿的手段谋取中标的，中标无效……
5	以他人名义投标或弄虚作假	《招标投标法》第54条第1款：投标人以他人名义投标或者以其他方式弄虚作假，骗取中标的，中标无效，给招标人造成损失的，依法承担赔偿责任；构成犯罪的，依法追究刑事责任。

序号	中标无效的情形	法律依据
6	依法必须招标项目，就投标价格、投标方案等实质性内容进行谈判	《招标投标法》第55条："依法必须进行招标的项目，招标人违反本法规定，与投标人就投标价格、投标方案等实质性内容进行谈判……前款所列行为影响中标结果的，中标无效。"从数据结果分析，有近半数的案件均因本项事由而被确认合同无效。
7	违法确定或更换评标专家	《招标投标法》第57条："招标人在评标委员会依法推荐的中标候选人以外确定中标人的，依法必须进行招标的项目在所有投标被评标委员会否决后自行确定中标人的，中标无效……"

下文将通过案例的方式对招标代理机构泄密或串通、串通招标投标、以他人名义投标或弄虚作假、对依法必须进行招标的项目进行实质性谈判和违法确定或更换评标专家的五种常见的中标无效情形进行解读。

一、招标代理机构泄密或串通

依照《招标投标法》第50条之规定，招标代理机构泄密或者与招标人、投标人串通影响中标结果的，中标无效。

案例4－1：申诉人绵阳利奥房地产开发有限公司与被申诉人四川嘉屹建筑工程有限公司建设工程合同纠纷案——四川省绵阳市中级人民法院（2014）绵民抗字第1号民事裁定书

裁判要旨：因私下串通投标行为，对中标结果产生了重大影响，属于《招标投标法》第50条、第55条规定情形，依照《合同法》第52条第1款第（五）项的规定，应依法认定无效。

裁判摘要：本案争议的焦点在于方园公司对利奥·璟都商住楼工程的中标是否有效。依照《招标投标法》第3条"在中华人民共和国境内进行下列工程建设项目包括项目的勘察、设计、施工、监理以及与工程建设有关的重要设备、材料等的采购，必须进行招标：（一）大型基础设施、公用事业等关系社会公共利益、公众安全的项目……"的规定，本案原告、被告发生纠纷的工程"利奥·璟都商住楼工程"，作为关系社会利益、公众安全的建设工程项目，属于必须进行招标投标的项目。利奥公司作为招标人在委托中介机构招标过程中，违反法定程序，在尚未进行评标的情况下，于2010年12月即允许方园公司进场进行土方工程施工并对之后的施工进行必要的准备，且与方园公司于2011年1月6日就订立了《利奥·璟都工程施工补充协议》。该补充协议实际是对该工程项目的具体施工及结算进行的全面具体的约定。双方在此之后也是实际按照该协议的约定在履行各自的义务。

虽然在招标代理公司的组织下，方园公司于2011年1月12日中标该工程，但原告、被告之间的行为违反了《招标投标法》第32条第2款"投标人不得与招标人串通投标损害国家利益、社会公共利益或者他人的合法权益"和第43条"在确定中标人前，招标人不得与投标人就投标价格、投标方案等实质性内容进行谈判"的规定，对中标结果产生了重大影响。依照《招标投标法》第50条的规定："招标代理机构违反本法规定，泄露应当保密的与招标投标活动有关的情况和资料的，或者与招标人、投标人串通损害国家利益、社会公共利益或者他人的合法权益的……前款所列行为影响中标结果的，中标无效"及该法第55条："依法必须进行招标的项目，招标人违反本法规定，与投标人就投标价格、投标方案等实质性内容进行谈判的，给予警告，对单位直接负责的主管人员和其他直接责任人员依法给予处分。前款所列行为影响中标结果的，中标无效"的规定，因原、被告之间的行为严重影响了中标结果，被告于2011年1月12日的中标应为无效。根据《施工合同司法解释（一）》第1条关于"建设工程施工合同具有下列情形之一的，应当根据《合同法》第五十二条第（五）项的规定，认定无效……（三）建设工程必须进行招标而未招标或者中标无效的"的规定，原、被告之间订立的《建设工程施工合同》《利奥·璟都工程施工补充协议》《利奥·璟都工程施工补充协议（二）》，因原告中标结果无效而应认定无效。

二、串通招标投标

依照《招标投标法》第53条之规定，投标人相互串通投标或者与招标人串通投标的，中标无效。

另，《招标投标法实施条例》第39条关于投标人"相互串通的情形"，第40条关于视为投标人"相互串通的情形"以及第41条关于"招标人与投标人串通的情形"的规定，为认定中标无效提供了间接依据。

案例4-2：延边宸星建筑安装有限公司与汪清江洋房地产开发有限公司建设工程施工合同纠纷申请再审案——最高人民法院（2015）民申字第2782-1号民事裁定书

裁判要旨： 案涉双方签订了《工程承发包协议书》，后办理相关招标投标手续，并补签了《建设工程施工合同书》，属于串通投标的行为，应当认定合同无效。

裁判摘要： 关于双方签订的《工程承发包协议书》《建设工程施工合同书》是否有效的问题。案涉工程为必须招标投标项目，但根据原审查明的事实，当事人双方在未进行招标投标的情况下，于2008年7月1日已就案涉工程签订了《工程承发包协议书》，于2008年8月7日到汪清县建设局招标投标管理部门办理相关招标投标手续，并补签了《建设工程施工合同书》，因此，二审法院认定双方存在串通投标的行为，具有事实依据。根据《招标投标法》第53条"投标人相互串通投标或者与招标人串通投标的，投标人以向招标人或者评标委员会成员行贿的手段谋取中标的，中标无效"及《施工合同司法解释（一）》第1条关于建设工程必须进行招标而未招标或者中标无效的，应当认定合同无效的规定，二审法院认定双方签订的《工程承发包协议书》及《建设工程施工合同书》无效，具有事实和法律依据。

三、以他人名义投标或弄虚作假

除《招标投标法》第33条之外，《招标投标法》第54条对以他人名义投标或弄虚作假亦有规定，投标人以他人名义投标或者以其他方式弄虚作假，骗取中标的，中标无效，给招标人造成损失的，依法承担赔偿责任；构成犯罪的，依法追究刑事责任。依法必须进行招标项目的投标人有前款所列行为尚未构成犯罪的，处中标项目金额千分之五以上千分之十以下的罚款，对单位直接负责的主管人员和其他直接责任人员处单位罚款数额百分之五以上百分之十以下的罚款；有违法所得的，并处没收违法所得；情节严重的，取消其一年至三年内参加依法必须进行招标的项目的投标资格并予以公告，直至由工商行政管理机关吊销营业执照。

《招标投标法实施条例》第42条规定，使用通过受让或者租借等方式获取的资格、资质证书投标的，属于《招标投标法》第33条规定的以他人名义投标。

案例4-3：吉林市东辰伟业房地产开发经营有限责任公司与东北金城建设股份有限公司、东北金城建设股份有限公司吉林市分公司、庄×富、王×、郑×东建设工程施工合同纠纷一案再审案——吉林省高级人民法院（2014）吉民再字第14号民事判决书

裁判要旨：涉案工程招标之前存在商谈施工事宜的情形，招标人对投标人借用资质进行投标的事实是明知，中标及《建设工程施工合同》均无效。

裁判摘要：关于涉案工程中标以及《建设工程施工合同》效力的问题。东辰公司在涉案工程招标之前即与庄×富商谈施工事宜，该公司对于庄×富先后借用有资质的华强公司、金城公司名义进行投标的事实是明知的。根据《招标投标法》第54条、《施工合同司法解释（一）》第1条的规定，本案两次中标及《建设工程施工合同》均无效。

案例4-4：广州市净水有限公司与广东省环境工程装备总公司买卖合同纠纷再审案——广东省高级人民法院（2013）粤高法审监民提字第175号民事判决书

裁判摘要：法院再审认为，本案再审的争议焦点是污水治理公司与环境装备公司签订的《建设工程设备采购合同》是否有效。根据本案查明的事实，首先，在环境装备公司投标过程中，阀安龙公司职员郭×良作为联系人在《购标书登记表》上签名购买招标文件；在环境装备公司提交的投标文件第1页"投标书"中，写明"我方广东省环境工程装备总公司作为投标人正式授权郭×良、销售经理代表我方进行有关本投标的一切事宜"。其次，在环境装备公司中标后，环境装备公司于2010年2月8日授权郭×良领取《中标通知书》，授权书中仍写明郭×良是环境装备公司销售经理。环境装备公司于2010年2月8日收到《中标通知书》，次日即出具《委托书》给阀安龙公司，将其中标的广州市猎德污水处理系统四期厂区工程第二批设备采购第一包矩形沉淀池刮泥机及附属设备项目，委托阀安龙公司代为采购和签订采购合同并办理验货手续；阀安龙公司以自己的名义分别于2010年3月5日、2010年3月10日和宝利金公司、无锡通用公司签订了采购合同，同年4月7日阀安龙公司向无锡通用公司支付了预付金174万元；阀安龙公司职员陈×伟多次出席相关会议，与污水治理公司协商交货时间等。以上事实表明，环境装备公司在投标过程中隐瞒了郭×良是阀安龙公司职员的身份，授权郭×良以销售经理的身份代表环境装备公司进行有关投标的一切事宜，中标后又立即出具《委托书》将其中标项目委托阀安龙公司履行，且未将委托情况向污水治理公司说明，该名为委托的行为明显违背污水治理公司确定环境装备公司为中标人的招标目的。原二审判决认为"只要环境装备公司向污水治理公司交付的是约定供应商的设备，那么无论由谁去购买该批设备都不会损害污水治理公司的利益，也不会改变这些设备的性能，对合同履行并无实质影响"不当，应予纠正。环境装备公司在再审中称阀安龙公司也具备投标人资格，无需借用其名义进行投标。是否具备投标人资格与是否能成为中标人是两个问题，在均具有投标人资格的投标人之间，也存在实力、资信等方面的差异，环境装备公司该辩称理据不足。环境装备公司在一审中辩称委托阀安龙公司代签合同、代办验货，仅是从商业的角度降低采购价格和由阀安龙公司人员提供纯劳务的活动。环境装备公司一方面称其需向阀安龙公司支付相关报酬，案涉工程设备的实际制造商宝利金公司和无锡通用公司知道其与阀安龙公司存在委托关系，另一方面又称委托阀安龙公司可从商业角度降低采购价格，其辩称缺乏合理性。

四、对依法必须进行招标的项目进行实质性谈判

《招标投标法》第43条规定，在确定中标人前，招标人不得与投标人就投标价格、投标方案等实质性内容进行谈判。

《招标投标法》第55条规定，依法必须进行招标的项目，招标人违反本

法规定，与投标人就投标价格、投标方案等实质性内容进行谈判的……前款
所列行为影响中标结果的，中标无效。

《施工合同司法解释（二）》第1条规定，招标人和中标人另行签订的建
设工程施工合同约定的工程范围、建设工期、工程质量、工程价款等实质性
内容，与中标合同不一致，一方当事人请求按照中标合同确定权利义务的，
人民法院应予支持。

招标人和中标人在中标合同之外就明显高于市场价格购买承建房产、无
偿建设住房配套设施、让利、向建设单位捐赠财物等另行签订合同，变相降
低工程价款，一方当事人以该合同背离中标合同实质性内容为由请求确认无
效的，人民法院应予支持。

**案例4-5：湖南湘源建设工程有限公司与湖南千足珍珠有限公司建
设工程施工合同纠纷申诉、申请案——最高人民法院（2016）最高法民
再123号民事判决书**

裁判要旨：案涉工程招标前，已对工程的施工范围、工期、价款、质量
标准、结算方式、违约责任等施工合同应当具备的实质性内容达成共识并直
接订立合同，实质上是通过"明招暗定"形式，规避招标投标法等法律、行
政法规规定，排斥和损害其他潜在投标人的合法权益，所签订的合同应认定
为无效。

裁判摘要：根据《招标投标法》，千足珍珠公司在确定中标人前，就施
工合同实质性内容与湘源公司进行谈判磋商，即本应通过法定招标投标程序
选定中标人承包讼争工程，启动招标程序前，已经确定讼争工程中标人（承
包人）并就工程的施工范围、工期、价款、质量标准、结算方式、违约责任
等施工合同应当具备的实质性内容达成共识并直接订立合同。合同当事人旨
在通过"明招暗定"形式规避招标投标法等法律、行政法规规定，排斥和损
害其他潜在投标人通过竞标方式中标后取得讼争工程承包建设的合法权益，
客观上扰乱建筑市场经济秩序。《招标投标法》43条规定，在确定中标人前，
招标人不得与投标人就投标价格、投标方案等实质性内容进行谈判。第55条
规定，依法必须进行招标的项目，招标人违反本法规定，与投标人就投标价

格、投标方案等实质性内容进行谈判的，给予警告，对单位直接负责的主管人员和其他直接责任人员依法给予处分。前款所列行为影响中标结果的，中标无效。《施工合同司法解释（一）》第 1 条亦规定，建设工程施工合同具有下列情形之一的，应当根据《合同法》第 52 条第 1 款第（五）项的规定，认定无效：……（三）建设工程必须进行招标而未招标或者中标无效的。

建设工程事关公众安全和社会公共利益，是百年大计，当事人契约自由的私权原则不得违背和对抗保障公众安全和社会公共利益的立法宗旨和立法目的，不得损害其他潜在投标人通过竞标取得讼争工程项目的建设权益，不得扰乱建筑市场公平竞争的经济秩序。在本案讼争工程项目启动招标投标程序前，双方已就以后应当通过招标投标程序确定的施工范围、工期、结算方式等实质性内容进行谈判并做出具体约定，违反了《招标投标法》第 43 条、第 55 条以及《施工合同司法解释（一）》第 1 条的规定，中标无效，以此签订的建设工程施工合同亦无效。

案例 4-6：河北省乾荣城市建设有限公司与石家庄市麟凯房地产开发有限公司建设工程施工合同纠纷申请再审案——最高人民法院（2015）民申字第 280 号民事裁定书

裁判要旨：《建设工程施工合同》在《中标通知书》前签订，《招标投标法》第 43 条规定系从行政管理角度规范招标人在公开开标前订立合同的要求，属于管理性强制性规定，并非效力性强制性规定。本案工程不属于必须进行招标的建设项目，《建设工程施工合同》与《中标通知书》不一致，虽然违反该规定，但不必然无效。

裁判摘要：关于二审判决《建设工程施工合同》有效是否正确的问题。依照《合同法》第 52 条及《最高人民法院关于适用〈中华人民共和国合同法〉若干问题的解释（二）》第 14 条规定，违反法律、行政法规效力性强制性规定的合同无效。本案中，麟凯公司与乾荣公司于 2005 年 10 月 17 日签订一份《建设工程施工合同》，主要约定麟凯公司将涉案工程发包给乾荣公司施工，合同价款为 1900 万元，合同工期为 396 天。从乾荣公司提供的《中标通知书》来看，麟凯公司于 2005 年 11 月 17 日才公开开标，于 2005 年 11 月

23 日才通知乾荣公司以 19,465,735.3 元中标该工程施工，工期为 760 天。

法院认为，从时间上看，《建设工程施工合同》在《中标通知书》前签订。《招标投标法》第 43 条规定："在确定中标人前，招标人不得与投标人就投标价格、投标方案等实质性内容进行谈判。"违反该规定的，对属《招标投标法》第 3 条规定必须进行招标的建设项目，《招标投标法》在第 55 条中规定中标无效，但对不属《招标投标法》第 3 条规定的必须进行招标的建设项目，《招标投标法》中并无相应条款规定中标无效。可见，《招标投标法》第 43 条规定系从行政管理角度规范招标人在公开开标前订立合同的要求，属于管理性强制性规定，并非效力性强制性规定。而本案工程既非大型基础设施、公用事业等关系社会公共利益、公众安全的项目，亦非全部或者部分使用国有资金投资或者国家融资的项目，更非使用国际组织或者外国政府贷款、援助资金的项目，即不属《招标投标法》第 3 条规定必须进行招标的建设项目。据此，上述《建设工程施工合同》在《中标通知书》前签订，虽然违反《招标投标法》第 43 条规定，但不必然无效，二审判决认定有效，适用法律并无不当。乾荣公司申请再审提出的无效理由，缺乏事实和法律依据，不能成立。

从内容上看，《建设工程施工合同》与《中标通知书》不一致。《招标投标法》第 46 条第 1 款规定："招标人和中标人应当自中标通知书发出之日起三十日内，按照招标文件和中标人的投标文件订立书面合同；招标人和中标人不得再行订立背离合同实质性内容的其他协议。"违反该规定的，《招标投标法》在第 59 条中规定责令改正，可以处中标项目金额千分之五以上千分之十以下的罚款，但并无相应条款规定招标人和中标人订立的合同无效。可见，《招标投标法》第 46 条第 1 款规定系从行政管理角度规范招标人和中标人在公开开标后订立合同的要求，属于管理性强制性规定，而非效力性强制性规定。据此，上述《建设工程施工合同》与《中标通知书》不一致，虽然违反该规定，但不必然无效，二审判决认定有效，适用法律亦无不当。乾荣公司申请再审提出无效的理由，缺乏事实和法律依据，不能成立。

五、违法确定或更换评标专家

《招标投标法》第57条规定，招标人在评标委员会依法推荐的中标候选人以外确定中标人的，依法必须进行招标的项目在所有投标被评标委员会否决后自行确定中标人的，中标无效，责令改正，可以处中标项目金额千分之五以上千分之十以下的罚款；对单位直接负责的主管人员和其他直接责任人员依法给予处分。

《评标专家和评标专家库管理暂行办法》第17条第1款规定，依法必须进行招标的项目的招标人不按照规定组建评标委员会，或者确定、更换评标委员会成员违反《招标投标法》和《招标投标法实施条例》规定的，由有关行政监督部门责令改正，可以处10万元以下的罚款，对单位直接负责的主管人员和其他直接责任人员依法给予处分；违法确定或者更换的评标委员会成员作出的评审结论无效，依法重新进行评审。

▌法律链接▌

《招标投标法》

第17条 招标人采用邀请招标方式的，应当向三个以上具备承担招标项目的能力、资信良好的特定的法人或者其他组织发出投标邀请书。

投标邀请书应当载明本法第十六条第二款规定的事项。

第18条 招标人可以根据招标项目本身的要求，在招标公告或者投标邀请书中，要求潜在投标人提供有关资质证明文件和业绩情况，并对潜在投标人进行资格审查；国家对投标人的资格条件有规定的，依照其规定。

招标人不得以不合理的条件限制或者排斥潜在投标人，不得对潜在投标人实行歧视待遇。

第19条 招标人应当根据招标项目的特点和需要编制招标文件。招标文件应当包括招标项目的技术要求、对投标人资格审查的标准、投标报价要求和评标标准等所有实质性要求和条件以及拟签订合同的主要条款。

国家对招标项目的技术、标准有规定的，招标人应当按照其规定在招标文件中提出相应要求。

招标项目需要划分标段、确定工期的，招标人应当合理划分标段、确定工期，并在招标文件中载明。

第20条 招标文件不得要求或者标明特定的生产供应者以及含有倾向或者排斥潜在投标人的其他内容。

第21条 招标人根据招标项目的具体情况，可以组织潜在投标人踏勘项目现场。

第22条 招标人不得向他人透露已获取招标文件的潜在投标人的名称、数量以及可能影响公平竞争的有关招标投标的其他情况。

招标人设有标底的，标底必须保密。

第23条 招标人对已发出的招标文件进行必要的澄清或者修改的，应当在招标文件要求提交投标文件截止时间至少十五日前，以书面形式通知所有招标文件收受人。该澄清或者修改的内容为招标文件的组成部分。

第50条 招标代理机构违反本法规定，泄露应当保密的与招标投标活动有关的情况和资料的，或者与招标人、投标人串通损害国家利益、社会公共利益或者他人合法权益的，处五万元以上二十五万元以下的罚款；对单位直接负责的主管人员和其他直接责任人员处单位罚款数额百分之五以上百分之十以下的罚款；有违法所得的，并处没收违法所得；情节严重的，禁止其一年至二年内代理依法必须进行招标的项目并予以公告，直至由工商行政管理机关吊销营业执照；构成犯罪的，依法追究刑事责任。给他人造成损失的，依法承担赔偿责任。

第52条 依法必须进行招标的项目的招标人向他人透露已获取招标文件的潜在投标人的名称、数量或者可能影响公平竞争的有关招标投标的其他情况的，或者泄露标底的，给予警告，可以并处一万元以上十万元以下的罚款；对单位直接负责的主管人员和其他直接责任人员依法给予处分；构成犯罪的，依法追究刑事责任。

第53条 投标人相互串通投标或者与招标人串通投标的，投标人以向招标人或者评标委员会成员行贿的手段谋取中标的，中标无效，处中标项目金额千分之五以上千分之十以下的罚款，对单位直接负责的主管人员和其他直接责任人员处单位罚款数额百分之五以上百分之十以下的罚款；有违法所得的，并处没收违法所得；情节严重的，取消其一年至二年内参加依法必须进行招标的项目的投标资格并予以公告，直至由工商行政管理机关吊销营业执照；构成犯罪的，依法追究刑事责任。给他人造成损失的，依法承担赔偿责任。

第54条 投标人以他人名义投标或者以其他方式弄虚作假，骗取中标的，中标无效，给招标人造成损失的，依法承担赔偿责任；构成犯罪的，依法追究刑事责任。

依法必须进行招标的项目的投标人有前款所列行为尚未构成犯罪的，处中标项目金额千分之五以上千分之十以下的罚款，对单位直接负责的主管人员和其他直接责任人员处单位罚款数额百分之五以上百分之十以下的罚款；有违法所得的，并处没收违法所得；情节严重的，取消其一年至三年内参加依法必须进行招标的项目的投标资格并予以公告，直至由工商行政管理机关吊销营业执照。

第55条 依法必须进行招标的项目，招标人违反本法规定，与投标人就投标价格、投标方案等实质性内容进行谈判的，给予警告，对单位直接负责的主管人员和其他直接责任人员依法给予处分。

前款所列行为影响中标结果的，中标无效。

第57条 招标人在评标委员会依法推荐的中标候选人以外确定中标人的，依法必须进行招标的项目在所有投标被评标委员会否决后自行确定中标人的，中标无效，责令改正，可以处中标项目金额千分之五以上千分之十以下的罚款；对单位直接负责的主管人员和其他直接责任人员依法给予处分。

专题五

低于成本价中标情形下合同的
效力及工程款的结算

招标投标过程中，低于成本价中标问题极为突出。一旦纠纷进入诉讼阶段，一方为了达到有利于自己的结果，常常会主张投标人低于成本价中标，"使得"建设工程施工合同无效。《招标投标法》第33条虽禁止不得低于成本价投标，但对于什么是成本价及合同效力问题未予以明确，司法实践中对此认识不一。本专题试图通过司法裁判倾向性意见，总结目前主流观点，以指导如何应对此类问题。

一、"成本价"的含义

《现代汉语词典》（第7版）中的"成本"是指产品在生产某种产品所需的全部费用。建设工程的成本一般认为包括两种形式：一是社会平均成本，二是企业个别成本。朱树英律师认为："根据定额计价测算的成本，是在施工图设计完成后，以施工图为依据，根据政府颁布的消耗量定额，工程量计算规则及当时人工、材料、机械台班的预算价格计算工程造价成本的一种方法，通过这种方式计算出的成本，反映的是高于市场大多数企业建造成本的所谓'政府指导成本'，而并非真正的社会平均成本。从理论上讲，真正的社会平均成本根本无法测量，因为没有一个权威部门可以计算统计建设工程领域中各个施工单位的建造成本。即便有办法、有标准测量这种社会平均成本，但企业因管理水平、技术力量、资金实力、社会资源、施工工艺的不同，会导致建设同一工程的个别成本千差万别。"①

判断成本价的标准是什么？笔者赞成朱树英律师的观点，招标中所谓的"成本价"是指企业的个别成本，而非"发包人项目招标的标底或者发包人招标控制价"或者"按照造价主管部门发布的同类项目市场成本价"，也不是同行业的社会平均成本。不同企业因地域差距、科技装备、管理水平等的不同而造成投标竞价上的差距很大，所以成本价始终是一个不明确的价格，很难确定成本价是多少。

其实，关于"成本价"如何理解，国家发展改革委法规司主编的《招标投标法实施条例释义》中已明确"成本"是指投标人的个别成本，而不是社会平均成本，也不是行业平均成本。《民事审判指导与参考·总第60辑》对如何理解《招标投标法》第33条所称的"低于成本"，最高人民法院民事审判第一庭的意见亦为每个投标人为完成投标项目所需支出的"个别成本"。如在南通市通州百盛市政工程有限公司与苏州市吴江东太湖综合开发有限公司建设工程施工合同纠纷案（〔2014〕苏民终字第00367号）中，江苏省高级人民法院认为，关于成本问题，《招标投标法》第33条规定，投标人不得以低于成本的报价投标，此处的成本应指企业个别成本。姑苏造价事务所出具的鉴定结论系依据建筑行业主管部门颁布的工程定额标准和价格信息编制的，而定额和价格信息反映的是建筑市场的社会平均成本。企业个别成本与企业规模、管理水平相关，管理水平越高的企业其个别成本越低，故姑苏造价事务所出具的鉴定结论并不能当然作为认定百盛市政公司投标价低于其企业个别成本的依据。

二、低于"成本价"的中标合同的效力

关于低于"成本价"中标的合同效力问题，司法实践中认定不一，目前并没有明确的法律及司法解释予以明确地表示。

（一）司法解释及部分法院指导意见、会议纪要中的观点

目前《施工合同司法解释（一）》第1条认定合同无效的情形并不包括

---

① 朱树英：《法院审理建设工程案件观点集成》，中国法制出版社2015年版，第77页。

低于"成本价"中标。《施工合同司法解释（二）》亦未涉及低于"成本价"中标合同效力问题。

最高人民法院仅在《2011 年全国民事审判工作会议纪要》（法办〔2011〕422 号）第 24 条明确：对按照"最低价中标"等违规招标形式，以低于工程建设成本的工程项目标底订立的施工合同，应当依据《招标投标法》第 41 条第（二）项的规定认定无效。但对于该会议纪要的真实性无法确认，因最高人民法院并未向社会公布，其真实性值得商榷。

《江苏省高级人民法院关于审理建设工程施工合同纠纷案件若干问题的意见》（2008 年 12 月 17 日审判委员会第 44 次会议讨论通过）第 3 条规定，具有下列情形之一，当事人要求确认建设工程施工合同无效的，人民法院应予支持……（五）中标合同约定的工程价款低于成本价的。同样，江苏省高级人民法院《建设工程施工合同案件审理指南 2010》规定，当事人就同一建设工程另行订立的建设工程施工合同与经过备案的中标合同实质性内容不一致的，应当以备案的中标合同作为结算工程价款的根据。中标合同约定的工程价款低于成本价的，建设工程施工合同无效。

《广东省高级人民法院全省民事审判工作会议纪要》（粤高法〔2012〕240 号）中"（二）关于合同的效力问题"部分规定，要依法维护通过招标投标方式所签订的中标合同的法律效力。对以低于工程建设成本的工程项目标底订立的施工合同，应当依据《招标投标法》第 41 条第（二）项的规定认定无效。

《山东省高级人民法院关于印发〈全省民事审判工作座谈会纪要〉的通知》（鲁高法〔2005〕201 号）"二、关于建设工程施工合同纠纷案件的处理问题"中规定，如果双方约定的工程款价格明显低于建设工程的成本价格，则违反了有关规章的强制性规定，可以根据当事人的请求变更或者撤销。

《深圳市中级人民法院关于建设工程合同若干问题的指导意见》（2010 年 3 月 9 日深圳市中级人民法院审判委员会第 6 次会议修订）第 6 条规定，按照《招标投标法》第 3 条规定必须进行招标的工程，经过招标投标而签订的施工合同，承包人有证据证明工程价款低于成本价，主张合同无效的，应予支持。

　　《沈阳市中级人民法院关于建设工程施工合同纠纷审判实务相关疑难问题解答》（2015 年 10 月 22 日经市法院第 23 次审判委员会讨论通过）"一、导致建设工程施工合同无效的情形主要有哪些？"中列举的第五种情形即是中标合同约定的工程价款低于成本价。

　　从以上内容来看，最高人民法院仅在《2011 年全国民事审判工作会议纪要》中规定低于成本价中标的合同按照无效处理，但会议纪要并不是司法解释，仅可参考，无法作为使用依据。江苏省高级人民法院、广东省高级人民法院、深圳市中级人民法院、沈阳市中级人民法院的指导意见及解答均明确中标合同约定的工程价款低于成本价的，建设工程施工合同无效。山东省高级人民法院认为"工程款价格明显低于建设工程的成本价格，则违反了有关规章的强制性规定，可以根据当事人的请求变更或者撤销"，并未对合同效力进行确认。

　　（二）两种观点的博弈

　　《招标投标法》第 33 条规定投标人不得以低于成本的报价竞标，《施工合同司法解释（一）》对此没有明确。实践中对于投标人中标后，又以低于成本价为由主张合同无效的，应否支持？理论和实践中存在以下两种观点。

　　第一种观点认为《招标投标法》第 33 条的规定属于效力性强制性法律规定，违反该规定的合同无效。[①] 作为一个商业经营主体，承包方承揽工程的基本目的是赚取利润。但现实的承揽中存在着以低于成本价进行投标并最终中标的情况。这种低于成本价中标的合同，在履行过程中承包人基于利润的冲动，往往采取偷工减料、使用质量低劣的建材等违反建筑管理法规的方式来变相赚取利润。这种做法与《合同法》第 114 条的立法目的不相符合，也容易使建设工程产生质量问题，危害社会公众的人身、财产权益，应予禁止并确认低于成本价中标的建设施工合同无效。最高人民法院《2011 年全国民事审判工作会议纪要》（法办〔2011〕442 号），即持该种观点。

　　第二种观点认为《招标投标法》第 33 条的规定属于管理性强制性规定，

---

　　① 奚晓明、韩延斌、王林清：《房地产纠纷裁判思路与规范指引》，人民法院出版社 2014 年版，第 288 页。

违反该规定需要承担相应的行政责任，但并不影响合同的效力。理由如下：第一，《招标投标法》没有将投标低于成本的报价中标纳入中标无效的情形，法律也没有规定此种情形的法律后果。第二，《招标投标法》第 33 条规定的目的在于建立维护建筑市场的正常竞争秩序，保证建设工程招标投标程序的公正性，防止不正当恶意竞争。第三，违反《招标投标法》第 33 条的法律责任是行政责任而非民事责任。①

《招标投标法》第 33 条禁止投标人以低于成本的报价竞标，其目的在于保证招标投标竞争秩序和确保工程质量，以维护经济公序和社会公共利益。《招标投标法实施条例》第 51 条第（五）项也将投标报价低于成本作为评标委员会否决其投标的情形，故低于成本价中标的合同无效。至于低于成本价的判断标准，应以企业个别成本为依据，综合建筑市场社会平均成本予以判断。②

笔者认为，虽然我国《招标投标法》第 33 条、第 41 条有禁止性规定，但一般情况下不能认定低于成本价中标的合同无效，理由如下。

其一，《最高人民法院关于适用〈中华人民共和国合同法〉若干问题的解释（一）》第 4 条的规定，"人民法院确认合同无效，应当以全国人大及其常委会制定的法律和国务院制定的行政法规为依据，不得以地方性法规、行政规章为依据"。

其二，《最高人民法院关于适用〈中华人民共和国合同法〉若干问题的解释（二）》第 14 条规定，"合同法第五十二条第（五）项规定的'强制性规定'，是指效力性强制性规定"。

其三，《招标投标法》第 33 条的规定虽属强制性规定，但并非效力性强制性规定，《招标投标法》规定的 6 种导致中标无效的情形，并不包含投标人低于成本价中标的情形，违反此规范并不必然导致合同无效。

其四，《施工合同司法解释（一）》《施工合同司法解释（二）》的相关规定不包括低于成本价投标情形。

---

① 王林清、杨心忠、柳适思等：《建设工程合同纠纷裁判思路》，法律出版社 2014 年版，第 102 页。

② 潘军锋："建设工程施工合同审判新类型问题研究——《建设工程司法解释》施行十周年回顾与展望"，载《法律适用》2015 年第 4 期，第 68 - 73 页。

若确有充分证据证明投标人投标价格低于企业自身成本，认定合同无效也并无不妥。但是，其举证责任较重，因我国施工单位并无企业定额或者企业成本计算体系，所以一般很难证明。

案例5-1：南通市通州百盛市政工程有限公司与苏州市吴江东太湖综合开发有限公司建设工程施工合同纠纷申请再审案——最高人民法院（2015）民申字第884号民事裁定书

裁判要旨："低于成本"中的"成本"是指投标人为完成投标项目所需支出的个别成本，定额计价鉴定意见反映的是建筑市场的社会平均成本，若无证据证明合同约定价格低于其个别成本，则施工合同依法有效。

裁判摘要：首先，2008年2月，中华人民共和国水利部、江苏省人民政府联合下发了《关于东太湖综合整治规划的批复》（水规计〔2008〕72号），批复同意了东太湖综合整治规划。此后，江苏省发展和改革委员会又以苏发改农经发〔2010〕870号文件批复同意了东太湖综合整治工程初步设计。上述文件做出时间均在案涉工程招标之前，故案涉项目已经依法履行了相关审批手续，百盛市政公司以东太湖公司的招标行为违法为由主张案涉《建筑工程施工合同》无效，没有事实和法律依据。

其次，《招标投标法》第33条所称的"低于成本"，是指低于投标人的为完成投标项目所需支出的个别成本。每个投标人的管理水平、技术能力与条件不同，即使完成同样的招标项目，其个别成本也不可能完全相同，个别成本与行业平均成本存在差异，这是市场经济环境下的正常现象。实行招标投标的目的，正是为了通过投标人之间的竞争，特别在投标报价方面的竞争，择优选择中标者，因此，只要投标人的报价不低于自身的个别成本，即使是低于行业平均成本，也是完全可以的。本案中，苏州市姑苏工程造价事务所出具的鉴定结论书系依据建筑行业主管部门颁布的工程定额标准和价格信息编制的，反映的是建筑市场的社会平均成本，不能等同于百盛市政公司的个别成本，百盛市政公司也没有证据证明合同约定价格低于其个别成本，故百盛市政公司所称合同约定价格低于其成本价无事实依据，其主张案涉《建筑工程施工合同》因此而无效没有事实和法律依据。

最后，由上所述，并根据本案一审、二审查明的事实，百盛市政公司与东太湖公司签订的《建筑工程施工合同》系当事人真实意思表示，不违反法律、行政法规的强制性规定，故该合同合法有效，应当作为双方结算案涉工程款的依据，百盛市政公司主张按照市政定额结算工程款于法无据。

案例 5-2：佛山市南海第二建筑工程有限公司与佛山华丰纺织有限公司建设工程施工合同纠纷审判监督案——最高人民法院（2015）民提字第 142 号民事判决书

裁判要旨：以定额标准所作鉴定结论为基础据以推定投标价低于成本价，依据不足，不能认定施工合同无效。

裁判摘要：关于案涉施工合同效力应如何认定的问题。根据已经查明的案件事实，华丰公司系采用邀请招标的方式发包案涉工程，虽然在具体实施中不符合邀请招标的相关程序规定，但考虑到佛山市南海区发展和改革局对工程发包方式已予核准，可以认定案涉工程履行了招标投标程序，应当适用《招标投标法》的相关规定。对于本案是否存在《招标投标法》第 33 条规定的以低于成本价竞标的问题。法院认为，法律禁止投标人以低于成本的报价竞标，主要目的是为了规范招标投标活动，避免不正当竞争，保证项目质量，维护社会公共利益，如果确实存在低于成本价投标的，应当依法确认中标无效，并相应认定建设工程施工合同无效。但是，对何为"成本价"应作正确理解，所谓"投标人不得以低于成本的报价竞标"应指投标人投标报价不得低于其为完成投标项目所需支出的企业个别成本。招标投标法并不妨碍企业通过提高管理水平和经济效益降低个别成本以提升其市场竞争力。原判决根据定额标准所作鉴定结论为基础据以推定投标价低于成本价，依据不充分。南海二建未能提供证据证明对案涉项目的投标报价低于其企业的个别成本，其以此为由主张《建设工程施工合同》无效，无事实依据。案涉《建设工程施工合同》是双方当事人真实意思表示，不违反法律和行政法规的强制性规定，合法有效。原判决认定合同无效，事实和法律依据不充分，予以纠正。

案例 5 -3：浙江省建工集团有限责任公司与安徽盐业投资有限公司建设工程施工合同纠纷案——安徽省高级人民法院（2018）皖民终 147 号民事判决书

裁判要旨：中标价下浮率，属双方真实意思表示，现主张中标价属低于成本价中标，无事实依据，亦违反诚信原则。

裁判摘要：关于工程造价优惠问题，浙江建工集团上诉称案涉工程造价不应当给予中标价下浮 10%。本案工程《招标文件》指出投标报价采用总价下浮值的方式，同时规定"投标报价为 6% - 12%。投标报价在此范围内为有效投标报价，否则为无效报价"，该规定已对结算价计算方式及下浮做出说明。《中标通知书》确认中标价款（即结算总价下浮值）10%。案涉合同约定"最终合同价款 = 依据合同及招标文件规定的工程计价依据和规则计算的工程造价 × （1 - 10%）（含包工、包料、包质量、包工期、包安全）的所有费用"。可见，本案工程采用的正是总价下浮率招标方式，当事人双方对工程造价下浮 10% 的约定属真实意思表示，不违反法律、行政法规强制性规定，应为合法有效。浙江建工集团辩称该中标价属低于成本价中标，无事实依据，亦违反诚信原则。

案例 5 -4：中国人民武装警察 8673 部队与平陆泰和建筑工程有限公司合同纠纷再审案——山西省运城市中级人民法院（2017）晋 08 民再 41 号民事判决书

裁判要旨：施工合同造价确实远低于同一时期，发包人与其他建筑公司签订的《工程承包合同》，有悖于公平，违反《招标投标法》第 33 条，该条规定属于效力性强制规定，合同应属无效合同。

裁判摘要：《招标投标法》第 33 条规定"投标人不得以低于成本的报价竞标"。本案中，武警部队于 2010 年 6 月 20 日与泰和公司通过招标投标签订了《三营、团直宿舍楼工程承包合同》，泰和公司对三营宿舍楼投标报价为 1,110 元/m²，团直宿舍楼投标报价为 1,120 元/m²，工程合同总价款为 12,074,700.70 元。双方合同虽约定工程报价一次性包定，但在工程施工过程中，部分土建、安装工程进行了变更，应以双方确认后的工程总价为准。

竣工后双方因工程款发生了纠纷，对于武警部队审计事务所作出的审计结果，泰和公司不予认可，且该审计结果为武警部队单方出具，其证明效力不及于法院委托的鉴定机构所出具的鉴定结论的效力。根据鉴定机构所作出的工程总造价鉴定结论，诉争工程的总成本价为 1,381.47 万元，高于双方签订的合同总造价 1,207.47 万元，且根据武警部队在同一时期与其他建筑公司签订的《工程承包合同》中约定的每平方米的工程造价为 1,435 元/m²，高出本案每平方米合同造价 300 元，本案合同造价确实远低于同一时期承包合同造价，也有悖于公平。《招标投标法》第 33 条禁止投标人以低于成本的报价竞标，其目的在于保证招标竞争秩序和确保工程质量，目的在于维护经济秩序和社会公共利益，该条规定属于效力性强制规定，违反该规定的合同应属无效合同。故本案武警部队与泰和公司所签订的《工程承包合同》因低于工程成本价，违反法律强制性规定，应认定为无效。造成合同无效，武警部队与泰和公司均有过错，双方应各自承担相应的责任。

最高人民法院民事审判第一庭编著的《民事审判指导与参考·总第 60 辑》中《如何理解招标投标法第三十三条所称的"低于成本"》一文中，最高人民法院民事审判第一庭意见为《招标投标法》第 33 条所称的"低于成本"，是指低于投标人的为完成投标项目所需支出的个别成本。投标人以中标合同约定价格低于社会平均成本为由，主张符合《招标投标法》第 33 条规定的情形，合同约定价格条款无效的，人民法院不予支持。

从以上案例来看，最高人民法院及各地方法院不会轻易认定低于成本价中标合同无效。低于成本价因本身没有具体统一标准，无法量化，仅通过工程造价鉴定反映的并不是企业个别成本，且主张低于成本价中标合同无效的举证责任较重，若所提交证据未达到民事诉讼法高度盖然性证明标准，应承担不利法律后果。

三、低于"成本价"的中标合同无效情形下的工程款结算

该问题实际上是合同无效工程款如何结算问题，工程质量是工程款结算的核心，应分如下两种情况看待。

（一）工程质量经竣工验收合格

《施工合同司法解释（一）》第2条规定，建设工程施工合同无效，但建设工程经竣工验收合格，承包人请求参照合同约定支付工程价款的，应予支持。

《江苏省高级人民法院关于审理建设工程施工合同纠纷案件若干问题的意见》第7条规定，经过招标投标订立的建设工程施工合同，工程虽经验收合格，但因合同约定的工程价款低于成本价而导致合同无效，发包人要求参照合同约定的价款结算的，人民法院应予支持。

《浙江省高级人民法院关于审理建设工程施工合同纠纷案件若干疑难问题的解答》中提及"针对当事人通过串标、低于成本价中标等违法进行招标投标，'白合同'也无效的情形，如果也让当事人按照白合同结算工程款，双方之间的利益就会严重失衡，因此，对于这种情形，我们规定：当事人违法进行招标投标，又另行订立建设工程施工合同的，不论中标合同是否经过备案登记，两份合同均为无效；应当按照《最高人民法院关于审理建设工程合同纠纷案件适用法律问题的解释》第二条的规定，将符合双方当事人的真实意思，并在施工中具体履行的那份合同，作为工程价款的结算依据。"

从以上内容来看，对于工程合格的，有两种结算方式：一是参照合同约定的价款结算，但不等同于"按照合同约定支付工程价款"；二是按实际履行的合同结算。除此之外，还有两种观点认为应据实结算或者按照定额计算工程款。

案例5-5：浙江杭萧钢构股份有限公司与湖北香利资产管理有限公司、武汉中联三星实业有限公司建设工程施工合同纠纷申请再审案——最高人民法院（2014）民申字第848号民事裁定书

裁判要旨：合同被认定无效，但工程已经竣工验收合格，如不参照合同约定来结算支付工程价款，有违诚实信用的民法基本原则。

裁判摘要：首先，《招标投标法》第33条所称的"低于成本"，是指低于投标人为完成投标项目所需支出的个别成本。每个投标人的管理水平、技术能力与条件不同，即使完成同样的招标项目，其个别成本也不可能完全相同，个别成本与行业平均成本存在差异，这是市场经济环境下的正常现象。该案中，杭萧钢构公司主张合同约定价格低于其成本价的依据是中汇公司出具的《工程造价咨询报告书》中载明的社会平均成本，该社会平均成本不能等同于杭萧钢构公司的个别成本，因其申请再审未提交证明其自身成本的其他相关证据，故杭萧钢构公司主张合同约定的价格低于其自身成本没有事实依据。

其次，建设工程施工合同无效后，根据《施工合同司法解释（一）》第2条的规定，可以参照合同约定结算工程价款。该条规定体现的精神是尊重合同各方当事人的真实意思，也就是说，虽然合同被认定无效，但工程已经竣工验收合格，如不参照合同约定来结算支付工程价款，有违诚实信用的民法基本原则。而且，该案中，杭萧钢构公司虽然主张案涉工程因存在合同约定不予调价范围外的风险因素以及在实际施工过程中存在增加的工程量而不应当仅参照固定单价计价，但其并未提供充分的证据加以证明，故其应当承担相应的不利后果。

因此，一审、二审判决参照《钢架构住宅合同》和《"世纪家园二期"钢结构住宅合同补充协议》的约定结算案涉工程价款符合本案的实际情况以及《施工合同司法解释（一）》第2条规定的精神。

《民事审判指导与参考·总第60辑》《如何理解招标投标法第三十三条所称的"低于成本"》一文列举的仁和建筑与中天房地产公司建设工程施工合同纠纷案中，二审法院认为，本案所涉合同因违反法律强制性规定而无效，故一审判决认定应当根据《施工合同司法解释（一）》第2条的规定，参照合同约定结算工程价款正确。同时，根据案涉合同的约定，案涉工程实行"综合包干单价"，即除法定原因外，不存在应当调整的情况，一审法院据此依据某市国土房产测绘中心的测绘结论对本案工程总造价做出认定，符合法律和双方当事人的约定。仁和建筑公司主张合同约定价格低于其成本价没有充分依据，故其以案涉工程实际造价远超出合同所约定的"综合包干单价1,100元/平方米"进而要求按成本价结算的诉请和理由不成立，一审判决的认定和处理并无不当。

从最高人民法院裁判及最高人民法院民事审判第一庭的意见来看，对于低于成本价中标合同无效情形下，工程质量经竣工验收合格如何结算的问题，其观点倾向参照合同约定的价款结算，但如果双方约定了按照定额计价或者市场价，应以约定优先。

（二）工程质量经竣工验收不合格

《施工合同司法解释（一）》第3条规定，建设工程施工合同无效，且建设工程经竣工验收不合格的，按照以下情形分别处理：①修复后的建设工程经竣工验收合格，发包人请求承包人承担修复费用的，应予支持；②修复后的建设工程经竣工验收不合格，承包人请求支付工程价款的，不予支持。因建设工程不合格造成的损失，发包人有过错的，也应承担相应的民事责任。

该解释包含三个层次：一是，修复后的工程经竣工验收合格的，承包人可以请求参照无效合同约定支付工程价款，但修复费用应当由承包人承担。二是，修复后的工程经竣工验收仍不合格的，发包人有权拒绝支付工程价款。根据我国建筑法的规定，建筑工程验收合格是投入使用的前提，如果工程质量本身未达到合同约定的标准或者国家要求的标准，即使使用了，发包人也有权拒绝支付工程款。三是，施工合同无效时，因承包人原因导致建设工程不合格给发包人造成的损失，若发包人也有过错的，应承担相应的民事责任。需要注意的是，《施工合同司法解释（一）》第16条第3款之规定，建设工程施工合同有效，但建设工程经竣工验收不合格的，工程价款结算参照该解释第3条规定处理，即建设工程施工合同有效，若发包人存在过错，亦承担相应的民事责任。因此，无论建设工程施工合同是否有效，若建设工程不合格，发包人存在过错，其均应当承担相应的民事责任。

综上所述，我们对于低于成本价投标合同无效时工程款结算如何处理，仍应坚持以工程质量为核心的底线。同时，应该根据案件的实际情况，注意区分几种情况：一是竣工验收合格；二是工程未完，但已完工程合格；三是工程未完，且验收不合格。应在双方当事人自愿、公平、诚实信用的基础之上，平衡双方之间的利益，定分止争，解决纠纷矛盾。

▎法律链接 ▎

一、《招标投标法》

第 33 条 投标人不得以低于成本的报价竞标，也不得以他人名义投标或者以其他方式弄虚作假，骗取中标。

第 41 条 中标人的投标应当符合下列条件之一：

（一）能够最大限度地满足招标文件中规定的各项综合评价标准；

（二）能够满足招标文件的实质性要求，并且经评审的投标价格最低；但是投标价格低于成本的除外。

二、《招标投标法实施条例》

第 27 条第 3 款 招标人设有最高投标限价的，应当在招标文件中明确最高投标限价或者最高投标限价的计算方法。招标人不得规定最低投标限价。

第 51 条

有下列情形之一的，评标委员会应当否决其投标：

……

（五）投标报价低于成本或者高于招标文件设定的最高投标限价的。

第 55 条

国有资金占控股或者主导地位的依法必须进行招标的项目，招标人应当确定排名第一的中标候选人为中标人。排名第一的中标候选人放弃中标、因不可抗力不能履行合同、不按照招标文件要求提交履约保证金，或者被查实存在影响中标结果的违法行为等情形，不符合中标条件的，招标人可以按照评标委员会提出的中标候选人名单排序依次确定其他中标候选人为中标人，也可以重新招标。

三、《建设工程质量管理条例》

第 10 条第 1 款 建设工程发包单位不得迫使承包方以低于成本的价格竞标，不得任意压缩合理工期。

四、《建筑工程施工发包与承包计价管理办法》

第 10 条 投标报价不得低于工程成本，不得高于最高投标限价。

投标报价应当依据工程量清单、工程计价有关规定、企业定额和市场价格信息等编制。

五、《中华人民共和国价格法》

第 14 条　经营者不得有下列不正当价格行为：在依法降价处理鲜活商品、季节性商品、积压商品等商品外，为了排挤竞争对手或者独占市场，以低于成本的价格倾销，扰乱正常的生产经营秩序，损害国家利益或者其他经营者的合法权益……

六、《合同法》

第 52 条第（五）项　（五）违反法律、行政法规的强制性规定的合同无效。

第 58 条　合同无效或者被撤销后，因该合同取得的财产，应当予以返还；不能返还或者没有必要返还的，应当折价补偿。有过错的一方应当赔偿对方因此所受到的损失，双方都有过错的，应当各自承担相应的责任。

七、《中华人民共和国民法总则》

第 157 条　民事法律行为无效、被撤销或者确定不发生效力后，行为人因该行为取得的财产，应当予以返还；不能返还或者没有必要返还的，应当折价补偿。有过错的一方应当赔偿对方由此所受到的损失；各方都有过错的，应当各自承担相应的责任。法律另有规定的，依照其规定。

┃延伸阅读┃

司伟："如何理解招标投标法第三十三条所称的'低于成本'"，见杜万华主编、最高人民法院民事审判第一庭编：《民事审判指导与参考》［总第 60 辑（2014.4）］，人民法院出版社 2015 年版。

专题六

背离合同实质性内容的司法认定

《施工合同司法解释（二）》第1条即规定了背离中标合同实质性内容的判断标准，明确了何种情况下的变更属于变更实质性内容，但实践中同时面临着如何把握判断的标准及如何区分非实质性内容变更情形等问题。

一、对《招标投标法》第46条与《施工合同司法解释（一）》第21条的理解

《招标投标法》第46条确立了招标人和中标人应当按照招标文件和中标人的投标文件订立书面合同的命令性规则以及招标人、中标人不得订立背离合同实质性内容的协议的禁止性规则。该条并没有区分依法必须招标工程和非依法必须招标工程。按照通常的理解，这两类工程都适用。一个法律规范是由行为模式和法律后果构成，也就是说《招标投标法》第46条和第59条构成了一个完整的法律规范。违反《招标投标法》第46条的后果仅设定为承担行政责任，并不像《招标投标法》第50条、第52条、第55条所规定的那样除承担行政法律责任外，还有中标无效的民事责任。因此，该条重在维护招标投标的市场秩序，具有管理性规范的属性，而不具有效力性规范的属性。

《招标投标法实施条例》第57条主要区分了实质性内容和非实质性内容，规定招标人和中标人所订立合同的标的、价款、质量、履行期限等主要条款（即实质性内容）应当与招标文件和中标人的投标文件一致，而不是所有的内容都必须一致。由此似可得出，合同的主要条款或实质性内容就是指合同标的、价款、质量、履行期限等。

084

但当招标人和中标人另行签订的建设工程施工合同与中标合同的实质性内容不一致时，除当事人承担行政责任外，还有何民事法律后果？尤其是在结算时应当怎么办？这是司法实践中亟需回答的问题。

《施工合同司法解释（一）》第21条回应了这种现实需求。规定了对于依法必须招标的工程，当事人就同一建设工程另行订立的建设工程施工合同与经过备案的中标合同实质性内容不一致的，应当以备案的中标合同作为结算工程价款的根据。此条只是关注实质性内容中的工程价款以哪个合同作为结算工程价款的根据，并不否认当事人另行订立的施工合同的效力。因而第21条确立了违反《招标投标法》第46条的民事法律后果。

"备案的中标合同"应具备以下条件：一是属应当招标的工程项目。《招标投标法》第3条对哪些工程项目应当招标做出了明确规定，体现了公权力对建筑市场的规制。二是履行了招标投标法定程序。依《中标通知书》记载的实质性内容签订了正式的施工合同。《中标通知书》为认定合同效力的实质性条件。《招标投标法》第45条第2款规定，中标通知书对招标人和中标人具有法律效力。备案为工程行政管理部门对工程招标活动的行政管理措施，未备案不影响合同效力。备案合同一般为中标后按照招标投标文件签订的正式施工合同，即备案的合同就是中标合同；如备案合同内容与《中标通知书》、正式施工合同（中标合同）记载内容不一致，应以中标为准。①

二、实质性内容的认定

（一）工程范围、建设工期、工程质量、工程价款

《招标投标法实施条例》将实质性内容界定为"标的、价款、质量、履行期限等"。《2011年全国民事审判工作会议纪要》将其界定为"工期、工

---

① 奚晓明主编、最高人民法院民事审判第一庭编：《民事审判指导与参考》［总第56辑（2013.4）］，人民法院出版社2014年版，第229－230页。

程价款、工程项目性质"，① 《2015全国民事审判工作会议纪要》② 和《第八次全国法院民事商事审判工作会议纪要》③ 都遵循这一界定。《施工合同司法解释（二）》2013年1月稿第9条就规定，《招标投标法》第46条规定的"合同实质性内容"主要包括合同工期、工程价款、工程项目性质等。

《施工合同司法解释（二）》起草人某法官认为，"工程项目性质"并非规范表述，其内涵与外延并不明确，且在《合同法》第275条关于施工合同条款的列举表述中也未涉及。从与法律规定保持一致出发，《施工合同司法解释（二）》从2016年10月稿开始，就将"工程项目性质"这一表述修改为《合同法》第275条规定的"工程范围"。除此之外，其2016年10月稿中还增列了"工程质量标准"一项，多数人认为，工程质量涉及人民群众人身财产安全，属于社会公共利益范畴。任何涉及工程质量条款的改动都属于合同实质性内容的变更，故有必要在条文中列明工程质量标准这一项。该解释2017年6月社会征求意见稿第2条中，将上述"合同实质性内容"所列举的条款表述修改为：工程范围、建设工期、工程质量、工程造价等约定内容。调研期间，有观点提出将工程造价修改为工程价款，这样可以使得法条的表述更有弹性，既可包括工程造价这一最终价款金额，又可涵盖工程款给付的时间、方式以及最终金额等，最终该司法解释采用工程价款这一弹性的表述

---

① 详见该纪要"四、关于建设工程合同纠纷案件"："23. 招标人和中标人另行签订改变工期、工程价款、工程项目性质等中标结果的协议，应认定为变更中标合同实质性内容，中标人作出的以明显高于市场价格购买承建房产、无偿建设住房配套设施、让利、向建设方捐款等承诺，亦应认定为变更中标合同的实质性内容。"

② 详见该纪要"关于建设工程施工合同纠纷案件"："（二）关于工程价款问题。44. 招标人和中标人另行签订改变工期、工程价款、工程项目性质等影响中标结果实质性内容的协议，导致合同双方当事人就实质内容享有的权利义务发生较大变化的，应认定为变更中标合同实质性内容。45. 中标人作出的以明显低于市场价格购买承建房产、无偿建设住房配套设施、让利、向建设方捐款等承诺，亦应认定为变更中标合同的实质性内容。对于变更中标合同实质性内容的工程价款结算，应按照《关于审理建设工程施工合同纠纷案件适用法律问题的解释》第二十一条规定，以备案的中标合同作为结算工程价款的根据。46. 建设工程开工后，因设计变更、建设工程规划指标调整等客观原因，发包人与承包人通过补充协议、会议纪要、往来函件、签证丁治商记录形式变更工期、工程价款、工程项目性质的，不应认定为变更中标合同的实质性内容。"

③ 详见该纪要"七、关于建设工程施工合同纠纷案件的审理"："（二）关于工程价款问题。31. 招标人和中标人另行签订改变工期、工程价款、工程项目性质等影响中标结果实质性内容的协议，导致合同双方当事人就实质性内容享有的权利义务发生较大变化的，应认定为变更中标合同实质性内容。"

方式。

因此，将工程范围、建设工期、工程质量、工程价款等界定为工程合同的实质性内容还是恰当的，这里的"等"字应理解为语气助词，并没有实际含义，应从严解释，就是说只有工程范围、建设工期、工程质量、工程价款这四项属于实质性内容，除此以外的是非实质内容，如争议解决方式、违约责任等。

（二）低于市场价格、无偿捐赠、让利

招标人和中标人另行签订的建设工程施工合同约定的工程范围、建设工期、工程质量、工程价款等实质性内容，与中标合同不一致的，另行订立的施工合同并非无效合同，只是一方当事人请求按照中标合同确定权利义务的，人民法院应予支持，理由是《招标投标法》第 46 条属于管理性强制规则，并非效力性强制规则。但招标人和中标人在中标合同之外就明显高于市场价格购买承建房产、无偿建设住房配套设施、让利、向建设单位捐赠财物等承诺，该怎么处理？

《2011 年全国民事审判工作会议纪要》认为"中标人作出的以明显高于市场价格购买承建房产、无偿建设住房配套设施、让利、向建设方捐款等承诺，亦应认定为变更中标合同的实质性内容"。《2015 年全国民事审判工作会议纪要》也重申了这一规则，也就是仍以中标合同作为确定当事人权利义务的根据，作为结算的依据。

参与起草的法官介绍道，在《施工合同司法解释（二）》拟定稿最后提交审委会讨论前其一再坚持，应以另行签订合同方式来替换承诺，因为承诺是单方法律行为，而《招标投标法》第 46 规定，招标人和中标人应当自中标通知书发出之日起 30 日内，按照招标文件和中标人的投标文件订立书面合同。招标人和中标人不得再行订立背离合同实质性内容的其他协议。显然，该条文中，招标人和中标人再行签订的是协议，而协议是双方法律行为，故当事人不能用承诺这种单方法律行为来代替双方法律行为。最终，在报审委会前，小组成员达成共识，将承诺修改为另行签订合同。

但是把"承诺"修改为"另行签订合同"就带来另一个问题，即需要对本合同效力做出评价。

对于中标人以明显高于市场价格购买承建房产、无偿建设住房配套设施、让利、向建设方捐款等另行订立的合同不再认定为变更中标合同的实质性内容，而是认定该合同无效，但依据不能是《招标投标法》第46条，而应该是《合同法》中的"以合法形式掩盖非法目的"以及《民法总则》第146条"行为人与相对人以虚假的意思表示实施的民事法律行为无效"的规定。

三、区分实质性内容变更与正常合同变更

（一）不属于实质性内容变更的范围

由于建设工程施工合同履约周期长、不确定因素多、影响范围广，故施工合同的实质性条款变化是必然的，一成不变的情况是不存在的。法律只是禁止在合同订立过程中，客观因素没有发生根本改变情况下，为规避法律，另行订立根本违背中标合同"实质性内容"的合同，但并不否认在合同履行过程中由于客观情况变化的依法变更。

《2011年全国民事审判工作会议纪要》指出"协议变更合同是法律赋予合同当事人的一项基本权利。建设工程开工后，因涉及变更、建设工程规划指标调整等客观原因，发包人与承包人通过补充协议、会议纪要、来往函件、签证等洽商记录形式变更工期、工程价款、工程项目性质的，不应认定为变更中标合同的实质性内容。"《2015年全国民事审判工作会议纪要》也重申了这一规定。另外应当注意的是，施工过程中，因发包人的设计变更、建设工程规划指标调整等客观原因，发包人与承包人以补充协议、会议纪要甚至签证等变更工程范围的，不应当认定为背离中标合同的实质性内容的协议。①

参与起草的法官指出，2013年1月发布的《最高人民法院关于审理建设工程施工合同纠纷案件适用法律问题的解释（二）（征求意见稿）》第10条就规定：因设计变更、建设工程规划指标调整等客观原因，发包人与承包人变更合同工期、工程价款、工程项目性质等约定的，不应认定为变更中标合

---

① 最高人民法院民事审判第一庭编编著：《最高人民法院建设工程施工合同司法解释（二）理解与适用：条文·释义·原理·实务》，人民法院出版社2019年版，第49页。

同的实质性内容；该解释 2013 年 6 月稿第 10 条规定：建设工程开工后，因建设工程规划指标调整等客观原因，发包人与承包人变更合同工期、工程价款、工程项目性质等约定的，不应认定为变更中标合同的实质性内容。从2015 年 2 月发布的征求意见稿第 2 条开始，除了设计变更、规划指标调整，还增加了主要建筑材料异常变动这一客观原因。随后，2016 年 10 月、2017年 6 月发布的社会征求意见稿中都有一款规定了不应认定为变更中标合同的实质性内容的情形。考虑到各地法院在理解上还存在较大的认识争议，为避免法条推出后引发不必要的适用困难，最终出台的司法解释只能暂且不作规定，等将来条件成就再作打算。

（二）判断实质性内容变更应把握的标准

最高人民法院民事审判第一庭认为，所谓"合同实质性内容"，一般是指合同约定的工程价款、工程质量、工程期限、工程项目性质。同时，把握何为实质性内容的变更，还应注意以下几点。

（1）变更的幅度把握。并非所有就上述实质性内容的修改、变更均属于签订"黑白合同"的情形，此种情形必须会导致双方当事人利益失衡的情况，这需要根据具体合同的实际情况予以判定。

（2）把握"黑白合同"的签订与正常合同变更的界线。合同变更是法律赋予合同双方当事人的一项基本权利。合同变更权的行使存在于所有的合同履行过程中。如果在合同实际履行过程中存在设计变更、工程量增加等法定或中标合同约定的变更事由将影响中标合同的履行时，对中标合同的内容进行修改属于正常的合同变更。如果变更的原因为一方违约责任之承担，变更的目的是更好地履行和推进中标合同，也不宜简单认定为"黑白合同"，需要根据具体情形判断。①《最高人民法院建设工程施工合同司法解释的理解与适用》一书也认为，正常的合同变更受到法律保护。对于一些以变更合同之名行签订"阴阳合同"或者"黑白合同"之实的行为要准确区分。在上述实质性内容之外修改、变更中标合同的，不属于签订"阴阳合同"或者"黑白合同"。例如，只是在工程价款稍有调整、工程期限略有变化、工程质量有

---

① 吴晓明主编、最高人民法院民事审判第一庭：《民事审判指导与参考》［总第 57 辑（2014.1）］，人民法院出版社 2014 年版，第 186 页。

点不同，就不宜一概认定为属于签订"阴阳合同"或者"黑白合同"的情况。

该书进一步指出，根据《招标投标法》及有关规定，招标人和中标人不得再行订立背离合同实质性内容的其他协议。可见，如何确定背离中标合同实质性内容十分重要。将标准予以量化，虽然是一件比较困难的事情，但原则是明确的，即以中标合同作为结算工程价款的依据。在这一大原则下，如果在合同实际履行过程中存在设计变更导致工程量增加等影响中标合同的实际履行的情况时，承包人与发包人经协商对中标合同的内容进行修改，属于正常的合同变更情形，也可以按照当事人实际履行的合同作为结算工程价款的依据。

另外，在确定区分界线时，还有一个幅度问题，达到背离合同实质性内容的程度，也需要正确界定。这里存在一个法官自由裁量权的行使问题。总之，在这个问题上，既要使当事人的合同变更权不受限制和排除，又要防止当事人通过签订"阴阳合同"或者"黑白合同"作为不正当竞争的手段，达到损害国家、社会公共利益和他人利益的目的。

因此，虽然《施工合同司法解释（二）》第1条没有区分实质性变更与正常变更，但在司法实践中必须严格辨别，不能认为只要发生变更就是实质性变更，法院一律不支持，那将产生错误裁判。在认定实质性变更方面，应当尊重法官的裁量权。

四、实务中对相关情形的认定

（一）属于实质性内容变更的情形

观点一：中标合同履行期间，双方另行签订变更计价方式和付款方式的协议，属于变更实质性内容。

案例6-1：河北易兴建筑安装工程有限公司与献县鸿基房地产开发有限公司、肖某洪建设工程施工合同纠纷审判监督案——最高人民法院（2016）最高法民再352号民事判决书

裁判摘要：关于二审判决解除案涉合同是否正确的问题。根据已经查明的事实，易兴公司经过招标投标成为案涉工程中标人，并与鸿基公司签订《施工合同》，该《施工合同》与中标合同一致，并经依法备案，是双方当事人的真实意思表示，且不违反法律、行政法规的强制性规定，合法有效。《施工合同》签订后，双方又签订了《补充协议》和《施工协议》，对工程价款的计算方式和支付方式等施工合同实质性内容进行了变更，违反了《招标投标法》第46条关于"招标人和中标人不得再行订立背离合同实质性内容的其他协议"的规定，应当认定为无效。二审判决解除《施工协议》和《补充协议》错误，法院予以纠正。对于《施工合同》而言，从已经查明的事实看，鸿基公司支付的工程款已经超过工程总价的85%，不存在拖欠，二审判决认定鸿基公司享有法定解除权，并支持鸿基公司关于解除《施工合同》的诉讼请求，并无不当。鸿基公司是否享有法定解除权与未完工程现状没有必然联系，易兴公司以案涉工程业主已经入住为由主张鸿基公司无权解除合同，没有法律依据，法院不予支持。

观点二：招标前另行签订的协议，若支付方式、结算方式、工程工期与中标合同明显不同，属于背离实质性内容。

案例6-2：海南昌江鑫龙房地产开发有限公司与海南献林建筑安装工程有限公司建设工程施工合同纠纷申诉、申请案——最高人民法院（2017）最高法民申51号民事裁定书

裁判摘要：本案存在2013年合同和2014年合同两份合同，2013年合同的签订未经招标投标程序，2014年合同则系经招标程序签订的备案的中标合同。两份合同在工程价款的支付上存在很大的差异，2013年合同约定的支付方式是："1. 一期项目（甲方可任意选择ABC地块先开发）。图纸设计完整，全部拟建楼号（目）同时开工，18层（含本数）层高以内，由乙方垫资施工至框架达到4万平方米（按建筑面积计算，有架空层的照样计入建筑面积，商住楼标准层以3米为准，商铺层高以4.2米为准，超出部分由甲方补差价；如超出5.2米则按两层计算建筑面积）。乙方完成4万平方米框架封顶后，甲方按每平方米900元支付工程款；乙方完成主体砌墙后，甲方按每平方米250元追加支付工程款；乙方完成铝合金门窗框、内外抹灰后，甲方按每平方米 300 元追加支付工程款；乙方完成涂料、水电门窗扇后，甲方按每平方米 200 元追加支付工程款；工程验收后，甲方再按每平方米 200 元追加支付工程款。至此，甲方累计每平方米付至 1850 元。工程余款（每平方米 50 元）作为工程质量保修金，保修期满后，甲方再免息付清……4. 二期项目。按每月完成进度支付，如出现不同理解，可参照一期项目每平方米的付款方式。"2014 年合同的合同协议书、通用合同条款、专用合同条款未约定工程价款的支付方式，但结合中标通知书、招标文件、投标函及其附录等其他合同文件的内容，可知 2014 年合同约定的付款方式是：合同签订后支付合同价款的 25%，工程量完成 50% 后，支付至合同价款的 65%，工程竣工验收合格后，送发包方委托有资质单位进行结算审核后，支付至确定的结算总结款的 95%，并扣除合同价款的 5% 的工程保修金后付结算款。依据《施工合同司法解释（一）》第 21 条关于"当事人就同一建设工程另行订立的建设工程施工合同与经过备案的中标合同实质性内容不一致的，应当以备案的中标合同作为结算工程价款的根据"的规定，因工程价款的约定属于建设工程施工合同的实质性内容，故本案应以 2014 年合同作为鑫龙公司和献林公司之间关于工程价款支付事宜约定的依据。

观点三：对工程范围进行变更，由此引起的工程价款及工期变化属合理调整，但工程款的计价标准和支付方式不应改变，否则属于变更实质性内容。

案例 6-3：辉县市润生置业有限公司建设工程施工合同纠纷再审审查与审判监督案——最高人民法院（2017）最高法民申 1410 号民事裁定书

裁判摘要：关于备案合同与后签订合同的关系的问题。双方于 2011 年 10 月 1 日就 17#、18#楼签订的合同以及 2011 年 8 月 25 日就 19A#楼签订的合同，是经过招标投标程序订立的中标合同并且已经备案，双方均主张备案合同合法有效。申请人主张 2011 年 10 月 20 日、12 月 8 日签订的合同是对备案合同工程范围和工程量的变更，从而导致工程价款、工期和工程款支付方式发生变更。但从备案合同约定的承包范围为"图纸内容"和后合同约定的承包内容为"基底标高以上施工图所含土建工程、水、电、暖通安装（不含基础土方开挖、桩基、门窗制安、消防、电梯、玻璃幕墙)"的内容来看,并未显示工程量具体减少范围,消防、电梯、玻璃幕墙本就不在备案合同的施工范围中,且申请人和被申请人对"图纸内容"的表述不同,申请人也未提供证据证明前后合同工程范围的变更与工程价款的变化相一致。即使工程范围的改变引起工程价款和工期的改变,工程款的计价标准和支付方式也不应改变,但本案中备案合同和后签订合同有关工程款的计价标准明显不同。因此,原审认定双方签订的后合同是对备案合同的实质性内容的变更并无不当。

观点四:中标合同履行期间,另行签订对合同总价进行让利的协议的,属于实质性变更。

案例6-4:济宁森泰房地产开发有限公司、山东鸿顺集团有限公司建设工程施工合同纠纷申请再审案——最高人民法院(2015)民申字第3575号民事裁定书

裁判摘要:本案再审审查的焦点问题是,双方当事人签订备案的建设工程施工合同后,又签订补充协议约定了让利条款,让利条款能否作为结算的依据。《招标投标法》第46条第1款规定:"招标人和中标人应当自中标通知书发出之日起三十日内,按照招标文件和中标人的投标文件订立书面合同。招标人和中标人不得再行订立背离合同实质性内容的其他协议。"《施工合同司法解释(一)》第21条规定:"当事人就同一建设工程另行订立的建设工程施工合同与经过备案的中标合同实质性内容不一致的,应当以备案的中标合同作为结算工程价款的根据。"根据本案查明的事实,双方在签订了备案的建设工程施工合同之后,又签订了两份补充协议,对工程价款约定了8%、4%的让利。一审、二审判决认为,工程价款属于影响合同当事人基本权利义务的实质性内容,双方在备案合同之外的两份补充协议中,对工程价款约定了8%、4%的让利,属于对备案合同实质性内容作了重大变更,并非一般的合同内容变更或其他条款的修改,该认定并无不当。故一审、二审判决依据《施工合同司法解释(一)》第21条的规定,以备案的中标合同作为结算工程价款的依据,未计算让利条款约定的部分并无不当。森泰公司的再审理由不能成立。

观点五：对工期、工程价款等内容做出与备案合同不同的约定，系对备案合同进行了实质性变更。

案例 6 - 5：北安市巨源房地产开发有限公司与绥化铁龙建筑工程有限公司建设工程施工合同纠纷申请再审案——最高人民法院（2012）民申字第 754 号民事裁定书

裁判摘要： 本案中，巨源公司与铁龙公司于 2008 年 7 月 15 日签订的《建设工程施工合同》是经招标投标程序而订立的中标合同且已备案，二审判决认定该合同合法有效正确。在《建设工程施工合同》备案 3 天后，巨源公司与铁龙公司即于 2008 年 7 月 26 日签订《建筑工程施工补充协议书》，此时案涉工程的客观情况未发生根本性变化，双方当事人就对工期、工程价款等内容做出与备案合同不同的约定，系对备案合同进行了实质性变更，违反了《招标投标法》第 46 条第 1 款 "招标人和中标人应当自中标通知书发出之日起三十日内，按照招标文件和中标人的投标文件订立书面合同。招标人和中标人不得再行订立背离合同实质性内容的其他协议" 的规定，根据《合同法》第 52 条第（五）项的规定，该协议应为无效合同。而巨源公司与铁龙公司根据合同履行的实际情况，经协商确定材料价格、人工费调整等主要内容并于 2010 年 5 月 25 日签订的《补充协议书》，系双方当事人的真实意思表示，并不违反法律、行政法规的强制性规定，二审判决认定该《补充协议书》合法有效，并无不当。

（二）不属于实质性内容变更的情形

观点一：为赔偿一方停工损失而对工程价款结算方式进行变更约定，属于合同履行过程中的正常变更，不属于《施工合同司法解释（一）》第 21 条规定的情形。

案例 6 - 6：赤峰建设建筑（集团）有限责任公司与唐山凤辉房地产开发有限公司建设工程施工合同纠纷案——最高人民法院（2015）民一终字第 309 号民事判决书

裁判摘要： 根据已查明事实，对于其所完成的工程部分的价款以何种方式进行认定的问题，最高人民法院认为，上述协议均为双方当事人真实意思表示，内容不违反法律、法规的强制性规定，应为合法有效，双方应依约履行。因《补充协议书》签订在后，且对《建设工程施工合同》的约定进行了变更，双方应按照《补充协议书》约定的固定单价方式进行结算。凤辉公司虽称《补充协议书》是迫于政府部门、施工进度、工期、返迁等各种压力签订，但并没有否认此协议书的真实性，也没有主张撤销，所以《补充协议书》对其仍有拘束力。

《施工合同司法解释（一）》第 21 条关于"当事人就同一建设工程另行订立的建设工程施工合同与经过备案的中标合同实质性内容不一致的，应当以备案的中标合同作为结算工程价款的依据"之规定针对的是当事人在中标合同之外另行签订建设工程施工合同，以架空中标合同、规避中标行为和行政部门监管的情形，而《补充协议书》是在双方履行《建设工程施工合同》过程中，为了解决因工程多次停工给赤峰建设公司造成的损失而签订，只是变更了结算方式，《建设工程施工合同》其他条款仍然有效。因此，《补充协议书》属于双方当事人在合同履行过程中经协商一致的合同变更，不属于《施工合同司法解释（一）》第 21 条规定的情形。2013 年 2 月 1 日《补充协议》约定双方核算工程量及完成产值，但此后双方未能按约进行核算，故凤辉公司认为该《补充协议》已将结算方式由"固定单价"再次变更为"可调价方式"，从而主张按可调价方式进行结算的上诉理由不成立。

观点二：固定总价合同，另行变更为固定单价合同，但合同价格差异不大，此等计价方式及价款金额产生于关于工程量的磋商与确认，不属于变更实质内容。

案例 6 - 7：平煤神马建工集团有限公司新疆分公司与大地工程开发（集团）有限公司天津分公司建设工程施工合同纠纷二审案——最高人民法院（2018）最高法民终 153 号民事判决书

裁判摘要：关于固定单价和固定总价以及最终价格的确定是否影响合同效力的问题。平煤神马新疆分公司认为招标文件采取的是固定单价，但相关协议约定的是固定总价，且价格几次变化，背离了中标，应属无效。《招标投标法》第46条规定，招标人和中标人应当自中标通知书发出之日起30日内，按照招标文件和中标人的投标文件订立书面合同。招标人和中标人不得再行订立背离合同实质性内容的其他协议。从大地天津分公司制作的招标文件看，固定总价是在固定单价的计价方式基础上根据工程量计算得出。平煤神马新疆分公司在投标函表示，其理解并同意中标价为固定价，即在投标有效期内和合同有效期内，该价格固定不变，表明其认可以固定总价进行结算。后双方据此签订《合同协议书》，约定本合同为固定总价合同，并未背离招标投标结果。虽然案涉投标价、中标价、合同价并不完全相同，但一方面，投标价格12,669.7万元、中标价格11,900万元以及合同约定价格11,776.24万元这三个价格并无悬殊；另一方面，由于合同总价是根据固定单价计算得出，有关工程量需要双方磋商确认，故经双方协商确定最后价格并无不妥。因此，本案固定单价、固定总价的表述以及价格的调整并不属于《招标投标法》第46条第1款规定的招标人和中标人再行订立背离合同实质性内容的其他协议的情形。据此，平煤神马新疆分公司的有关主张，缺乏依据，法院不予支持。

观点三：非必须招标项目，发包人自主选择招标的，合同履行阶段另行签订协议，不属于实质性变更内容。

案例6-8：福安市金陵茶业有限公司建设工程施工合同纠纷再审审查与审判监督案——最高人民法院（2016）最高法民申3079号民事裁定书

裁判摘要：原判决适用法律并无不当。《施工合同司法解释（一）》第21条规定："当事人就同一建设工程另行订立的建设工程施工合同与经过备案的中标合同实质性内容不一致的，应当以备案的中标合同作为结算工程价款的根据。"但在案涉工程完工后，金陵公司委托鉴定机构对案涉工程进行结算审核，金陵公司和福华公司对审核结果予以确认，系以行为共同变更了《建设工程施工合同》有关结算工程价款依据的约定。因案涉工程系一般民用建筑，并非《招标投标法》所规定的强制招标投标工程，双方当事人之间有关结算工程价款的变更并不影响社会公共利益，原判决以工程完工后金陵公司委托鉴定，金陵公司与福华公司共同认可的审核结果作为计价依据，并无不当。

观点四：中标后，在施工合同中增加违约金限额条款不属于改变实质性内容。

案例6-9：舟曲县文化体育广播影视局与八冶建设集团有限公司建设工程施工合同纠纷再审审查与审判监督案——最高人民法院（2018）最高法民申1360号民事裁定书

裁判摘要：《招标投标法》第46条第1款规定："招标人和中标人应当自中标通知书发出之日起三十日内，按照招标文件和中标人的投标文件订立书面合同。招标人和中标人不得再行订立背离合同实质性内容的其他协议。"《施工合同司法解释（一）》第21条规定："当事人就同一建设工程另行订立的建设工程施工合同与经过备案的中标合同实质性内容不一致的，应当以备案的中标合同作为结算工程价款的根据。"本案案涉施工合同是双方当事人在招标投标文件确定的方向和原则下签订的载明双方权利义务的文本，工程图纸、工程量、定额、资质等实质性内容并未背离招标投标文件，故案涉施工合同关于结算方式、违约金不超过10万元的约定，属双方当事人意思自治的事项，对当事人双方具有法律约束力。

观点五：履约保证金的提交期限，不属于中标合同的实质性内容。

案例6-10：广厦建设集团有限责任公司与福州市台江区房地产开发公司其他合同纠纷二审案——最高人民法院（2014）民一终字第155号民事判决书

裁判摘要：关于广厦公司被取消中标资格双方的过错及责任认定问题。按照《招标文件》第三章第七部分第10条的约定，广厦公司在收到中标通知书后10天内，并在签订合同前，须向台江公司提供履约保证金9,000万元，履约担保可以现金或银行保函的方式提交；按照台江公司、建信公司2010年10月25日共同做出的《中标通知书》的要求，广厦公司应于2010年11月24日前到台江公司与招标人签订合同。广厦公司虽然没有在上述文件及通知要求的时限内，向台江公司提交履约保证金，亦未与台江公司签订合同。但就逾期提供保函，广厦公司于 2010 年 11 月 30 日向台江公司递交了《承诺函》，承诺将于 2010 年 12 月 8 日前提交银行保函。该《承诺函》送达台江公司后，台江公司未做出明确意思表示，即同意还是拒绝广厦公司逾期提供保函。2010 年 12 月 8 日，台江公司接收了广厦公司按照《承诺函》载明时限提交的银行保函。法院认为，台江公司在收到广厦公司的《承诺函》后未予明确表态的默示行为，虽然不能单独作为认定其同意广厦公司逾期提交履约保证金的事实依据，但结合其嗣后实际接收了广厦公司按照《承诺函》载明期限提交的银行保函的行为，应当认为，台江公司对广厦公司逾期提交履约保证金的行为予以接受，双方当事人以实际行为变更了原合同约定的履约保证金提交期限的约定。台江公司主张其从未同意广厦公司变更履约保证金的提交期限，与事实不符。

就台江公司所持招标投标文件中关于履约保证金的提交期限，系合同实质性内容，依法不允许当事人予以变更的主张，法院认为，工期、工程价款、工程项目性质等中标结果中所包含的内容，应视为中标合同的实质性内容，为维护国家、集体、第三人合法权益，招标人和中标人不得另行签订协议予以变更。履约保证金的提交期限，不属于中标合同的实质性内容，当事人应可依据《合同法》第 77 条第 1 款之规定予以变更。故对台江公司的上述主张，法院不予采信。

根据招标投标文件的约定，双方当事人应在投标方提交履约保证金后签订建设施工合同，故在双方未做出相反意思表示的情况下，履约保证金提交期限顺延后，签约期限应作相应合理顺延。在台江公司同意变更履约保证金的提交期限，并实际接受了广厦公司逾期提交的履约保证金的情况下，法院认为，招标投标文件约定的招标人取消投标人中标资格的条件尚未成就。台江公司于 2010 年 12 月 14 日通知取消广厦公司中标资格，违反了双方的合同约定，应承担相应的违约责任。一审判决认为台江公司通知取消广厦公司的中标资格，系依法行使合同约定解除权，属于认定事实不清，适用法律错误，法院依法予以纠正。

观点六：有关工程预付款及工程进度款之约定，不属备案合同的实质性变更。

案例6-11：华丰建设股份有限公司与上海百协中闻置地发展有限公司一般建设工程合同纠纷申请再审案——最高人民法院（2014）民申字第504号民事裁定书

裁判摘要：关于备案合同的适用问题。经查，该工程百协中闻公司原确定由中达建设集团股份有限公司（以下简称中达公司）施工，双方签订了建设工程施工合同、补充合同，同时还形成了会议纪要。后中达公司、百协中闻公司与华丰公司签订权利义务转让协议，约定由华丰公司承继中达公司的权利义务进行施工；同时，百协中闻公司还通过邀标形式将华丰公司转为正式的中标方，双方于2008年10月6日另行订立建设工程施工合同并将该合同向有关部门予以了备案，但约定中达公司原与百协中闻公司签订的建设施工合同及补充协议继续有效，备案合同不作为双方结算之用。实际履行中，双方实际上在工程预付款、工程进度款拨付等方面并未按备案合同予以履行，华丰公司亦未提出异议或进行正常的请款程序，可以视为双方实际履行中对备案合同的变更，该种变更并不违背双方当事人的合意。需要注意的是，根据《施工合同司法解释（一）》第21条之规定，"当事人就同一建设工程另行订立的建设工程施工合同与经过备案的中标合同实质性内容不一致的，应当以备案的中标合同作为结算工程价款的根据"，原审认定备案合同有效并不意味着不能在未实质性改变备案合同的情况下对合同履行予以变更；本案有关工程预付款及工程进度款之约定，不属对备案合同的实质性变更，原审依法适用双方达成的有关约定认定相关事实，依法有据。

观点七：结算阶段另行签订结算文件，该结算文件与施工合同约定不一致的，不属于变更实质性内容。

案例6-12：标力建设集团有限公司与海口世纪海港城置业有限公司建设工程施工合同纠纷案——最高人民法院（2016）最高法民申3380号民事裁定书

裁判摘要：关于《工程审价审定单》能否作为双方结算依据的问题。首先，《施工合同司法解释（一）》第21条规定："当事人就同一建设工程另行订立的建设工程施工合同与经过备案的中标合同实质性内容不一致的，应当以备案的中标合同作为结算工程价款的根据。"因此，再审申请人海港城公司主张以双方2009年签订的合同作为结算、审计依据的申请理由不能成立。

其次，《建筑工程施工发包与承包计价管理办法》第18条第1款第（二）项规定："……发包方对竣工结算文件有异议的，应当在答复期内向承包方提出，并可以在提出异议之日起的约定期限内与承包方协商；发包方在协商期内未与承包方协商或者经协商未能与承包方达成协议的，应当委托工程造价咨询企业进行竣工结算审核，并在协商期满后的约定期限内向承包方提出由工程造价咨询企业出具的竣工结算文件审核意见。"再审申请人海港城公司不仅未对《工程审价审定单》表示异议，且与标力公司共同签署了该《工程审价审定单》，在签订后直至本案进入诉讼程序前的近3年时间内也未就该《工程审价审定单》的效力表示过任何异议，现主张《工程审价审定单》不能作为结算依据没有事实与法律依据。因此，该《工程审价审定单》是海港城公司与标力公司双方共同的意思表示，原审法院以该《工程审价审定单》作为双方结算依据正确，本院予以支持。

最后，《建筑工程施工发包与承包计价管理办法》第19条第1款规定："工程竣工结算文件经发承包双方签字确认的，应当作为工程决算的依据，未经对方同意，另一方不得就已生效的竣工结算文件委托工程造价咨询企业重复审核。发包方应当按照竣工结算文件及时支付竣工结算款。"依据该规定，《工程审价审定单》系为工程验收合格之后承包方与发包方在中介机构审核之后共同签署，应当作为双方结算的依据。海港城公司于诉讼中主张该《工程审价审定单》并非实质性审核，并于一审判决后另行单独委托中介机构做出一份《关于海口外滩中心一期B标工程结算审核报告》，并提出应以该结算审核报告作为双方的结算依据，法院认为，海港城公司的该主张有违上述法律规定，亦没有事实和法律依据，不予支持。综上，原审法院认定事实清楚，再审申请人海港城公司主张《工程审价审定单》不能作为双方结算依据的申请理由不能成立。

观点八：招标前签订的预约合同，不属于另行签订变更实质性内容的协议。

案例 6-13：浙江天业建设有限公司与泰州市新东方房地产开发有限公司建设工程施工合同纠纷案——最高人民法院（2015）民申字第 2254 号民事裁定书

裁判摘要：关于本案所涉工程款项应以《施工合同意向协议》还是《建设工程施工合同》为结算依据的问题。本案所涉工程款项的结算，《施工合同意向协议》与《建设工程施工合同》的约定不完全一致，前者约定为据实结算，后者约定为固定价格。一审、二审法院在认定《施工合同意向协议》与《建设工程施工合同》无效的基础上，依据《建设工程施工合同》结算工程价款。天业公司再审申请认为，《建设工程施工合同》仅是双方为满足招标投标程序做的一个手续，《施工合同意向协议》才真正体现当事人双方的真实意思表示，双方实际履行的是《施工合同意向协议》，而不是《建设工程施工合同》，原审按照《建设工程施工合同》结算工程价款不当。根据原审查明事实，《施工合同意向协议》是新东方公司与天业公司在招标投标之前签订的协议，该协议第 4 条载明，"工程造价：暂定 4000 万元（实际按中标价）"。第 11 条载明："本意向协议双方签字盖章后一月内，甲方（新东方公司）进入此项工程的招标投标程序，开标后乙方（天业公司）若能中标，双方在十日内签订施工合同，同时明确贰佰万元的投保保证金转为履约保证金。如乙方不能作为中标单位，在开标后三日内甲方将全额退还乙方的招标保证金。"从以上内容可以看出，新东方公司与天业公司签订意向书的目的是为了事先固定缔约机会，以便将来中标后签订正式的施工合同。因此，《施工合同意向协议》从法律性质上看属于预约合同，在当事人双方正式签订作为本约的《建设工程施工合同》后，应根据《建设工程施工合同》来确定当事人之间的权利义务关系。天业公司认为应根据《施工合同意向协议》来结算工程价款的主张缺乏法律依据，不予支持。从意思表示的顺序上看，因两份合同的当事人均为新东方公司与天业公司，且针对同一工程项目，在两份合同约定不一致时，也应根据签订在后的《建设工程施工合同》作为确定当事人权利义务的依据。《施工合同司法解释（一）》第 21 条规定："当事人就同一建设工程另行订立的建设工程施工合同与经过备案的中标合同实质性内容不一致的，应当以备案的中标合同作为结算工程价款的根据。"《施工合同意向协议》未经备案，而《建设工程施工合同》已经备案，两者不一致时，也应以备案的《建设工程施工合同》作为结算工程价款的根据。因此，法院认为原审法院以《建设工程施工合同》作为结算工程价款的依据，符合法律规定。

观点九：双方就付款进度及计价方式签订的补充协议，不属于变更实质性内容。

案例 6－14：陕西省第八建筑工程公司第二工程处与中国人民武装警察 8673 部队建设工程施工合同纠纷再审审查、审判监督案——最高人民法院（2017）最高法民申 2013 号民事裁定书

裁判摘要：关于《餐厅工程承包合同》第 5 条、第 17 条第 3 项条款的效力问题。陕西省第八建筑工程公司（以下简称陕西八建公司）称该承包合同第 5 条约定"总承包价及工程造价一次性包定"和第 17 条第 3 项约定"待武警 8673 部队审计工作组验收审计合格后，支付决算总造价 95% 的价款"应认定为无效条款，理由是上述两条款与武警 8673 部队宣布的新招标投标方案及《中标通知书》不符。对此，武警 8673 部队提交的投标须知证明的招标时告知采用总造价包干的方式，与《餐厅工程承包合同》第 5 条约定是一致的。陕西八建公司称武警 8673 部队现场宣布的新招标投标方案与投标须知不符，但并未提交证据证明。且《餐厅工程承包合同》虽然约定一次性包定价，但是该包定价的计算方法中一营、二营餐厅工程每平方米造价为 1,435 元，与陕西八建公司所提供的《中标通知书》约定的固定单价 1,435 元/平方米也是一致的，因此，不能认定《餐厅工程承包合同》在合同价款方面与招标投标程序中的条件有实质性的改变。至于《餐厅工程承包合同》第 17 条第 3 项约定的工程款支付的条件和方式，是双方当事人对合同履行具体事项的进一步补充约定，与招标投标程序中的实质性条件并亦无冲突。《餐厅工程承包合同》是陕西八建公司中标后与武警 8673 部队自愿签订，系双方当事人真实意思表示，合同内容并不违背法律效力的禁止性规定，应为合法有效。二审判决认定合同有效适用法律正确。陕西八建公司主张该合同第 5 条、第 17 条第 3 项无效的理由不能成立。

观点十：双方当事人在中标合同履行过程中，为了赔偿一方停工损失而对工程价款结算方式进行的变更约定，其实质为关于损失赔偿的约定，属于合同履行过程中的正常变更，不属于《施工合同司法解释（一）》第 21 条规定的"黑合同"，其效力应予以认可，可作为双方结算的依据。

案例 6-15：赤峰建设建筑（集团）有限责任公司与唐山凤辉房地产开发有限公司建设工程施工合同纠纷案——最高人民法院（2015）民一终字第 309 号民事判决书

裁判摘要：根据已查明事实，赤峰建设公司退场时，本案所涉工程尚未完工。对于其所完成的工程部分的价款如何计算，双方存在以下几方面的争议：①结算方式如何认定。凤辉公司主张应按照 2007 年 12 月 18 日的《建设工程施工合同》约定的可调价方式进行结算；赤峰建设公司主张应按照 2010 年 7 月 10 日的《补充协议书》约定的固定单价方式进行结算。法院认为，上述两协议均为双方当事人真实意思表示，内容不违反法律、法规的强制性规定，应为合法有效，双方应依约履行。因《补充协议书》签订在后，且对《建设工程施工合同》的约定进行了变更，双方应按照《补充协议书》约定的固定单价方式进行结算。凤辉公司虽称《补充协议书》是迫于政府部门、施工进度、工期、返迁等各种压力签订，但并没有否认此协议书的真实性，也没有主张撤销，所以《补充协议书》对其仍有拘束力。《施工合同司法解释（一）》第 21 条关于"当事人就同一建设工程另行订立的建设工程施工合同与经过备案的中标合同实质性内容不一致的，应当以备案的中标合同作为结算工程价款的依据"之规定针对的是当事人在中标合同之外另行签订建设工程施工合同，以架空中标合同、规避中标行为和行政部门监管的情形，而《补充协议书》是在双方履行《建设工程施工合同》过程中，为了解决因工程多次停工给赤峰建设公司造成的损失而签订，只是变更了结算方式，《建设工程施工合同》其他条款仍然有效，并且双方在 2012 年 11 月 22 日的《会议纪要》上对此结算方式再次确认，当地住建局工作人员也在《会议纪要》上签字认可。因此，《补充协议书》属于双方当事人在合同履行过程中经协商一致的合同变更，不属于《施工合同司法解释（一）》第 21 条规定的情形。

法律链接

一、法律法规

（一）《招标投标法》

第 43 条　在确定中标人前，招标人不得与投标人就投标价格、投标方案等实质性内容进行谈判。

第 46 条　招标人和中标人应当自中标通知书发出之日起三十日内，按照招标文件和中标人的投标文件订立书面合同。招标人和中标人不得再行订立背离合同实质性内容的其他协议。

招标文件要求中标人提交履约保证金的，中标人应当提交。

第 59 条　招标人与中标人不按照招标文件和中标人的投标文件订立合同的，或者招标人、中标人订立背离合同实质性内容的协议的，责令改正；可以处中标项目金额千分之五以上千分之十以下的罚款。

（二）《招标投标法实施条例》

第 57 条第 1 款　招标人和中标人应当依照招标投标法和本条例的规定签订书面合同，合同的标的、价款、质量、履行期限等主要条款应当与招标文件和中标人的投标文件的内容一致。招标人和中标人不得再行订立背离合同实质性内容的其他协议。

第 75 条　招标人和中标人不按照招标文件和中标人的投标文件订立合同，合同的主要条款与招标文件、中标人的投标文件的内容不一致，或者招标人、中标人订立背离合同实质性内容的协议的，由有关行政监督部门责令改正，可以处中标项目金额 5‰以上 10‰以下的罚款。

（三）《施工合同司法解释（一）》

第 21 条　当事人就同一建设工程另行订立的建设工程施工合同与经过备

案的中标合同实质性内容不一致的，应当以备案的中标合同作为结算工程价款的根据。

（四）《施工合同司法解释（二）》

第1条　招标人和中标人另行签订的建设工程施工合同约定的工程范围、建设工期、工程质量、工程价款等实质性内容，与中标合同不一致，一方当事人请求按照中标合同确定权利义务的，人民法院应予支持。

招标人和中标人在中标合同之外就明显高于市场价格购买承建房产、无偿建设住房配套设施、让利、向建设单位捐赠财物等另行签订合同，变相降低工程价款，一方当事人以该合同背离中标合同实质性内容为由请求确认无效的，人民法院应予支持。

二、各地法院指导意见

（一）《北京市高级人民法院关于审理建设工程施工合同纠纷案件若干疑难问题的解答》（京高法发〔2012〕245 号）

第16条　"黑白合同"中如何认定实质性内容变更？

招标投标双方在同一工程范围下另行签订的变更工程价款、计价方式、施工工期、质量标准等中标结果的协议，应当认定为《解释》第二十一条规定的实质性内容变更。中标人作出的以明显高于市场价格购买承建房产、无偿建设住房配套设施、让利、向建设方捐款等承诺，亦应认定为变更中标合同的实质性内容。

备案的中标合同实际履行过程中，工程因设计变更、规划调整等客观原因导致工程量增减、质量标准或施工工期发生变化，当事人签订补充协议、会谈纪要等书面文件对中标合同的实质性内容进行变更和补充的，属于正常的合同变更，应以上述文件作为确定当事人权利义务的依据。

（二）《江苏省高级人民法院建设工程施工合同案件审理指南》（2010）

实质性内容不一致的判断标准。施工合同的内容包括工程范围、建设工期、中间交工工程的开工和竣工时间、工程质量、工程造价、技术资料交付时间、材料和设备供应责任、拨款和结算、竣工验收、质量保修范围和质量保证期、双方相互协作等条款。建设工程中事关当事人权利义务的核心条款是工程结算，而影响工程结算的主要涉及三个方面：工程质量、工程期限和计价方式。工程质量指建设工程施工合同约定的工程具体条件，也是这一工程区别其他同类工程的具体特征。工程期限，指建设工程施工合同中约定的工程完工并交付验收的时间。计价方式包括按实结算、固定总价结算、固定单价结算等。如果备案和未备案的两份施工合同在建设工期、施工质量、计价方式等方面发生变化，当无疑义属于实质性内容的变化，未备案的合同应属于无效的黑合同。

（三）《广东省高级人民法院关于审理建设工程施工合同纠纷案件若干问题的指导意见》（粤高法发〔2011〕37号）

二、《最高人民法院关于审理建设工程施工合同纠纷案件适用法律问题的解释》第21条 "实质性内容不一致"主要指的是工程计价标准、工程质量标准等主要条款内容差距较大。建设工程施工过程中，当事人以补充协议等形式约定的正常的工程量增减、设计变更等，一般不认定为"实质性内容不一致"。

（四）《安徽省高级人民法院关于审理建设工程施工合同纠纷案件适用法律问题的指导意见》（2009年5月4日）

9. 承包人就招标投标工程承诺对工程价款予以大幅度让利的，属于对工程价款的实质性变更，应认定无效；承包人就非招标投标工程承诺予以让利，如无证据证明让利后的工程价款低于施工成本，可认定该承诺有效，按该承诺结算工程价款。

（五）《四川省高级人民法院关于审理建设工程施工合同纠纷案件若干疑难问题的解答》（川高法民一〔2015〕3号）

9. 如何认定"黑白合同"实质性内容不一致？

招标投标双方在同一工程合同范围和条件下，另行订立的建设工程施工合同变更经过备案的中标合同约定的工程价款、计价方式、工程期限、工程质量标准等内容的，应当认定为《建工司法解释》第二十一条规定的与经过备案的中标合同实质性内容不一致。当事人主张按照该变更后的合同结算工程价款的，不予支持。

中标合同备案后，承包人做出的明显高于市场价格购买承建房产、无偿建设住房配套设施、向建设方捐款、让利等承诺应当认定为变更经过备案的中标合同的实质性内容。发包人主张按照该承诺内容结算工程价款的，不予支持。

建设工程施工合同履行过程中，因设计变更、建设工程规划调整等非双方当事人原因，且无需重新进行招标投标并备案的，当事人通过签订补充协议、会谈纪要等形式对工程价款、计价方式、工程期限、工程质量标准等合同内容进行合理变更或补充的，不应认定为与经过备案的中标合同"实质性内容不一致"，当事人主张以该变更或补充内容结算工程价款的，应予支持。

（六）《浙江省高级人民法院民事审判第一庭关于审理建设工程施工合同纠纷案件若干疑难问题的解答》（浙法民一〔2012〕3号）

十五、如何认定"黑白合同"？

认定"黑白合同"时所涉的"实质性内容"，主要包括合同中的工程价款、工程质量、工程期限三部分。对施工过程中，因设计变更、建设工程规划指标调整等客观原因，承、发包双方以补充协议、会谈纪要、往来函件、签证等洽商纪录形式，变更工期、工程价款、工程项目性质的书面文件，不应认定为《中华人民共和国招标投标法》第46条规定的"招标人和中标人再行订立背离合同实质性内容的其他协议"。[①]

（七）《宣城市中级人民法院关于审理建设工程施工合同纠纷案件若干问题的指导意见（试行）》（2013年2月6日）

第15条第3款 "实质性内容不一致"主要是指建设工程施工合同的工程计价标准、工程质量标准、工程期限等主要条款内容差距较大。建设工

---

① 浙江省高级人民法院民事审判第一庭负责人蒋卫宇解答："黑白合同"如何认定，"实质性的差异"如何把握，成了司法实践中的难题。尤其是建设工程施工合同的履行有其特殊性，周期长、变化大，合同在履行过程中其内容往往会发生一些变化，这些变化能否构成"实质性差异"，如何把握、如何理解，考验着法官的聪明智慧。为了进一步规范法官的自由裁量权，我们认为：认定"黑白合同"时所涉的"实质性内容"，主要包括合同中的工程价款、工程质量、工程期限三部分。对施工过程中，因设计变更、建设工程规划指标调整等客观原因，承、发包双方以补充协议、会谈纪要、往来函件、签证等洽商记录形式，变更工期、工程价款、工程项目性质的书面文件，不宜认定为《招标投标法》第46条规定的"招标人和中标人再行订立背离合同实质性内容的其他协议"。

程施工过程中，当事人以补充协议等形式约定的正常工程量增减、设计变更等，一般不认定为"实质性内容不一致"。

（八）《沈阳市中级人民法院建设工程施工合同纠纷审判实务相关疑难问题解答》

六、《解释》第二十一条规定的实质性内容变更如何理解？

解答：《解释》第二十一条规定："当事人就同一建设工程另行订立的建设工程施工合同与经过备案的中标合同实质性内容不一致的，应当以备案的中标合同作为结算工程价款的根据。"

一般情况下，招标投标双方在同一工程范围下另行签订的变更工程价款、计价方式、施工工期、质量标准等中标结果的协议，应当认定为《解释》第二十一条规定的实质性内容变更。

以下几种特殊情形因变相变更了合同价款，亦应认定为实质性内容变更：中标人做出的以明显高于市场价格购买承建房产、无偿建设住房配套设施、让利、向建设方捐款等。

以下情况不应认定为实质性内容变更：中标合同履行过程中，工程因设计变更、规划调整等客观原因导致工程量增减、质量标准或施工工期发生变化，当事人签订补充协议、会谈纪要、往来函件、签证、洽商记录等书面文件对中标合同的实质性内容进行变更和补充的，属于正常的合同变更，应以上述文件作为确定当事人权利义务的依据。

理由：《解释》第二十一条明确了应当以备案的中标合同作为结算工程价款依据的大原则，但不排除在合同履行过程中，因发包人设计变更影响工程量增减导致工程价款相应调整、工期适当变化的情形。在这种情况下，应该以合同法和民法通则等法律规定为依据，结合当事人的真实意思表示以及合同条款是否违反法律禁止性规定等因素，对合同效力加以判断。

▌延伸阅读▐

1."《最高人民法院关于审理建设工程施工合同纠纷案件适用法律问题的解释》第二十一条规定的'备案的中标合同'应当如何理解"，见奚晓明主编、最高人民法院民事审判第一庭编：《民事审判指导与参考》〔总第56

辑（2013.4）]，人民法院出版社 2014 年版。

2. "当事人另行签订的建设工程施工合同补充合同中关于纠纷解决方式的变更约定是否有效"，见奚晓明主编、最高人民法院民事审判第一庭编：《民事审判指导与参考》[总第 51 辑（2012.3）]，人民法院出版社 2012 年版。

3. "如何理解《最高人民法院关于审理建设工程施工合同纠纷案件适用法律问题的解释》第二十一条所称的'实质性内容不一致'"，见奚晓明主编、最高人民法院民事审判第一庭编：《民事审判指导与参考》[总第 58 辑（2014.2）]，人民法院出版社 2014 年版。

4. "建设工程施工合同纠纷案件中让利承诺书效力的认定"，见奚晓明主编、最高人民法院民事审判第一庭编：《民事审判指导与参考》（2009 年第 2 集·总第 38 集），人民法院出版社 2009 年版。

5. 于蒙："合同履行过程中的正常变更与黑白合同的认定——唐山凤辉房地产开发有限公司与赤峰建设建筑（集团）有限责任公司建设工程施工合同纠纷案"，见杜万华主编、最高人民法院民事审判第一庭编：《民事审判指导与参考》[总第 65 辑（2016.1）]，人民法院出版社 2016 年版。

专题七

"黑白合同"的认定及结算

　　"黑白合同"并不是一个专业的法律术语，其是在工程建设过程中的一种普遍存在的交易现象。司法实践中，究竟是"白合同"有效还是"黑合同"有效，法院对此有着截然不同的判决。这些判决给市场主体带来了不同的价值导向，也给现实交易活动安全带来了很大的不稳定性，其还牵涉工程款拖欠，农民工工资拖欠等重大问题。2019年2月1日，《施工合同司法解释（二）》正式施行，为一系列建设工程实务问题的解决提供了新的思路和依据。工程案件中的黑白合同问题的解决也在其中有了一定的体现。但是，鉴于黑白合同本身的复杂性，如何在《施工合同司法解释（二）》之后对其相关理论和实务操作问题拔丁抽楔，仍然需要不断地学习和探讨。因此，准确理解"黑百合同"及其法律性质，对稳定建筑市场，保护交易安全有着重要意义。

一、"黑白合同"的概述

（一）"黑白合同"的含义

　　"黑白合同"又称"阴阳合同"，主要出现于《招标投标法》颁行之后。2003年10月27日在第十届全国人民代表大会常务委员会第五次会议上，全国人大常委会副委员长李铁映在关于《全国人大常委会执法检查组关于检查〈中华人民共和国建筑法〉实施情况的报告》① 中指出"工程招标投标中

---

　　① 参见"全国人大信息网"，http：//www.npc.gov.cn/wxzl/gongbao/2003-12/31/content_5326699.htm，访问日期：2019年9月20日。

'黑白合同'问题突出。各地反映，建设单位与投标单位或招标代理机构串通，搞虚假招标，明招暗定，签订'黑白合同'的问题相当突出。所谓'黑合同'，就是建设单位在工程招标投标过程中，除了公开签订的合同外，又私下与中标单位签订合同，强迫中标单位垫资带资承包、压低工程款等。'黑合同'违反了《招标投标法》《合同法》和《建筑法》的有关规定，极易造成建筑工程质量隐患，既损害施工方的利益，最终也会损害建设方的利益。"

"白合同"即经招标投标手续签订的建设工程合同；"黑合同"背离了中标通知书所记载的工程价款、工程质量或者工程期限等实质性内容，是当事人另行签订的建设工程合同。在实践中具体表现为建设工程施工合同的双方当事人除经过招标投标签订正式合同外，另外还签订一份或多份实际履行的补充协议，正式合同与补充协议的实质性内容差异较大，其目的是规避招标投标制度，或为实现某种不正当或者非法的利益。常表现为通过签订新的合同，对中标合同从工程范围、工程价款、工程质量和工程期限等方面进行了重大的实质性修改。若履行合同过程中产生争议，则各方会寻找对自己有利的建设工程施工合同作为结算的依据，这给人民法院正确认定合同的真实性和合法性带来了不小的麻烦，亦是司法审判中的难点。

《施工合同司法解释（一）》第21条明确规定："当事人就同一建设工程另行订立的建设工程施工合同与经过备案的中标合同实质性内容不一致的，应当以备案的中标合同作为结算工程价款的根据。"该条是关于"黑白合同"结算的规定，其适用范围是经过招标投标签订的建设工程合同。必须是中标有效，依据招标文件投标文件订立的"白合同"合法有效时，才适用此条。其适用要求"黑合同"必须对"白合同"的实质性内容加以变更。

《施工合同司法解释（二）》第1条第1款规定："招标人和中标人另行签订的建设工程施工合同约定的工程范围、建设工期、工程质量、工程价款等实质性内容，与中标合同不一致，一方当事人请求按照中标合同确定权利义务的，人民法院应予支持"；第10条规定："当事人签订的建设工程施工合同与招标文件、投标文件、中标通知书载明的工程范围、建设工期、工程质量、工程价款不一致，一方当事人请求将招标文件、投标文件、中标通知书作为结算工程价款的依据的，人民法院应予支持。"可以看出对"黑白合同"认定及结算的处理又有新的变化。

（二）"黑白合同"的特点

对"黑白合同"产生的原因和情况进行分析，可以发现其具有以下特点。

第一，"黑合同"是当事人真实意思的表示。中标合同，是严格按照招标文件、投标文件、中标通知书等签订的。与之相反，"黑合同"是在中标合同之外签订的其他合同，但往往是基于当事人的真实意思表示（不否认其中一方持被动的真实意思）。

第二，两个合同的实质性内容不一致。《2011年全国民事审判工作会议纪要》就规定了"招标人和中标人另行签订改变工期、工程价款、工程项目性质等中标结果的协议，应认定为变更中标合同实质性内容，中标人作出的以明显高于市场价格购买承建房产、无偿建设住房配套设施、让利、向建设方捐款等承诺，亦应认定为变更中标合同的实质性内容。对于变更中标合同实质性内容的工程价款结算，应按照《关于审理建设工程施工合同纠纷案件适用法律问题的解释》第二十一条规定，以备案的中标合同作为结算工程价款的根据"。此后，最高人民法院在《2015年全国民事审判工作会议纪要》中进一步明确"中标人作出的以明显低于市场价格购买承建房产、无偿建设住房配套设施、让利、向建设方捐款等承诺，亦应认定为变更中标合同的实质性内容。对于变更中标合同实质性内容的工程价款结算，应按照《关于审理建设工程施工合同纠纷案件适用法律问题的解释》第二十一条规定，以备案的中标合同作为结算工程价款的根据。"

此次《施工合同司法解释（二）》对实质性内容做出了明确的规定：对"工程范围""建设工期""工程价款""工程质量"以及在中标合同之外，就明显高于市场价格购买承建房产、无偿建设住房配套设施、让利、向建设单位捐赠财物等另行签订合同，变相降低工程价款均属于实质性变更。这也严格回应了《招标投标法》第46条的规定，即"招标人和中标人不得再行订立背离合同实质性内容的其他协议"。

第三，"黑白合同"在签订时间、表现形式及具体内容上十分多样性和多元化，表现形式可总结为十种，笔者设招标投标结果为大白合同，备案合同为小白合同，其他合同为黑合同，以合同签订时间先后顺序其表现形式可有：①大白合同—小白合同—黑合同；②黑合同—大白合同—小白合同；③大白合同—黑合同—小白合同；④大白合同—小白合同（两者的差异问题）；⑤大白合同—小白合同与黑合同（同一时间签订）；⑥大白合同—小白合同或黑合同（无法确认两者签订时间）；⑦大白合同或黑合同签订时间在大白合同签订过程中—小白合同；⑧小白合同—黑合同；⑨大白合同—黑合同；⑩大白合同—黑合同，大白合同—小白合同。

第四，"黑白合同"与施工合同备案与否无关。2018年5月14日，国务院办公厅下发了《国务院办公厅关于开展工程建设项目审批制度改革试点的通知》，明确在试点地区取消施工合同备案，并提出2019年将在全国推广试点改革经验。2018年9月28日，住房和城乡建设部发布了《住房城乡建设部关于修改〈房屋建筑和市政基础设施工程施工招标投标管理办法〉的决定》，删除了《招标投标办法》第47条第1款中"订立书面合同后7日内，中标人应当将合同送工程所在地的县级以上地方人民政府建设行政主管部门备案"的规定。因此，中标合同是否备案并不影响对"黑白合同"的判断，对其判断的唯一标准即为是否背离了"招标文件、投标文件、中标通知书"载明的内容。

二、"黑白合同"的认定

（一）对实质性内容的理解

《合同法》第12条规定："合同的内容由当事人约定，一般包括以下条款：（一）当事人的名称或者姓名和住所；（二）标的；（三）数量；（四）质量；（五）价款或者报酬；（六）履行期限、地点和方式；（七）违约责任；（八）解决争议的方法。当事人可以参照各类合同的示范文本订立合同。"另，《合同法》第30条规定："承诺的内容应当与要约的内容一致。受要约人对要约的内容作出实质性变更的，为新要约。有关合同标的、数量、質量、价款或者报酬、履行期限、履行地点和方式、违约责任和解决争议方法等的变更，是对要约内容的实质性变更。"

而建设工程合同的"实质性内容"，一般是指合同中的建设工期、工程价款、工程项目性质（工程质量、工程用途等）。对施工过程中，因设计变更、建设工程规划指标调整等客观原因，承、发包双方以补充协议、会谈纪要、往来函件、签证等洽商记录形式，变更工期、工程价款、工程项目性质的书面文件，不应认定为《招标投标法》第46条规定的"招标人和中标人不得再行订立背离合同实质性内容的其他协议"。① 朱树英律师认为建设工程施工合同实质性条款可以为：①关于工程施工内容及范围的约定；②关于施工质量的约定；③关于合同价款的约定；④关于工程款支付及工程结算的约定；⑤关于工程索赔的约定；⑥关于履行期间的约定（包括开工时间、完工时间、施工进度、竣工时间、交付竣工资料的时间、保修期等）；⑦关于违约责任和解决争议的约定。明确区分合同实质性约定与合同的非实质性约定，是在立法中应该尽快解决的问题。②

虽然《招标投标法实施条例》第57条规定合同的标的、价款、质量、履行期限等主要条款应当与招标文件和中标人的投标文件的内容一致，但《施工合同司法解释（一）》第21条第1款规定的经过备案的中标合同实质性内容如何结算的问题中，并没有明确司法实践中实质性内容具体包括哪些内容。其后，《2011年全国民事审判工作会议纪要》中提到，"招标人和中标人另行签订改变工期、工程价款、工程项目性质等中标结果的协议，应认定为变更中标合同实质性内容，中标人作出的以明显高于市场价格购买承建房产、无偿建设住房配套设施、让利、向建设方捐款等承诺，亦应认定为变更中标合同的实质性内容。对于变更中标合同实质性内容的工程价款结算，应按照《关于审理建设工程施工合同纠纷案件适用法律问题的解释》第二十一条规定，以备案的中标合同作为结算工程价款的根据。"

2013年第1辑《民事审判指导与参考》对"如何认定备案合同与未备案

① 刘德权、王松：《新编版最高人民法院司法观点集成：民事卷》，中国法制出版社2017年版，第855条司法观点。
② 朱树英：《法院审理建设工程案件观点集成》，中国法制出版社2015年版，第140页。

合同的内容发生实质性变化"回答内容为：施工合同的内容主要包括工程范围、建设工期、中间交工工程的开工和竣工时间、工程质量、工程造价、技术资料交付时间、材料和设备供应责任、拨款和结算、竣工验收、质量保修范围和质量保证期、双方相互协作等条款。建设工程中事关当事人权利义务的核心条款是工程结算，而影响工程结算的事项主要涉及三个方面：工程质量、工程期限和工程价款。工程质量，指建设工程施工合同约定的工程具体条件，也是这一工程区别其他同类工程的具体特征。工程期限，指建设工程施工合同中约定的工程完工并交付验收的时间。工程价款，指发包人按照合同约定应当支付给承包施工人为其施工建设的代价。如果备案和未备案的两份施工合同在建设工期、施工质量、计付价款等方面发生变化，当无疑义属于实质性内容的变化，未备案的合同应属于无效的"黑合同"。①

2015 年《第八次全国法院民事商事审判工作会议纪要》第 31 条提到，"招标人和中标人另行签订改变工期、工程价款、工程项目性质等影响中标结果实质性内容的协议，导致合同双方当事人就实质性内容享有的权利义务发生较大变化的，应认定为变更中标合同实质性内容"。此会议纪要将"实质性内容"界定为"影响中标结果""导致合同双方当事人就实质性内容享有的权利义务发生较大变化"的内容。

《施工合同司法解释（二）》第 1 条规定："招标人和中标人另行签订的建设工程施工合同约定的工程范围、建设工期、工程质量、工程价款等实质性内容，与中标合同不一致，一方当事人请求按照中标合同确定权利义务的，人民法院应予支持。招标人和中标人在中标合同之外就明显高于市场价格购买承建房产、无偿建设住房配套设施、让利、向建设单位捐赠财物等另行签订合同，变相降低工程价款，一方当事人以该合同背离中标合同实质性内容为由请求确认无效的，人民法院应予支持。"该条在《施工合同司法解释（一）》相关条款的基础上进行了进一步的修订和完善，根据多年司法实践经验，对实质性变更内容进行了明确。

---

① 奚晓明主编、最高人民法院民事审判第一庭编：《民事审判指导与参考》［总第 53 辑（2013.1）］，人民法院出版社 2013 年版，第 183 页。

承包人的主要义务是确保在工程承包范围内的工程质量和工期，因此，工程质量和工期属实质性内容不难理解；发包人的主要义务是支付价款，具体涉及计价方式、依据、支付、结算及调整方式等合同条款，均系发包人履行合同的实质性内容。所以，"黑白合同"主要指招标人和中标人就工程范围、建设工期、工程质量、工程价款等实质性内容另行做出背离中标合同的情况。除"黑白合同"，《施工合同司法解释（二）》针对"在中标合同之外就明显高于市场价格购买承建房产、无偿建设住房配套设施、让利、向建设单位捐赠财物等另行签订合同，变相降低工程价款"的行为也进行了明确规定。这种情况主要是为了防止发包人或建设方利用其优势地位，变相降低合同价款，虽然没有直接在合同价款上进行修改，但是通过其他方式对合同价款进行了的实质性变更。由于其实质同样属于背离中标合同实质性内容，因此与"黑白合同"的处理并列在同一条款中。该条款使得发包人或建设方控制项目成本的方式受到了一定的限制。但是，并不是涉及承包范围、建设工期、工程质量、合同价款（包括计价、支付、结算方式）等内容的变更，就必然构成对中标合同实质性内容的背离。

此外，《施工合同司法解释（二）》并未如《施工合同司法解释（一）》那样强调中标合同的备案，也是基于目前建设工程行政审批体制正在进行改革，合同备案制度可能会进一步弱化，因而制定者在制定时即予以了考虑。《国务院办公厅关于开展工程建设项目审批制度改革试点的通知》（国办发〔2018〕33号）"（八）精减审批事项和条件"即规定了："取消不符合上位法和不合规的审批事项。取消不合理、不必要的审批事项。对于保留的审批事项，要减少审批前置条件，公布审批事项清单。取消施工合同备案、建筑节能设计审查备案等事项。社会投资的房屋建筑工程，建设单位可以自主决定发包方式。"

案例 7-1：中国房地产开发集团哈尔滨有限公司与江苏省苏中建设集团股份有限公司建设工程施工合同纠纷案——最高人民法院（2017）最高法民终 437 号民事判决书

裁判要旨：所谓合同实质性内容不一致，是指合同在工程价款、工程质量和工程期限等方面与备案合同不一致，因为这三个方面涉及招标人和中标人的基本权利义务。诉争《施工协议》系针对案涉同一工程项目另行签订的协议，没有经过备案，该协议约定的竣工时间早于协议签订时间，并不真实，且付款方式改变了备案合同关于发包人支付预付款和进度款的约定，明显加重了承包人的义务，对承发包双方的利益影响较大。

裁判摘要：关于 2013 年 11 月 26 日签订的《施工协议》是否有效。《招标投标法》第 46 条第 1 款规定："招标人和中标人应当自中标通知书发出之日起三十日内，按照招标文件和中标人的投标文件订立书面合同。招标人和中标人不得再行订立背离合同实质性内容的其他协议。"《施工合同司法解释（一）》第 21 条规定："当事人就同一建设工程另行订立的建设工程施工合同与经过备案的中标合同实质性内容不一致的，应当以备案的中标合同作为结算工程价款的根据。"以上规定中所谓合同实质性内容不一致，是指合同在工程价款、工程质量和工程期限等方面与备案合同不一致，因为这三个方面涉及招标人和中标人的基本权利义务。本案中，备案的三标段、四标段《施工合同》签订于 2013 年 11 月 1 日，其中三标段《施工合同》约定工程竣工时间为 2013 年 11 月 15 日；工程价款为暂定价 148,874,850.00 元，采用可调价格方式确定合同价款，执行现行黑龙江省计价依据及有关计价规定，付款方式为中房集团在开工前 5 日内以支票形式支付合同价款 25% 的工程预付款 37,659,862.57 元，按形象进度拨付进度款，竣工结算完成后 15 天内支付完质量保证金以外的所有款项。四标段《施工合同》约定的工程竣工时间为 2013 年 9 月 15 日，工程价款为 1,764,600.28 元，付款方式与三标段《施工合同》一致。诉争 2013 年 11 月 26 日签订的《施工协议》系针对案涉同一工程项目另行签订的协议，没有经过备案，该协议约定的竣工时间早于协议签订时间，并不真实，且付款方式改为"主体结构十五层以下暂不付款"，亦即主体结构十五层以下由承包人垫资施工，改变了备案合同关于发包人支付预付款和进度款的约定，明显加重了承包人的义务，对苏中集团的利益影响较大。因此，一审判决认定该施工协议属于与备案合同实质性内容矛盾的黑合同，违反《招标投标法》第 46 条第 1 款的强制性规定而应认定为无效，并无不当。中房集团上诉主张《施工协议》有效，理据不足，法院不予支持。

案例 7-2：海南省核工业地质大队与海南琼山建筑工程公司建设工程施工合同纠纷案——最高人民法院（2017）最高法民再 249 号民事判决书

裁判要旨： 从招标人和中标人《合作合同书》及《补充协议书》约定的内容看，其均涉及对案涉工程总造价及支付方式的约定，且同经备案登记的《建设工程施工合同》关于案涉工程款结算的约定不同，属于对《建设工程施工合同》的实质性内容进行变更。

裁判摘要：《招标投标法》第 46 条第 1 款规定："招标人和中标人应当自中标通知书发出之日起三十日内，按照招标文件和中标人的投标文件订立书面合同。招标人和中标人不得再行订立背离合同实质性内容的其他协议。"《施工合同司法解释（一）》第 21 条规定："当事人就同一建设工程另行订立的建设工程施工合同与经过备案的中标合同实质性内容不一致的，应当以备案的中标合同作为结算工程价款的根据。"本案中，地质大队和琼山建筑公司于 2011 年 12 月 8 日依据中标文件签订《建设工程施工合同》并办理了合同备案。该合同约定：工程价款为 15,816,541.39 元，合同价款采用固定价格方式确定，无论工程是否有变更或工程量是否有增加或减少，工程价款均不得变更。同日，地质大队和琼山建筑公司签订的《合作合同书》约定：建成的职工住宅楼第 17 层至 18 层共 6 套职工宿舍套房分给琼山建筑公司；地质大队所得的 60 套住房按定死造价每平方米 2,280 元结算，总造价约为 13,800,000 元，项目建设所需的其余建设资金全部由琼山建筑公司承担。2011 年 12 月 18 日，地质大队和琼山建筑公司签订的《补充协议书》又约定：地下室由琼山建筑公司投资建设，工程项目底层架空层临路 27 米长的场地使用权归琼山建筑公司所有；小区道路、园林绿化、围墙工程由琼山建筑公司施工，工程价款另行结算。从《合作合同书》及《补充协议书》约定的内容看，其均涉及对案涉工程总造价及支付方式的约定，且同招标人和中标人经备案登记的《建设工程施工合同》关于案涉工程款结算的约定不同，属于对《建设工程施工合同》的实质性内容进行变更。因此，《合作合同书》和《补充协议书》因违反法律的强制性规定而无效，案涉工程款的结算应以

《建设工程施工合同》为依据。关于琼山建筑公司主张依据《建设工程施工合同》结算显失公平的问题。《最高人民法院关于贯彻执行若干问题的意见（试行）》第72条规定："一方当事人利用优势或者对方没有经验，致使双方的权利与义务明显违反公平、等价有偿原则的，可以认定为显失公平。"本案中，琼山建筑公司并未提交证据证明其作为投标人与招标人地质大队依据招标投标文件签订《建设工程施工合同》存在一方利用优势地位或对方没有经验的情形，且合同显失公平并非认定合同无效的事由，依据《合同法》的相关规定，合同显失公平是合同予以撤销的法定事由。因此，琼山建筑公司的该项主张不能成立。

案例7-3：中澳建工集团有限公司与云阳县双江人民医院建设工程合同纠纷案——重庆市高级人民法院（2018）渝民终2925号民事判决书

裁判要旨：招标文件未约定捐赠条款，中标合同约定的捐赠条款实质是变相降低工程价款，法院认定捐赠条款无效。

裁判摘要：法院认为，二上诉人签订的《建设工程施工合同》，即中标合同，其中"15.1变更估价的原则约定""（3）当报价中无对应项目和参照项目时，按2008年《重庆市建筑工程计价定额》及相关配套文件编制预算的基础上经业主审定后按中标价相对于投标总报价最高限价的下浮5%比例执行"是在招标文件中没有明确约定时，双方当事人的真实意思，符合法律规定，并没有对招标文件进行实质性变更。因此，中澳建工集团有限公司认为上述条款无效的上诉理由不成立，法院不予支持，该工程最终工程价款应确认为9,526,766.57元。上诉人双方在专用合同条款24特别约定了捐赠条款，根据《施工合同司法解释（二）》第1条"招标人和中标人在中标合同之外就明显高于市场价格购买承建房产、无偿建设住房配套设施、让利、向建设单位捐赠财物等另行签订合同，变相降低工程价款，一方当事人以该合同背离中标合同实质性内容为由请求确认无效的，人民法院应予支持"的规定，云阳县双江人民医院称是接受的公益捐赠，实质是变相降低工程价款，云阳县双江人民医院的辩称不能成立，中澳建工集团有限公司认为该条无效的上诉理由成立。因为该条款无效，云阳县双江人民医院应该将捐赠款

286,006.00 元作为工程款支付给中澳建工集团有限公司。

三、"黑白合同"的法律效力

实践中"黑白合同"的签订主要有"先白后黑"和"先黑后白"的情形。

（一）黑合同签订在白合同之前

"先黑后白"即在招标投标之前投标人和招标人先签订"黑合同"就工程范围、价款、工期等主要内容及双方的的权利义务进行了约定。之后再进行招拍挂程序，使内定的投标人中标，随后签订"白合同"，并到相关部门将"白合同"备案。在此种情形下，由于招标人在投标之前已经与投标人就工程价款、投标方案、工期、质量等进行实质性内容谈判，违反了《招标投标法》第43条规定，导致中标无效。因此，不管经过备案登记的中标合同，还是在中标之前签订的施工合同，均属于无效合同。

（二）黑合同签订在白合同之后

经过法定招标投标程序，招标人和投标人应当《招标投标法》第46条的规定，自中标通知书发出之日起30日内，按照招标文件和中标人的投标文件订立书面合同。在中标有效的情形下，该书面合同属于合法有效的白合同，另行签订的与中标合同实质性内容不一致的合同则属于"黑合同"，关于"黑合同"的效力问题，根据《合同法》第52条的规定，因违反《招标投标法》第46条的强制性规定而无效。

（三）备案与否与合同效力无关

对于国家规定需要履行项目审批、核准手续的依法必须进行招标的项目，其招标范围、招标方式、招标组织形式应当报核准部门审批、核准，招标人应当向有关部门提交招标投标情况书面报告。随着备案制度的逐渐取消，备案只是行政机关对招标投标以及建设工程施工的行政监督，至于合同是否备案，并不影响合同效力。判断合同效力仍依据合同法及招标投标法的相关规定进行。

综上，关于"黑白合同"的效力问题，依据《招标投标法》所确定的中标合同是应当受到法律保护的,这一点是必须要肯定和坚持的。当然,我们要认识到,变更合同是法律赋予合同当事人的一项基本权利。我们说中标合同具有法律效力必须受到法律保护,并不是说这个中标合同就绝对不能变更。如果说国家的规划发生变化,或者工程的设计发生变更由此导致工程量扩大或减少,当事人据此另行订立的合同未必就不能作为工程结算的依据。此外,中标合同如果存在违反法律、法规、行政法规效力性强制性规定的情形,也要认定其无效。因此,不能笼统地认为哪个合同绝对有效,哪个合同一定无效,具体案件需要具体分析①。

四、合同正常变更与背离合同实质性内容的辨别

从合同法理论上讲,合同的变更,是法律赋予合同双方当事人的一项基本权利,是指对合同相关内容进行修改的行为。我国合同法中也对合同的变更作了明确规定。合同变更权的行使存在于所有合同的履行过程中,中标合同当然也不例外。因此,如何正确界定合同的变更、规避中标合同的界线,准确区分"黑白合同"或者"阴阳合同",在建设工程施工合同方面就显得尤为重要。

最高人民法院《2011年全国民事审判工作会议纪要》规定:"建设工程开工后,因涉及变更、建设工程规划指标调整等客观原因,发包人与承包人通过补充协议、会议纪要、来往函件、签证等洽商记录形式变更工期、工程价款、工程项目性质的,不应认定为变更中标合同的实质性内容。"

《北京市高级人民法院关于审理建设工程施工合同纠纷案件若干疑难问题的解答》第16点指出:"备案的中标合同实际履行过程中,工程因设计变更、规划调整等客观原因导致工程量增减、质量标准或施工工期发生变化,当事人签订补充协议、会谈纪要等书面文件对中标合同的实质性内容进行变更和补充的,属于正常的合同变更,应以上述文件作为确定当事人权利义务的依据。"

---

① 参见最高人民法院副院长杜万华2011年6月24日所作的《全国民事审判工作会议的总结讲话》。

《广东省高级人民法院关于审理建设工程施工合同纠纷案件若干问题的指导意见》第 2 条指出:"《最高人民法院关于审理建设工程施工合同纠纷案件适用法律问题的解释》第 21 条规定的'实质性内容不一致'主要指的是工程计价标准、工程质量标准等主要条款内容差距较大。建设工程施工过程中,当事人以补充协议等形式约定的正常的工程量增减、设计变更等,一般不认定为'实质性内容不一致'。"

另外,《建设施工合同(示范文本)》(GF—2017—0201)通用条款第 10、11 条规定:合同履行过程中因设计变更、规划调整、价格异常波动引起合同内容的调整或补充,属于合同的正常变更,不能认定为实质性内容的背离。

上述可知,合同正常变更往往发生在施工过程中,主要是对工程的设计、规划、工程量增减、材料价格等相关方面的变更,该变更并不违反法律的强制性规定,系当事人真实意思的表示,应认定为合法有效的变更。

案例 7 - 4:四川尚高建设有限公司与北川羌族自治县城乡规划建设和住房保障局建设工程施工合同纠纷案——最高人民法院(2014)民申字第 842 号民事裁定书

裁定要旨:对实质性变更的判断,一方面需要把握变更的内容,另一方面也需要把握变更的量化程度。因工程总价款变化不大,没有达到法律所禁止的"实质性变更"的严重程度,也不会导致合同当事人之间权利义务关系的显失平衡,故不应认定《建设工程施工合同》构成对《比选文件》的实质性变更。

裁定摘要:关于《建设工程施工合同》是否构成对《比选文件》的实质性变更,案涉工程是否应当以北川县审计局的审计报告作为工程价款结算依据的问题。法院认为,对实质性变更的判断,一方面需要把握变更的内容,另一方面也需要把握变更的量化程度。《建设工程施工合同》约定合同价款采用固定综合单价方式确定,确实属于变更《比选文件》确定的固定总价方式的情形,但本案事实表明,按照两种方式得出的案涉工程款差额仅为 11 多万元,没有达到法律所禁止的"实质性变更"的严重程度,也不会导致合同当事人之间权利义务关系的显失平衡，故不应认定《建设工程施工合同》构成对《比选文件》的实质性变更。而结合尚高公司与北川建设局的实际履约行为及北川县人民政府相关文件的规定，应当确定以北川县审计局出具的审计报告作为工程价款结算依据。四川瑞峰工程造价咨询有限公司系接受北川县审计局委托而对工程进行造价审核，其工作成果亦是为了北川县审计局审计之用。尚高公司与北川建设局共同确认《建设工程造价编审确认表》，即是对工程造价以北川县审计局的审计报告为准的认可。根据《北川羌族自治县地震灾后恢复重建项目审计监督办法》的规定，《建设工程造价编审确认表》是北川县审计局对工程进行审计的必备资料，并不具有终局性。尚高公司在再审申请书中认可其向一审法院提交的2010年12月28日由审计单位出具的"审计证据汇总记录"原件及"情况说明"，确系审计使用的中间文件，该自认亦可佐证双方当事人对按照审计结论结算工程价款已经达成一致。据此，二审判决采用审计结论作为工程价款结算的依据，并无不当。基于上述，尚高公司再审主张按照四川瑞峰工程造价咨询有限公司造价审核结论或对涉案工程结算造价进行司法鉴定确定工程欠款数额，没有事实及法律依据。

案例7-5：江苏南通六建建设集团有限公司与昆山华强房地产开发有限公司建设工程施工合同纠纷案——最高人民法院（2014）民申字第90号民事裁定书

裁判要旨：《建设工程施工合同》中虽未约定下浮比例，但《中标通知书》中预算价下浮6.6%。其后两份《承诺书》就下浮比例分别做出下浮10%和11%的约定，并约定，主合同与《承诺书》不一致的，以《承诺书》为准。《承诺书》中约定的工程款结算方式是当事人真实意思表示，亦是《建设工程施工合同》的有效组成部分，自6.6%至10%或11%的下浮比例的变化不构成对《建设工程施工合同》内容的实质性变更。

裁判摘要：关于商住楼工程是否存在黑白合同问题。南通六建公司与华强房地产公司就商住楼工程签订有一份《建设工程施工合同》和两份《承诺书》。关于工程款结算，《建设工程施工合同》中虽未约定下浮比例，但《中标通知书》中有比预算价下浮6.6%的约定。《中标通知书》是《建设工程施工合同》的组成部分，该下浮比例应视为双方对工程款结算的约定。其后，双方又签订两份《承诺书》，就下浮比例分别做出下浮 10% 和 11% 的约定，并约定，主合同与《承诺书》不一致的，以《承诺书》为准。自 6.6% 至 10% 或 11% 的下浮比例的变化不构成对《建设工程施工合同》内容的实质性变更。南通六建公司在对本案提起诉讼前，单方制作的工程结算书即是按照《承诺书》中约定的以 2001 年定额计算工程价款。一审审理期间，在法院向其释明是否按照投标书及《建设工程施工合同》中约定的 2004 定额重新对工程价款进行鉴定时，南通六建公司表示不需要重新鉴定。该公司以其行为表明《承诺书》中约定的工程款结算方式是当事人真实意思表示，亦是《建设工程施工合同》的有效组成部分。据此，原判决认定《建设工程施工合同》《承诺书》均是有效协议，并按照《承诺书》中约定的结算条款作为双方结算工程价款的依据并无不当。南通六建公司称与华强房地产公司就商住楼工程签订的《建设工程施工合同》与两份《承诺书》之间构成黑白合同关系缺乏事实与法律依据。

案例 7 -6：赤峰建设建筑（集团）有限责任公司与唐山凤辉房地产开发有限公司建设工程施工合同纠纷案——最高人民法院（2015）民一终字第 309 号民事判决书

裁判要旨：为赔偿一方停工损失而对工程价款结算方式进行变更约定，属于合同履行过程中的正常变更。

裁判摘要：凤辉公司主张应按照 2007 年 12 月 18 日的《建设工程施工合同》约定的可调价方式进行结算；赤峰建设公司主张应按照 2010 年 7 月 10 日的《补充协议书》约定的固定单价方式进行结算。法院认为，上述两协议均为双方当事人真实意思表示，内容不违反法律、法规的强制性规定，应为合法有效，双方应依约履行。因《补充协议书》签订在后，且对《建设工程施工合同》的约定进行了变更，双方应按照《补充协议书》约定的固定单价方式进行结算。凤辉公司虽称《补充协议书》是迫于政府部门、施工进度、工期、返迁等各种压力签订，但并没有否认此协议书的真实性，也没有主张撤销，所以《补充协议书》对其仍有拘束力。《施工合同司法解释（一）》

第21条关于"当事人就同一建设工程另行订立的建设工程施工合同与经过备案的中标合同实质性内容不一致的,应当以备案的中标合同作为结算工程价款的依据"之规定针对的是当事人在中标合同之外另行签订建设工程施工合同,以架空中标合同、规避中标行为和行政部门监管的情形,而《补充协议书》是在双方履行《建设工程施工合同》过程中,为了解决因工程多次停工给赤峰建设公司造成的损失问题而签订,只是变更了结算方式。《建设工程施工合同》其他条款仍然有效,并且双方在2012年11月22日的《会议纪要》上对此结算方式再次确认,当地住建局工作人员也在《会议纪要》上签字认可。因此,《补充协议书》属于双方当事人在合同履行过程中经协商一致的合同变更,不属于《施工合同司法解释(一)》第21条规定的情形。

五、通过实质性内容的"合规"变更,实现黑合同合法"漂白"

建设工程合同(实质性内容)的变更,相较于一般合同的变更而言更为不易,该基于特定事件产生的变更既要改变一般合同所拥有的合意性,又要突破被额外赋予的合规性。此时,同时满足三个条件即变更的前提条件、实质条件和程序条件才能达到以上要求。前提条件是客观情况发生了根本的变化,其可分为情势变更下的法院确认变更和严重违背诚实信用下的合同基础动摇;实质条件为当事人的协商一致,其所带来的效果是对合意的改变;程序条件是招标投标办公室、建委备案,其是合同变更的合规化程序操作。在实务操作中应当注意,在正式签订合同时,应把工程的造价、工期、质量、安全生产、工程款支付时间约定明确,使其对已方有利。一旦发生了确实需要对实质内容发生变更的事项,双方一定要协商一致,签订补充合同且尽快到招标投标办公室、建委备案。

六、"黑白合同"的结算

《施工合同司法解释(二)》第9条规定,发包人将依法不属于必须招标的建设工程进行招标后,与承包人另行订立的建设工程施工合同背离中标合同的实质性内容,当事人请求以中标合同作为结算建设工程价款依据的,人民法院应予支持。

发包人将依法不属于必须招标的建设工程进行招标后，与承包人另行订立的建设工程施工合同背离中标合同的实质性内容，当事人请求以中标合同作为结算建设工程价款依据的，人民法院应予支持，但发包人与承包人因客观情况发生了在招标投标时难以预见的变化而另行订立建设工程施工合同的除外。

《施工合同司法解释（二）》第10条规定，当事人签订的建设工程施工合同与招标文件、投标文件、中标通知书载明的工程范围、建设工期、工程质量、工程价款不一致，一方当事人请求将招标文件、投标文件、中标通知书作为结算工程价款的依据的，人民法院应予支持。

《施工合同司法解释（二）》第11条规定，当事人就同一建设工程订立的数份建设工程施工合同均无效，但建设工程质量合格，一方当事人请求参照实际履行的合同结算建设工程价款的，人民法院应予支持。实际履行的合同难以确定，当事人请求参照最后签订的合同结算建设工程价款的，人民法院应予支持。

从上述可知，虽《施工合同司法解释（一）》第21条明确规定"应当以备案的中标合同作为结算工程价款的根据"，但是《施工合同司法解释（二）》对此进行了修订和完善，规定不必然以"备案的中标合同作为结算工程价款的根据"，而是以"中标合同实质性内容"为根本依据，以另行订立的合同是否变更了中标合同的实质性内容，是否对当事人就实质性内容享有的权利义务造成了较大变化为标准，以诚实信用原则和公平原则为准绳，赋予法官自由裁量权，综合上述因素，做出裁决。对此，应分三种情况来处理。

（一）强制性招标工程，黑合同在白合同之后签订，以白合同为结算依据

从《施工合同司法解释（一）》第21条、《施工合同司法解释（二）》第1条及《招标投标法》第43条的规定来看，在同一工程项目中，黑合同如果签订在白合同之前，则属于在招标之前招标人与投标人对工程实质性内容进行谈判，属于串标行为，因违反《招标投标法》第43条导致黑白合同均无效。但在同一工程项目中，当黑合同在白合同之后签订，且白合同在招标投标过程中不存在违反《招标投标法》导致其无效的情形时，工程价款应

以白合同作为结算依据。

（二）属非强制性招标工程进行招标且白合同有效，以白合同为结算依据

从《施工合同司法解释（二）》第9条及《招标投标法》第2条规定来看，通常情况下当非强制性招标工程通过了招标程序，如果没有因违反《招标投标法》规定的导致合同无效的情形，应当以白合同为结算依据。如果非强制性招标投标工程项目没有通过招标程序为办理施工许可证而备案的，此时备案合同与实际履行合同存在实质性内容不一致的，应当以实际履行的合同为结算依据。

（三）黑白合同均无效但工程质量合格，以实际履行的合同结算，难以确定实际履行合同的以最后签订的合同结算

《施工合同司法解释（二）》第11条规定当黑白合同均无效，但工程质量合格时，首先选择实际履行的合同作为工程结算依据，但有时签订了多份合同，且多份合同均有实际履行，无法确定实际履行的合同时，应当以最后签订的合同作为工程结算依据。

案例7-7：裴某楠与陕西安同实业发展有限公司建设工程施工合同纠纷申诉、申请案——最高人民法院（2016）最高法民申784号民事裁定书

裁判要旨：招标人与中标人另行签订改变工期、工程价款等影响中标结果实质性内容的协议，导致合同当事人就实质性内容享有的权利义务发生较大变化的，则认定为变更中标合同实质性内容，应依据备案的《建设工程施工合同》而非《退场结算付款协议》结算工程价款。

裁判摘要：关于原判决认定的依据备案的《建设工程施工合同》而非《退场结算付款协议》结算工程价款是否正确的问题。首先，《退场结算付款协议》约定的计价标准不能作为结算依据。虽然《退场结算付款协议》第4条约定"决算标准按开挖至竣工全部工程包死价每平方米950元计算"，但也约定了裴某权对此结算有异议，付款后可通过协商解决，协商不成依法解决。由此可知，950元/平方米的固定单价包死价仅作为临时性结算方式，并非双方一致达成的最终结算意见。裴某权对此有异议，仍可协商乃至依法解决。即使考虑到裴某权向安同公司提起诉讼主张权利，一定程度上依据于《退场结算付款协议》，但双方未一致同意的计价标准也不能作为双方当事人结算工程价款的依据。

其次，安同公司与西京公司签订且备案的《建设工程施工合同》应作为结算的依据。安同公司与西京公司签订《建设工程施工合同》后，裴某权作为西京公司案涉工程项目承包人组织了施工，实际上履行了《建设工程施工合同》。在合同履行过程中，2005年8月16日安同公司与裴某权签订的《退场结算付款协议》，明确案涉工程更换项目承包人并由裴某权进行结算退场，西京公司也同意案涉有关工程款项由裴某权主张权利，西京公司不再就该部分工程款向安同公司主张权利，故裴某权可以依据安同公司与西京公司之间的《建设工程施工合同》结算工程价款。安同公司与西京公司在备案的建设工程施工合同之外，于2014年7月16日另行签订了《建设工程施工合同》，其中关于合同价款计算依据及承包方式约定："本工程为一次包死，包工包料，承包单价为每平方米950元……"安同公司主张双方另行签订的《建设工程施工合同》是双方实际履行的合同，并且双方对结算方式并无异议，故此合同也应成为裴×权与其结算的依据，即《退场结算付款协议》约定的按照950元/平方米固定单价包死。一般而言，招标人与中标人另行签订改变工期、工程价款等影响中标结果实质性内容的协议，导致合同当事人就实质性内容享有的权利义务发生较大变化的，则认定为变更中标合同实质性内容。根据西安普迈项目管理有限公司的鉴定结论，按照不同结算依据计算，造价分别为11,233,743.98元与7,364,453.77元，相差巨大，属于与中标合同实质性内容不一致。裴某权主张以备案的《建设工程施工合同》为计价标准，以《退场结算付款协议》为范围进行工程结算，根据《施工合同司法解释（一）》第21条的规定，当事人就同一建设工程另行订立的建设工程施工合同与经过备案的中标合同实质性内容不一致的，应当以备案的中标合同作为结算工程价款的根据。故原判决未按照《退场结算付款协议》而按照备案的《建设工程施工合同》进行结算，事实认定清楚，适用法律正确，并无不妥。

案例7-8：远海建工（集团）有限公司与新疆厚德置业有限公司哈密分公司建设工程施工合同纠纷案——最高人民法院（2016）最高法民终736号民事判决书

裁判要旨：案涉四份《建安工程施工补充协议》及《建设工程施工合同》均无效的情形下，具体应以哪一份合同作为参照，应结合双方的实际履行情况、工程成本等因素确定。

裁判摘要：案涉工程价款的结算依据如何确定的问题。在案涉四份《建安工程施工补充协议》及《建设工程施工合同》均无效的情形下，本案不再适用《施工合同司法解释（一）》第21条的规定，故《建设工程施工合同》虽为中标后签订，但不必然成为双方结算工程价款的根据。根据该司法解释第2条"建设工程施工合同无效，但建设工程经竣工验收合格，承包人请求参照合同约定支付工程价款的，应予支持"的规定，案涉工程已经竣工验收合格，应参照合同约定支付工程价款，具体应以哪一份合同作为参照，应结合双方的实际履行情况、工程成本等因素确定。比较同一期工程所对应的《建安工程施工补充协议》及《建设工程施工合同》的具体内容，《建安工程施工补充协议》对工程价款约定了固定平方米均价，《建设工程施工合同》约定了工程总价；《建安工程施工补充协议》约定固定平方米均价不包含采暖、塑钢窗等甲方分包工程的造价，《建设工程施工合同》对此则没有约定。根据一审判决认定，案涉工程的塑钢窗和地暖工程是由第三方而非远海公司施工，远海公司对此未提起上诉，应视为认可。远海公司在二审期间主张《建设工程施工合同》约定的工程总价亦是扣除了塑钢窗和地暖费用之后的价格，但《建设工程施工合同》对此没有体现，其提交的一期工程商务标和二期工程投标书反而在（概）预算书中列明了塑钢窗和地暖费用，投标价与预算费用虽有差额，但该差额与塑钢窗和地暖费用的数额也不能完全对应，故远海公司关于这一点的主张不能成立。综上，从约定的工程价款是否扣除了甲方分包的塑钢窗和地暖费用这个角度来看，双方实际履行的应为《建安工程施工补充协议》，应参照此协议约定的计算标准和计算方法认定工程价款。《建安工程施工补充协议》约定了平方米均价，乘以双方当事人均认可

的一审判决认定的案涉工程的建筑面积，案涉工程总造价应为
28,305,284.45元，一审判决对此认定并无不当，远海公司关于此点的上诉
理由不能成立。

**案例 7 - 9：新乡市新星房地产开发有限公司与河南省第二建设集团
有限公司建设工程施工合同纠纷案——河南省高级人民法院（2012）豫
法民一终字第 159 号民事判决书**

裁判要旨：施工合同约定的结算方式为固定价，而招标投标文件约定的
结算方式为以定额为基础扣除优惠率，且该施工合同和招标投标文件关于工
程质量的约定亦不同，违反了《招标投标法》的强行性规定，应以招标投标
文件作为双方结算工程价款的依据。

裁判摘要：关于石榴园小区 2 号楼工程价款结算依据的问题。该工程在
大项办监督下进行了招标投标，2004 年 5 月 10 日新星房产公司向省二建公
司发出中标通知书，2004 年 5 月 21 日双方签订了建设施工合同。但该施工
合同约定的结算方式为固定价，而招标投标文件约定的结算方式为以定额为
基础扣除优惠率，且该施工合同和招标投标文件关于工程质量的约定亦不同。
依据《招标投标法》第 46 条的规定，招标人和中标人应当自中标通知书发
出之日起 30 日内，按照招标文件和中标人的投标文件订立书面合同，不得再
行订立背离合同实质性内容的其他协议。2004 年 5 月 21 日签订的施工合同
与招标投标文件的实质性内容不一致，违反了《招标投标法》的强行性规
定。另大项办亦证明该施工合同未进行备案。因此，该施工合同不属于经过
备案的中标合同，不能作为双方工程价款结算的依据，应以招标投标文件作
为双方结算工程价款的依据。新星房产公司关于应以 2004 年 5 月 21 日施工
合同为工程价款结算依据的上诉理由不能成立。

**案例 7 - 10：湖南楚翰建设集团有限公司与张泽荣建设工程合同纠纷
再审审查、审判监督案——最高人民法院（2019）最高法民申 1246 号民
事裁定书**

裁判要旨：两份承包合同均无效的情况下，应以双方当事人真实履行的

合同作为认定涉案工程款参照合同约定结算的依据。

　　裁判摘要：关于是否应以《建筑工程承包合同》作为工程款结算依据的问题。《施工合同司法解释（一）》第 21 条规定："当事人就同一建设工程另行订立的建设工程施工合同与经过备案的中标合同实质性内容不一致的，应当以备案的中标合同作为结算工程价款的根据。"该规定的适用前提是备案的中标合同合法有效。《招标投标法》第 43 条规定："在确定中标人前，招标人不得与投标人就投标价格、投标方案等实质性内容进行谈判。"本案当事人签订并备案的《湖南省建设工程施工合同》因违反《招标投标法》第43 条规定而无效，楚翰公司不能以该合同为备案合同为由主张依据该备案合同结算工程款。《施工合同司法解释（一）》第 2 条规定："建设工程施工合同无效，但建设工程经竣工验收合格，承包人请求参照合同约定支付工程价款的，应予支持。"在当事人签订的两份承包合同均无效的情况下，原判决考虑到《建筑工程承包合同》系双方当事人真实履行的合同，该合同约定的结算条款更符合当事人的意思表示，故认定涉案工程款参照该合同约定结算，并无不当。楚翰公司主张《建筑工程承包合同》是汤保安、卢西松私刻公章私下与花板桥公司签订，该合同约定的结算标准低于市场成本价，但当事人未提供证据予以证明，该主张不能得到支持。

‖ 法律链接 ‖

一、法律法规

（一）《招标投标法》

　　第 46 条第 1 款　招标人和中标人应当自中标通知书发出之日起三十日内，按照招标文件和中标人的投标文件订立书面合同。招标人和中标人不得再行订立背离合同实质性内容的其他协议。

　　第 59 条　招标人与中标人不按照招标文件和中标人的投标文件订立合同的，或者招标人、中标人订立背离合同实质性内容的协议的，责令改正；可以处中标项目金额千分之五以上千分之十以下的罚款。

（二）《招标投标法实施条例》

　　第 57 条第 1 款　招标人和中标人应当依照招标投标法和本条例的规定签

订书面合同，合同的标的、价款、质量、履行期限等主要条款应当与招标文件和中标人的投标文件的内容一致。招标人和中标人不得再行订立背离合同实质性内容的其他协议。

第75条 招标人和中标人不按照招标文件和中标人的投标文件订立合同，合同的主要条款与招标文件、中标人的投标文件的内容不一致，或者招标人、中标人订立背离合同实质性内容的协议的，由有关行政监督部门责令改正，可以处中标项目金额5‰以上10‰以下的罚款。

（三）《建设工程价款结算暂行办法》

第22条 发包人与中标的承包人不按照招标文件和中标的承包人的投标文件订立合同的，或者发包人、中标的承包人背离合同实质性内容另行订立协议，造成工程价款结算纠纷的，另行订立的协议无效，由建设行政主管部门责令改正，并按《中华人民共和国招标投标法》第五十九条进行处罚。

（四）《建设工程施工发包与承包计价管理办法》

第12条 招标人与中标人应当根据中标价订立合同。不实行招标投标的工程由发承包双方协商订立合同。

合同价款的有关事项由发承包双方约定，一般包括合同价款约定方式，预付工程款、工程进度款、工程竣工价款的支付和结算方式，以及合同价款的调整情形等。

二、各地方司法指导意见

（一）《北京市高级人民法院关于审理建设工程施工合同纠纷案件若干疑难问题的解答》（京高法发〔2012〕245号）

15、"黑白合同"中如何结算工程价款？

法律、行政法规规定必须进行招标的建设工程，或者未规定必须进行招标的建设工程，但依法经过招标投标程序并进行了备案，当事人实际履行的施工合同与备案的中标合同实质性内容不一致的，应当以备案的中标合同作为结算工程价款的依据。

法律、行政法规规定不是必须进行招标的建设工程，实际也未依法进行招标投标，当事人将签订的建设工程施工合同在当地建设行政管理部门进行了备案，备案的合同与实际履行的合同实质性内容不一致的，应当以当事人实际履行的合同作为结算工程价款的依据。

备案的中标合同与当事人实际履行的施工合同均因违反法律、行政法规的强制性规定被认定为无效的，可以参照当事人实际履行的合同结算工程价款。

（二）《江苏省高级人民法院关于审理建设工程施工合同纠纷案件若干问题的解答》（2018年6月28日）

7、《建设工程司法解释》第21条黑白合同的规则，审判实践中如何适用？

强制招标投标的建设工程，经过招标投标的，当事人在招标投标之后另行签订的建设工程施工合同与经过备案的中标合同实质性内容不一致的，备案的中标合同有效，另行签订的合同无效，应当以备案的中标合同作为结算工程价款的依据。

强制招标投标的建设工程，当事人在招标投标之前进行了实质性协商签订了建设工程施工合同，后经过招标投标另行签订了一份实质性内容不一致的建设工程施工合同并进行备案的，前后合同均无效，参照双方当事人实际履行的合同结算工程价款。

非强制招标投标的建设工程，经过招标投标或备案的，当事人在招标投标或备案之外另行签订的建设工程施工合同与经过备案的合同实质性内容不一致的，以双方当事人实际履行的合同作为结算工程价款的依据。

合同履行完毕后当事人达成的结算协议具有独立性，施工合同是否有效不影响结算协议的效力。

（三）《江苏省高级人民法院关于审理建设工程施工合同纠纷案件若干问题的意见》（苏高法审委〔2008〕26号）

第11条 法律、行政法规规定必须要经过招标投标的建设工程，当事人实际履行的建设工程施工合同与备案的中标合同实质性内容不一致的，应当以备案的中标合同作为工程价款的结算根据；未经过招标投标的，该建设工程施工合同为无效合同，应当参照实际履行的合同作为工程价款的结算根据。法律、行政法规未规定必须进行招标投标的建设工程，应当以当事人实际履行的合同作为工程价款的结算根据；经过招标投标的，当事人实际履行的建设工程施工合同与中标合同实质性内容不一致的，应当以中标合同作为工程价款的结算根据。

（四）《江苏省高级人民法院建设工程施工合同案件审理指南》（2010）

三、招标投标情形下黑白合同效力的认定

（一）黑白合同的认定

法律、行政法规规定必须进行招标投标的建设工程，当事人实际履行的建设工程施工合同和备案的中标合同实质性内容不一致的，应当以备案的中标合同作为工程价款的结算根据；未经过招标投标的，该建设工程施工合同为无效合同，可以参照实际履行的合同作为工程价款的结算依据。法律、行政法规虽未规定必须进行招标投标的建设工程，但当事人依法履行了招标投标手续的，当事人实际履行的建设工程施工合同和中标合同实质性内容不一致的，应当以中标合同作为工程价款的结算依据。

1. 强制招标工程中黑白合同效力的认定

所谓强制招标工程是指根据法律或行政法规规定必须通过招标投标形式签署合同的建设工程。根据《招标投标法》第3条规定，在中华人民共和国境内进行下列工程建设项目包括项目的勘察、设计、施工、监理以及与工程建设有关的重要设备、材料等的采购，必须进行招标：①大型基础设施、公用事业等关系社会公共利益、公众安全的项目；②全部或者部分使用国有资金投资或者国家融资的项目；③使用国际组织或者外国政府贷款、援助资金的项目。前款所列项目的具体范围和规模标准，由国务院发展计划部门会同国务院有关部门制订，报国务院批准。法律或者国务院对必须进行招标的其他项目的范围有规定的，依照其规定。该法第4条规定，任何单位和个人不得将依法必须进行招标的项目化整为零或者以其他任何方式规避招标。强制招标工程若未通过招标程序签订工程合同的，则无论黑白合同，根据《合同法》第52条的规定，该合同均因违反法律的强制性规定而无效。若强制招标工程虽然通过招标程序，但是双方签订了黑白合同，则无论黑合同签署在白合同之前还是之后都属无效。

2. 非强制招标工程中黑白合同效力的认定

(1) 自主备案中的黑白合同问题

实践中存在既非强制招标投标项目，当事人又未自愿进行招标投标，但根据当地行政主管部门的要求，承、发包双方签订的施工合同必须备案。当事人在备案合同之外，另行签订实质性内容不同的合同且未备案的，是否属于黑合同？我们认为，非属强制招标投标范围的工程，备案与否不影响合同效力，不存在黑白合同的问题。当事人签订的合同尽管与备案的合同有实质性内容的不同，但并非不能作为结算的依据。此时对合同的认定，应以该合同是否违反法律禁止性规定，是否体现当事人真实意思表示进行判断。

(2) 自主招标中的黑白合同问题

《施工合同司法解释（一）》第1条规定"建设工程必须进行招标而未招标或者中标无效所订立的合同"作为无效合同对待。所谓必须进行招标投标的项目，即强制招标的范围，都是国家投资、融资项目，关系社会公共利益和公共安全的项目，或者使用国家统借外债的项目，招标投标法规定必须采用招标投标方式，以体现国家对这类民事活动的干预和监督。但实践中存在强制招标范围以外的一些项目，建设单位根据主管部门要求或者自愿进行招标投标并根据招标投标结果签订施工合同，将合同进行备案。如果在备案合同之外，当事人又签订实质性内容不同的合同且未备案，是否存在黑合同？对此问题实务中存在两种意见：一种意见认为，当事人自愿进行招标投标的项目，在备案的合同之外，如果又另行签订的合同并不违反法律禁止性规定，则不存在黑白合同的问题，根据合同是否体现当事人真实意思表示对其效力予以认定。另一种意见认为，虽然工程项目非强制招标投标范围，但当事人自愿进行招标投标，应当受《招标投标法》的约束，同样也存在黑白合同问题。我们赞同此说，因为招标投标法所保护的不仅是当事人自身的利益，更是对社会招标投标市场的规范，事关不特定投标人利益的保护，涉及市场竞争秩序的维护，因此，只要根据招标投标法进行的招标投标并因此签订的合同均应受该法约束，当事人不得在此之外签订黑合同。

（五）《广东省高级人民法院关于审理建设工程合同纠纷案件疑难问题的解答》（粤高法〔2017〕151 号）

7. 中标合同未在行政主管部门备案的，能否作为工程价款结算的依据

发包人经过合法招标投标程序与承包人签订的中标合同，即使没有在建设主管部门备案，亦应作为结算工程价款的依据。双方当事人在诉讼中均主张不按照合法的中标合同进行工程价款结算的，不予支持。

（六）《山东省高级人民法院 2011 年民事审判工作会议纪要》（鲁高法〔2011〕297 号）

（二）关于"黑白合同"认定的有关问题

对不属于《招标投标法》第 3 条规定的强制招标的建设工程所签订的建设工程施工合同，是否适用《施工合同司法解释（一）》第 21 条的规定，即是否存在着"黑白合同"的问题。不论是自愿招标发包还是强制招标发包的建设工程，只要按照招标投标法的规定，通过招标投标方式签订的建设工程施工合同，就应当符合法律的规定，发包人和承包人应当根据中标通知书签订建设工程施工合同，不得另行签订与中标合同实质性内容不一致的合同，即"黑白合同"。

建设单位直接发包的工程，即建设工程无需招标的，但当事人双方自愿将签订的建设工程施工合同到建设行政主管部门备案的，此后又签订与备案合同实质性内容不一致的合同，此种情形不适用"黑白合同"的认定规则。

关于"黑白合同"的法律效力问题，《施工合同司法解释（一）》第 21 条并未对"黑白合同"的效力做出评判，只是规定将"白合同"作为结算工程价款的依据，因此，在审判实践中不宜对"黑白合同"的法律效力进行认定。

依据《招标投标法》第 46 条和《最高人民法院关于审理建设工程施工合同案件适用法律的解释》第 21 条的规定，招标人和中标人按照中标文件签订建设工程施工合同后，中标人单方出具让利承诺书，承诺对建设工程予以让利，实质上变更了中标合同中的价格条款，构成对中标价格的实质性背离，故属于"黑合同"的性质，因其违反了招标投标法的强制性规定，应当认定让利承诺书无效。

（七）《重庆市高级人民法院关于当前民事审判若干法律问题的指导意见》（2007年11月22日市高级人民法院审委会第564次会议通过）

12、"黑白合同"及备案合同。经过招标投标的项目，发包人与承包人签订两份合同的（即所谓"黑白合同"），在双方因工程款结算发生纠纷时，应以中标合同即"白合同"作为结算工程款的依据。

不是必须招标投标的项目，实际也未经过招标投标程序，发包方直接与承包方签订建设工程施工合同，并按照建设行政主管部门的规定，将施工合同在相关行政管理部门予以登记备案，但由于种种原因，登记备案的合同与发包方和承包方在先签订的施工合同在价款、质量和工期等方面存在较大差异的，应当探究当事人的真实意思和合同的实际履行情况，确定一份合同作为结算依据，登记备案的合同并不必然作为双方的结算依据。如果当事人在登记备案合同中减少工程款额的目的仅是为了降低其缴费基数，则应认定以另一份合同作为双方的结算依据。

（八）《四川省高级人民法院关于审理涉及招标投标建设工程合同纠纷案件的有关问题的意见》（2010年6月22日四川省高级人民法院审判委员会第33次会议讨论通过）

第二条　当事人就同一建设工程另行订立的合同与合法有效的备案中标合同实质性内容不一致的，人民法院应当严格按照《最高人民法院关于审理建设工程施工合同纠纷案件适用法律问题的解释》第二十一条的规定，以备案的中标合同作为结算工程款的依据。

（九）《四川省高级人民法院关于审理建设工程施工合同纠纷案件若干疑难问题的解答》（川高法民一〔2015〕3号）

21. 存在"黑白合同"的建设工程，如何结算工程价款？

法律、行政法规规定必须进行招标的建设工程，或者未规定必须进行招标的建设工程，但依法经过招标投标程序并进行了备案，当事人实际履行的施工合同与备案的中标合同实质性内容不一致的，应当以备案的中标合同为结算工程价款的依据。

不是法律，行政法规规定必须进行招标的建设工程，且未进行实质意义的招标投标，当事人均明确表示签订的中标合同仅用于于当地建设行政主管部门备案，备案的合同与实际履行的合同实质性内容不一致的。应以反映当事人真实意思表示的实际履行的合同结算工程价款。

备案的中标合同与当事人实际履行的建设工程施工合同均因违反法律，行政法规的强制性规定被认定为无效的，应参照当事人实际履行的合同结算工程价款。

（十）《浙江省高级人民法院民事审判第一庭关于审理建设工程施工合同纠纷案件若干疑难问题的解答》（浙法民一〔2012〕3号）

十五、如何认定"黑白合同"？

认定"黑白合同"时所涉的"实质性内容"，主要包括合同中的工程价款、工程质量、工程期限三部分。对施工过程中，因设计变更、建设工程规划指标调整等客观原因，承、发包双方以补充协议、会谈纪要、往来函件、签证等洽商纪录形式，变更工期、工程价款、工程项目性质的书面文件，不应认定为《中华人民共和国招标投标法》第46条规定的"招标人和中标人再行订立背离合同实质性内容的其他协议"。

十六、对"黑白合同"如何结算？

当事人就同一建设工程另行订立的建设工程施工合同与中标合同实质性内容不一致的，不论该中标合同是否经过备案登记，均应当按照《施工合同司法解释（一）》第二十一条的规定，以中标合同作为工程价款的结算依据。

当事人违法进行招标投标，当事人又另行订立建设工程施工合同的，不论中标合同是否经过备案登记，两份合同均为无效；应当按照《施工合同司法解释（一）》第二条的规定，将符合双方当事人的真实意思，并在施工中具体履行的那份合同，作为工程价款的结算依据。

（十一）《湖北省高级人民法院民事审判工作座谈会会议纪要》（2013年9月）

35、经过招标投标的项目，发包人与承包人签订两份实质性内容不一致合同的（即所谓"黑白合同"），在双方因工程款结算发生纠纷时，应以中标合同即"白合同"作为结算工程款的依据。

必须经过招标投标的项目，发包人与承包人存在恶意串标、虚假招标的行为，双方签订的"黑白合同"均无效，但工程经竣工验收合格，承包人请

求结算工程款的,区分情况处理:

(1)"黑白合同"中对工程结算方式约定一致的,按合同约定结算工程价款;

(2)"黑白合同"中对工程结算方式约定不一致的,参照"白合同"的约定结算工程价款,"黑白合同"结算价款之间差价作为因合同无效造成的损失,根据发包人和承包人各自责任的大小进行分担。

恶意串标、虚假招标情节严重的,人民法院可酌情予以民事制裁。

工程不是必须招标投标的项目,实际也未经过招标投标程序,但按照建设行政主管部门的规定,将施工合同在相关行政管理部门予以登记备案,该备案合同内容与发包方和承包方另行签订的施工合同不一致的,以当事人实际履行合同作为结算工程款的依据。

(十二)《徐州市中级人民法院进一步规范关于审理建设工程施工合同纠纷案件的若干问题》(2015年8月26日发布)

【黑白合同的工程价款怎么结算?】

建设工程施工合同所涉工程不属于强制性招标投标范围,双方进行了招标投标,并按当地建设行政主管部门的要求进行了备案,当事人实际履行的施工合同与备案的中标合同实质性内容不一致的,应当以备案的中标合同作为结算工程价款的依据。

如有证据证明上述备案合同系双方的虚伪意思表示,则应参照双方实际履行的合同作为结算工程价款的依据。

建设工程施工合同所涉工程不属于强制性招标投标范围,实际也未依法进行招标投标,当事人将签订的建设工程施工合同在当地建设行政主管部门进行了备案,备案的合同与实际履行的合同实质性内容不一致的,应当以当事人实际履行的合同作为结算工程价款的依据。

(十三)《绍兴市中级人民法院民事审判庭关于审理建设工程施工合同纠纷案件若干问题的意见(试行)》

10. 当事人在中标合同之外,又另行签订有与中标合同实质性内容不同的施工合同,工程价款结算应当以哪个合同为依据?

答:法律、行政法规规定必须进行招标的建设工程,当事人实际履行的建设工程施工合同与备案的中标合同实质性内容不一致的，以备案的中标合同作为工程价款的结算依据。

法律、行政法规未规定必须进行招标的建设工程，当事人实际履行的建设工程施工合同与备案的中标合同实质性内容又不一致的，可结合案件实际、衡平当事人利益予以认定。

实质性内容主要是指建设工程施工合同在工程价款、工程质量、工程期限三部分的内容。

（十四）《宣城市中级人民法院关于审理建设工程施工合同纠纷案件若干问题的指导意见（试行）》（2013 年 2 月 6 日发布）

第 15 条第 1 款　法律、法规规定必须进行招标的建设工程，当事人实际履行的建设工程施工合同与备案的中标合同实质性内容不一致的，应当以备案的中标合同作为工程款的结算依据；未经招标的，建设工程施工合同无效，但工程经竣工验收合格的，当事人请求参照合同约定支付工程款的，人民法院应予支持。

（十五）《青岛市中级人民法院民事审判例释——建设工程篇》

九、如何处理"黑白"合同？

答：根据《解释》第二十一条的规定，"当事人就同一建设工程另行订立的合同与经过备案的中标合同实质性内容不一致的，应当以备案的中标合同作为结算工程款的根据"。当"黑合同"约定的工程价款、质量、工期等重大事项与中标合同存在较大差异时，应以中标合同约定的条款作为结算工程款的依据。对"备案的中标合同"应作严格的文义解释，应限于根据有关规定必须进行招标投标且确实进行了招标投标活动并根据招标投标结果签订了合同；未进行招标投标活动或者未进行实质意义上的招标投标活动而编造的当事人明确表示仅用于备案以办理建设工程手续的"中标合同"，不属于《解释》规定的"备案的中标合同"，不能作为结算工程款的依据。另外，中标合同是否备案不影响中标合同的生效，而只是从证据法意义上确定以备案的合同作为结算工程款的依据。

（十六）《深圳仲裁委关于审理建设工程施工合同案件若干问题的意见》

五、关于工程结算

（一）当事人就同一建设工程另行订立的建设工程施工合同与经过备案

的中标合同实质性内容不一致的，一般以备案中标合同作为结算依据。但中标合同签订后，发包人改变了原工程设计，如建设工程项目不属于《中华人民共和国招标投标法》第三条规定的必须招标投标的工程建设项目，以后签合同为结算依据；如建设工程项目属于《中华人民共和国招标投标法》第三条规定的必须招标的工程建设项目，中标合同签订后发包人改变原设计，但并不构成实质性改变的，亦以后签合同为结算依据。

▌延伸阅读▌

1. 程新文："招投标建设工程'阴阳合同'结算问题的处理原则"，黄松有主编、最高人民法院民事审判第一庭编：《民事审判指导与参考》[2004年第4集（总第24集）]，法律出版社2005年版。

2. 冯小光："回顾与展望——写在《最高人民法院关于审理建设工程施工合同纠纷案件适用法律问题的解释》颁布实施三周年之际"，见黄松有主编、最高人民法院民事审判第一庭编：《民事审判指导与参考》[2008年第1集（总第33集）]，法律出版社2008年版。

专题八

非必须招标工程项目的结算

《施工合同司法解释（二）》第 9 条对于非必须招标工程项目结算的规定很大程度上解决了该问题，但该条适用的范围仅是"发包人将依法不属于必须招标的建设工程进行招标后，与承包人另行订立背离中标合同实质内容的建设工程施工合同的情形"。实际上，还存在一个问题，即非必须招标工程项目在招标之前双方就实质性内容已经达成相应共识，其后又进行了招标投标程序，此时如何结算。

一、非必须招标工程项目的范围

《招标投标法》第 3 条明确了必须招标的范围，主要为：①大型基础设施、公用事业等关系社会公共利益、公众安全的项目；②全部或者部分使用国有资金投资或者国家融资的项目；③使用国际组织或者外国政府贷款、援助资金的项目。其后，《必须招标的工程项目规定》对必须招标的范围进行了详细规定。由于在必须招标项目部分已经对此详细阐述，笔者在此不再赘述。除必须招标项目之外的工程均属于非必须招标工程项目的范围。

需要注意的一个问题是，《必须招标的工程项目规定》中既已将"商品住宅项目"删除，那是不是商品住宅项目就属于非必须招标的范围？其实并非如此，应分情况来定。2014 年《住房城乡建设部关于推进建筑业发展和改革的若干意见》提出"调整非国有资金投资项目发包方式，试行非国有资金投资项目建设单位自主决定是否进行招标发包"。其中有两点值得注意：一是如果项目属于使非国有资金自主发包的，不再强制招标，二是如果项目使用的是国有资金，则还是应按照《招标投标法》进行招标。

二、非必须招标项目选择适用招标程序

从目前法律规定来看，并未禁止非必须招标项目适用招标程序，因此，属于可以选择适用情形。招标投标程序实质上是通过竞争的方式比价、选择的交易过程，并且其有很多优点：①可以节约资金、提高商品或服务的质量；②通过引入竞争机制，创造公平竞争的市场环境；③在竞争机制下，市场主体之间的竞争能够优化社会资源配置；④有利于抵制不正当竞争，防止腐败。正因为招标投标程序有很多优点，所以很多非必招标工程项目也选择通过招标投标方式进行交易。[①] 对于非必须招标工程，如果招标人选择适用招标程序，则应依法按招标投标法规定的招标流程进行。

三、非必须招标工程项目进行招标的特点

必须招标工程项目与非必须招标工程项目在招标程序上差别不大，但是非必须招标工程，招标人在非关键性程序上可以自己掌握，如：①非必须招标工程项目的招标范围、招标方式可由招标人自行决定，不需要向有关部门备案；②非必须招标工程项目的编制招标文件选择权更大一些，可以约定是否适用相关部门制定的标准示范文本；③非必须招标工程项目对于提交资格预审文件的时间规定比较宽松；④非必须招标工程项目在确定中标人时标准和程序相对较少，企业更有自主权，如中标公示期要求。

从上述特点可以看出，非必须招标工程项目在进行招标时的自主选择性更强，通过招标程序很大程度上能使相关的项目资料得到很好保留，一旦发生纠纷，它们可以作为有利的证据使用，起到很好的风险防范作用，因此，笔者建议非必须招标项目最好通过招标方式确定中标人。

---

① 最高人民法院民事审判第一庭编著：《最高人民法院建设工程施工合同司法解释（二）理解与适用：条文·释义·原理·实务》，人民法院出版社 2019 年版，第 204 页。

四、正确理解《施工合同司法解释（二）》第9条含义

《施工合同司法解释（二）》第9条规定："发包人将依法不属于必须招标的建设工程进行招标后，与承包人另行订立的建设工程施工合同背离中标合同的实质性内容，当事人请求以中标合同作为结算建设工程价款依据的，人民法院应予支持，但发包人与承包人因客观情况发生了在招标投标时难以预见的变化而另行订立建设工程施工合同的除外。"

1. 依法不是必须招标的工程项目，招标后又订立了背离合同实质内容的合同

依法不是必须招标的项目如果当事人没有履行招标投标程序，订立合同后再进行招标，招标后订立的合同并没有背离实质性内容则不在此范围。还要注意的是，不是只要与工程范围、工程质量、建设工期和工程价款不一致就是实质性变更，同时还有量的要求。

2. 履行招标投标程序且中标合同有效

当事人应履行招标投标法定程序，依《中标通知书》记载的实质性内容签订正式的施工合同；如果因违反《招标投标法》而中标无效或其他原因导致施工合同无效，则不适用此规则，不能以中标合同作为价款结算的依据，而应适用实际履行的合同作为结算工程款的依据。如果没有履行招标投标程序，不适用此条。

3. 不包括发包人与承包人因客观情况发生了在招标投标时难以预见的变化而另行订立建设工程施工合同的情况

由于建设工程施工合同履约周期长、不确定因素多、影响范围广，故施工合同的实质性条款变化是必然的，一成不变的建设工程施工合同通常是不存在的。法律只是禁止在合同订立过程中，客观因素没有发生根本改变情况下，为规避法律，另行订立根本违背中标合同"实质性内容"的合同，但并不否认在合同履行过程中由于客观情况变化的依法变更。

这一条应该如何理解？这个变化是指发出中标通知书后30日内的变化，还是合同履行中发生的变化都包括在内？

根据《2011年全国民事审判工作会议纪要》中"四、关于建设工程合同

纠纷案件"中的规定可知，协议变更合同是法律赋予合同当事人的一项基本权利。该纪要第 23 条规定："……建设工程开工后，因涉及变更、建设工程规划指标调整等客观原因，发包人与承包人通过补充协议、会议纪要、来往函件、签证等洽商记录形式变更工期、工程价款、工程项目性质的，不应认定为变更中标合同的实质性内容。"

《建设工程施工合同（示范文本）》的通用条款通常认为该条属于交易习惯，在最高人民法院〔2015〕民提字第 30 号浙江花园建设集团有限公司与陕西盛坤房地产开发有限责任公司建设工程施工合同纠纷一案中，最高人民法院认为"案涉合同中的通用条款，作为建筑行业的合同签订示范文本，体现了行业交易惯例"。《山东省高级人民法院 2008 民事审判工作会议纪要》（鲁高法〔2008〕243 号）、《江苏省高级人民法院关于审理建设工程施工合同纠纷案件若干问题的意见》（苏高法审委〔2008〕第 26 号）都将通用条款解释为或等同于建筑行业交易习惯。

根据 2017 版《建设工程施工合同（示范文本）》（GF—2017—0201）第 10、11 条，合同履行过程中因设计变更、规划调整、价格异常波动引起合同内容的调整或补充，属于合同的变更，不能认定为实质性内容的背离。

最高人民法院民事审判第一庭编著的《最高人民法院建设工程施工合同司法解释（二）理解与适用：条文·释义·原理·实务》一书认为，客观情况发生的变化一般包括如下情形：①招标投标后建设工程的原材料、工程设备价格变化超过了正常价格涨跌幅度；②招标投标后人工单价发生了重大变化。

因客观情况的变化和《2011 年全国民事审判工作会议纪要》规定的精神是一致的，可以解释为但书条款，是对《2011 年全国民事审判工作会议纪要》这一原则的确认。

因客观情况的变化属于正常变更，既然是正常变更，此时也应将其作为结算依据另行结算，而不是按中标合同结算。

我们可以进一步思考，第 1 条既适用强制招标，也适用自主招标，那么强制招标是否适用本条但书条款？本条但书条款除了于适用结算外，是否适用工程范围、工程质量、建设工期、工程价款等实质性内容权利和义务的确定？笔者认为基于法理，都是可以类推适用的。

4. 如何理解"另行"订立

有观点认为，对于条文中出现的两个"另"，从字面意思理解，第一个"另"为"另前"和"另后"：第二个"另"仅为"另后"。而且，《施工合同司法解释（二）》第9条规定，排除了有条件限制（难以预见）的"另后"。

笔者并不赞同此观点，《招标投标法》46条中使用的是"再"字，从文义解释来看，"再"字表明了对之后行为的禁止，《施工合同司法解释（一）》第21条中的"另"亦为此意，然而司法实践中一直存在诸多曲解。《施工合同司法解释（二）》第9条明确的表达为"……后，与承包人另……"其实就是想回归《招标投标法》本意，表示对之后行为的禁止。且招标投标之前的"另行订立合同"构成了对招标投标的串通，此行为本身和黑白合同不是一种法律关系，串通行为所带来的合同无效和黑白合同所引起的法律后果也完全不同，不应该将两者混淆。

五、非必须招标工程结算

（一）招标后，当事人另行签订背离中标合同的实质性内容的合同

按照《施工合同司法解释（二）》第9条的规定，此种情况当事人请求按照中标合同作为结算依据的，人民法院应予支持。但如果当事人未以中标合同作为计算依据，到底以哪一份合同作为结算依据呢？

《施工合同司法解释（一）》第21条规定："当事人就同一建设工程另行订立的建设工程施工合同与经过备案的中标合同实质性内容不一致的，应当以备案的中标合同作为结算工程价款的根据。"该条款在具体适用的过程中，带来了新的争议。有的法院认为该条既适用依法必须招标项目也适用自主招标项目，有的法院认为只适合依法必须招标项目。

最高人民法院认为，"备案的中标合同"应具备以下条件：一是属应当招标的工程项目。《招标投标法》第3条对哪些工程项目应当招标做出了明确规定，体现了公权力对建筑市场的规制。二是履行了招标投标法定程序，依《中标通知书》记载的实质性内容签订了正式的施工合同。三是《中标通知书》为认定合同效力的实质性条件。《招标投标法》第45条第2款规定：

"中标通知书对招标人和中标人具有法律效力。"① 最高人民法院的观点具有较强指导意义。这就进一步澄清了《施工合同司法解释（一）》第21条仅适用依法必须招标项目，不适用自主招标项目的争议。

但是，这又带来了新的问题，发包人将依法不属于必须招标的建设工程进行招标后，与承包人另行订立的建设工程施工合同背离中标合同的实质性内容，应当以哪份合同作为结算的依据？

一种观点是以中标合同为工程价款结算依据，如2018年《河北省高级人民法院建设工程施工合同案件审理指南》第8条规定："法律、行政法规未规定必须进行招标投标的建设工程，经过合法有效的招标投标程序的，当事人实际履行的建设工程施工合同与备案中标合同实质性内容不一致的，应当以中标合同作为工程价款的结算根据。"

另一种观点是以实际履行合同为工程价款结算依据，如2013年《安徽省高级人民法院关于审理建设工程施工合同纠纷案件适用法律问题的指导意见（二）》第7条规定："不属于依法必须招标的建设工程，发包人与承包人又另行签订并实际履行了与备案中标合同不一致的合同，当事人请求按照实际履行的合同确定双方权利义务的，应予支持。"

需要注意的是，2010年《江苏省高级人民法院建设工程施工合同案件审理指南》第3条规定认为应当采取中标合同结算，但2018年《江苏省高级人民法院关于审理建设工程施工合同案件若干问题的解答》第7条认为应按实际履行合同的结算，由此我们可以看出江苏省高级人民法院考量价值的转变。

案例8-1：北京冶科纳米科技有限公司与北京隆盛翔建筑工程有限公司建设工程施工合同纠纷案——北京市第三中级人民法院（2014）三中民终字第14245号民事判决书

裁判要旨：本案虽属于自主招标工程，但同样适用《招标投标法》第46条规定，因为招标投标法所保护的不仅是当事人自身的利益，更是对社会招

---

① 奚晓明主编、最高人民法院民事审判第一庭编：《民事审判指导与参考》［总第56辑（2013.4）］，人民法院出版社2014年版，第229-230页。

标投标市场的规范，事关对不特定投标人利益的保护，涉及市场秩序的维护，备案的中标合同应作为结算工程价款的依据。

裁判摘要：根据双方当事人的诉讼请求与答辩意见，本案的争议焦点是，双方于 2012 年 6 月 14 日签订的经过通州区建委备案的建设工程施工合同和 2012 年 5 月 20 日签订的未经备案的建设工程施工合同，两份合同中应当以哪份合同作为结算工程价款的根据。

首先，依据《招标投标法》第 46 条之规定：招标人和中标人不得再行订立背离合同实质性内容的其他协议。招标投标程序是一种特殊的订立合同的方式，法律对于通过招标投标程序订立合同的内容变更存在特殊规定。招标投标法的立法目的在于规范招标投标活动，保护国家利益、社会公共利益和招标投标活动当事人的合法权益，保证工程项目质量，其对于中标合同的变更作了比合同法更为严格的规定，即招标人和中标人签订中标合同后，不得另行订立与中标合同内容有实质性变更的合同。

其次，依据《施工合同司法解释（一）》第 21 条之规定：当事人就同一建设工程另行订立的建设工程施工合同与经过备案的中标合同实质性内容不一致的，应当以备案的中标合同作为结算工程价款的依据。该司法解释规定的目的在于维护招标投标程序的效力，杜绝"阴阳"合同，以规范建筑市场秩序。

最后，招标投标双方在同一工程范围下另行签订的变更工程价款、计价方式、施工工期、质量标准等中标结果的协议，应当认定为《施工合同司法解释（一）》第 21 条规定的实质性内容变更。

根据上述规定，就本案而言，2012 年 6 月 14 日签订的合同系采用招标投标程序而订立的，且已经过备案，属于有效合同。相比于该份备案合同，2012 年 5 月 20 日签订的未备案合同在工程总价、工程款支付方式、施工工期等实质性内容方面存在变更。虽然该合同签订在先，但仍然违反了《招标投标法》第 46 条不得另行订立与中标合同内容有实质性变更的合同之规定。此外，本案虽属于自主招标工程，但同样适用《招标投标法》第 46 条之规定，因为招标投标法所保护的不仅是当事人自身的利益，更是对社会招标投标市场的规范，事关不特定投标人利益的保护，涉及市场秩序的维护。因此，本案应当以 2012 年 6 月 14 日备案的中标合同作为结算工程价款的依据。原审法院以备案合同确定的工程款数额，结合洽商变更部分工程造价鉴定数额，并扣除质保金及已支付工程款数额确定冶科纳米公司向隆盛翔公司支付相应的工程款数额，于法有据。

案例 8-2：歌山建设集团有限公司与福建省恒顺融资担保股份有限公司建设工程施工合同纠纷案——最高人民法院（2015）民一终字第 70 号民事判决书

裁判要旨： 非必须招标工程项目存在多个施工合同的，应以体现双方当事人真实意思表示的合同作为履行依据。

裁判摘要： 关于《施工合同》及《补充协议》的效力如何认定的问题。依据国务院批准、原国家发展计划委员会发布的《工程建设项目招标范围和规模标准规定》第 3 条规定，"关系社会公共利益、公众安全的公用事业项目的范围包括：（一）供水、供电、供气、供热等市政工程项目；（二）科技、教育、文化等项目；（三）体育、旅游等项目；（四）卫生、社会福利等项目；（五）商品住宅，包括经济适用住房；（六）其他公用事业项目"。在此基础上，该规定第 7 条进一步对工程建设项目必须进行招标的规模做了规定。根据已查明事实，案涉工程项目的规划用途为办公和酒店经营，不在该规定第 3 条列举的范围之内，也不具有为社会公众提供公共服务的性质，应不属于"公用事业项目"，因此不属于必须进行招标的工程建设项目。原审判决仅依据工程规模将案涉工程项目认定为必须进行招标的项目，在法律适用上存在错误。

对于不属于必须进行招标的工程建设项目，在双方当事人既进行了招标，又另行签订了协议的情形下，应以体现双方当事人真实意思的合同作为履行依据。根据已查明事实，本案双方当事人在招标前已经签订了《施工合同》，就案涉工程项目的造价、价款支付等做了约定，在招标结束后，又签订了《补充协议》，对《施工合同》做了进一步确认、补充和修改。双方当事人对《施工合同》和《补充协议》的真实性均予以认可。法院认为，《施工合同》和《补充协议》作为双方当事人的真实意思表示，应具有法律约束力。虽然在《施工合同》签订后、《补充协议》签订前，双方进行了招标投标活动，但并未形成中标合同，并且签订在后的《补充协议》也已经对之前做出的意思表示做了变更，故在认定双方当事人的权利义务时，应以《补充协议》以及《补充协议》再次确认的《施工合同》作为合同依据。至于双方当事人在此过程中存在的中标后未按照招标文件和投标文件订立合同等违反《招标投标法》相关规定的行为，应依法接受行政处罚，不属于民事案件的审理范围。综上，《施工合同》和《补充协议》为双方当事人的真实意思表示，不违反法律、行政法规的强制性规定，应为合法有效，双方当事人应依约履行。

（二）招标前签订了施工合同，其后又履行了招标程序签订了中标合同

《招标投标法》第 55 条关于"招标前的实质性谈判"只是针对招标投标法规定的必须招标项目，而对于必须招标项目在招标之前签订的施工合同或者"标前协议"并不适用必须招标的规定，因而，笔者认为不会对中标产生影响而导致中标合同无效。也就是说，非必须招标工程，在《中标通知书》前签订的施工合同违反管理性强制规定的，并非效力性强制规定，若当事人意思表示真实，应视为有效合同。

非必须招标工程，双方订立施工合同后，又自愿通过招标投标订立中标合同，并不违反《招标投标法》第 55 条之规定。

江苏省高级人民法院潘军峰法官认为，"对于非强制招标投标的项目，应当区分情况：①招标投标的合同非双方真实意思表示的，根据《民法总则》第 146 条规定，行为人与相对人以虚假的意思表示实施的民事法律行为无效，故当事人招标投标签订的备案合同无效，但当事人事先签订的协议并不违反法律规定的强制性规定，该协议有效，此时应当根据双方当事人实际履行的协议即事先签订的协议作为结算工程价款的依据。②招标投标的合同系双方真实意思表示的，此时前后两份合同均有效，在后的合同视为对之前合同的变更，故应以在后签订的合同作为结算工程价款的依据。"①

笔者认为这个观点还是恰当的，也就是说，标前合同是有效合同，若不存

---

① 潘军峰："建设工程价款结算审判疑难问题研究"，载《法律适用》2019 年第 5 期。

在招标人与投标人通谋串标情形，则中标合同亦属有效，根据《合同法》中标合同系对标前合同的变更，此时应当以中标合同作为结算依据；若存在招标人与投标人通谋串标，则中标合同无效，此时应以标前合同作为结算依据。

案例 8 - 3：河北省乾荣城市建设有限公司与石家庄市麟凯房地产开发有限公司建设工程施工合同纠纷案——最高人民法院（2015）民申字第 280 号民事裁定书

裁判要旨： 从时间上看，《建设工程施工合同》在《中标通知书》前签订。但涉案工程不属于必须招标项目，虽然违反《招标投标法》第 43 条规定，但不必然无效。

裁判摘要： 2005 年 10 月 17 日，乾荣公司与麟凯公司在招标投标前签订《建设工程施工合同》，约定麟凯公司将涉案工程发包给乾荣公司施工，标的是 1,900 万元，合同工期是 396 天。后该项目进行公开招标投标，并于 2005 年 11 月 17 日开标，2005 年 11 月 23 日项目发包人通知乾荣公司以 19,465,735.3 元中标该工程施工，工期为 760 天。工程开工建设后，因麟凯公司不支付工程进度款导致项目停工，双方因工程款结算问题诉至法院，合同效力问题成为案件争议的焦点。

从时间上看，《建设工程施工合同》在《中标通知书》前签订。《招标投标法》第 43 条规定："在确定中标人前，招标人不得与投标人就投标价格、投标方案等实质性内容进行谈判。"违反该规定的，对属《招标投标法》第 3 条规定必须进行招标的建设项目，《招标投标法》第 55 条规定中标无效，但对不属《招标投标法》第 3 条规定必须进行招标的建设项目，《招标投标法》中并无相应条款规定中标无效。可见，《招标投标法》第 43 条规定系从行政管理角度规范招标人在公开开标前订立合同的要求，属于管理性强制性规定，并非效力性强制性规定。而本案工程既非大型基础设施、公用事业等关系社会公共利益、公众安全的项目，亦非全部或者部分使用国有资金投资或者国家融资的项目，更非使用国际组织或者外国政府贷款、援助资金的项目，即不属《招标投标法》第 3 条规定必须进行招标的建设项目。据此，上述《建设工程施工合同》在《中标通知书》前签订，虽然违反《招标投标法》第

43 条规定，但不必然无效，二审判决认定有效，适用法律并无不当。乾荣公司申请再审提出无效的理由，缺乏事实和法律依据，不能成立。

案例 8－4：重庆华昊房地产开发有限公司与重庆渝永建设（集团）有限公司建设工程施工合同纠纷案——最高人民法院（2015）民申字第 3242 号民事裁定书

裁判要旨：涉案工程不属于必须招标范围，《施工合同补充协议》与《建设工程施工合同》均是当事人真实意思表示，合法有效。

裁判摘要：关于《施工合同补充协议》与《建设工程施工合同》的效力问题。首先，华昊公司与渝永公司签订《施工合同补充协议》以及《建设工程施工合同》是双方真实意思表示；其次，涉案富华大厦工程属于华昊公司自有资金建设，根据重庆市建设委员会渝建发〔2007〕159 号《关于非国有资金投资建设工程施工承发包监督管理有关事项的通知》要求，对全部使用非国有资金投资的建设工程施工发包，应充分尊重非国有资金投资主体发包自主性，由发包人自主决定发包方式，自主决定是否进入有形建筑市场开展承发包活动，自主依法组织承发包活动。结合《重庆市房屋建筑和市政基础设施工程项目施工招标投标管理办法》《重庆市工程建设项目招标范围和规模标准规定的通知》，可以看出自 2007 年 8 月开始，在重庆市范围内对自筹资金开发的商品房项目已采取自主发包模式，涉案富华大厦工程在当时的重庆市辖范围内已不属于必须招标的工程项目范围。综上，华昊公司关于上述两份合同应认定无效的申请理由不能成立。

案例 8－5：石家庄三建建业集团有限公司与被申请人石家庄恒丰房地产开发有限公司建设工程施工合同纠纷案——最高人民法院（2015）民申字第 11 号民事裁定书

裁判要旨：涉案工程不属于必须招标项目，《建设工程施工合同》因当事人双方的招标投标行为明显存在串通行为而无效，《建筑工程协议》是案涉唯一合法有效的施工合同，应以此作为确定工程款数额的依据。

裁判摘要：三建公司的该项申请理由不成立。首先，本案中双方当事人共签订了两份施工合同，第一份施工合同《建筑工程协议》合法有效。根据《招标投标法》第 3 条以及国家发展计划委员会《工程建设项目招标范围和规模标准规定》第 3 条第（六）项的规定，本案诉争建设项目不属于法定的必须进行招标的工程建设项目，且三建公司具备与承揽的讼争工程项目相适应的法定资质等级。因此，双方自主签订《建筑工程协议》并不违反法律强制性规定，且签约时双方意思表示真实，合同内容合法，因此依法认定该协议有效。

其次，第二份施工合同《建设工程施工合同》因当事人双方的招标投标行为明显存在串通行为而无效。第一，《招标投标法》第 53 条规定："投标人相互串通投标或者与招标人串通投标的，中标无效。"本案中，恒丰公司与三建公司于 2009 年年底 2010 年年初履行招标投标程序并备案，但三建公司实际于 2009 年 5 月份即进场施工，并在 2009 年年底就完成了工程的主体施工，恒丰公司也支付了大部分工程款，招标投标材料中的工程量清单报价表所载工程情况也与事实不符，故双方的招标投标行为明显存在串通行为，该中标应属无效。依据《合同法》第 52 条第（二）项的规定，在此基础上签订的《建设工程施工合同》无效。第二，《施工合同司法解释（一）》第 21 条规定："当事人就同一建设工程另行订立的建设工程施工合同与经过备案的中标合同实质性内容不一致的，应当以备案的中标合同作为结算工程价款的根据。"该条适用的前提条件是招标投标程序合法有效，本案显然不满足这一适用条件。第三，根据监理单位河北新三佳建设项目管理有限公司出具的证明以及新河县住房和城乡建设局综合管理科 2009 年 12 月 25 日做出的调查报告显示，截至双方进行招标投标时，工程主体已完工；双方在 2010 年 11 月 10 日签订的《会议纪要》中亦明确，备案是为了完备手续，双方仍执行原协议。

最后，《建筑工程协议》是案涉唯一合法有效的施工合同，应以此作为确定工程款数额的依据。《施工合同司法解释（一）》第 2 条规定："建设工程施工合同无效，但建设工程经竣工验收合格，承包人请求参照合同约定支付工程价款的，应予支持。"该法条适用的前提是，建筑工程施工合同无效。然而本案中存在着合法有效的施工合同《建筑工程协议》，因此三建公司请求参照《建设工程施工合同》约定的合同价款支付工程价款的理由不成立。三建公司的此项再审申请不符合《民事诉讼法》第200条第（三）项规定的情形。

▎法律链接▎

一、法律规定

《招标投标法》

第32条 投标人不得相互串通投标报价，不得排挤其他投标人的公平竞争，损害招标人或者其他投标人的合法权益。投标人不得与招标人串通投标，损害国家利益、社会公共利益或者他人的合法权益。禁止投标人以向招标人或者评标委员会成员行贿的手段谋取中标。

第46条 招标人和中标人应当自中标通知书发出之日起三十日内，按照招标文件和中标人的投标文件订立书面合同。招标人和中标人不得再行订立背离合同实质性内容的其他协议。

第53条 投标人相互串通投标或者与招标人串通投标的，投标人以向招标人或者评标委员会成员行贿的手段谋取中标的，中标无效，处中标项目金额千分之五以上千分之十以下的罚款，对单位直接负责的主管人员和其他直接责任人员处单位罚款数额百分之五以上百分之十以下的罚款；有违法所得的，并处没收违法所得；情节严重的，取消其一年至二年内参加依法必须进行招标的项目的投标资格并予以公告，直至由工商行政管理机关吊销营业执照；构成犯罪的，依法追究刑事责任。给他人造成损失的，依法承担赔偿责任。

第55条 依法必须进行招标的项目，招标人违反本法规定，与投标人就投标价格、投标方案等实质性内容进行谈判的，给予警告，对单位直接负责的主管人员和其他直接责任人员依法给予处分。前款所列行为影响中标结果的，中标无效。

二、司法解释及各地方法院指导意见

（一）《施工合同司法解释（一）》

第1条 建设工程施工合同具有下列情形之一的，应当根据合同法第

五十二条第（五）项的规定，认定无效：（一）承包人未取得建筑施工企业资质或者超越资质等级的；（二）没有资质的实际施工人借用有资质的建筑施工企业名义的；（三）建设工程必须进行招标而未招标或者中标无效的。

第21条 当事人就同一建设工程另行订立的建设工程施工合同与经过备案的中标合同实质性内容不一致的，应当以备案的中标合同作为结算工程价款的根据。

（二）《施工合同司法解释（二）》

第9条 发包人将依法不属于必须招标的建设工程进行招标后，与承包人另行订立的建设工程施工合同背离中标合同的实质性内容，当事人请求以中标合同作为结算建设工程价款依据的，人民法院应予支持，但发包人与承包人因客观情况发生了在招标投标时难以预见的变化而另行订立建设工程施工合同的除外。

（三）《河北省高级人民法院建设工程施工合同案件审理指南》（冀高法〔2018〕44号）

7. 当事人就同一建设工程订立的数份施工合同均被认定为无效的，在结算工程价款时，应当参照当事人真实意思表示并实际履行的合同约定结算工程价款。当事人已经基于其中一份合同达成结算单的，如不存在欺诈、胁迫等撤销事由，应认定该结算单应有效。无法确定当事人真实意思并实际履行的合同的，可以结合缔约过错、已完工程质量、利益平衡等因素合理分配当事人之间数份合同的差价确定工程价款。

8. 法律、行政法规未规定必须进行招标投标的建设工程，经过合法有效的招标投标程序的，当事人实际履行的建设工程施工合同与备案中标合同实质性内容不一致的，应当以中标合同作为工程价款的结算根据。

9. 法律、行政法规未规定必须进行招标投标的建设工程，实际上也未经过招标投标，当事人根据当地行政主管部门的要求，对双方签订的建设工程施工合同进行备案后另行签订实质性内容不同的合同，应当以当事人实际履行的合同作为工程价款的结算根据。

（四）《广东省高级人民法院全省民事审判工作会议纪要》（粤高法〔2012〕240号）

22.合同所涉工程不属于强制招标投标的范围，当事人之间也没有进行招标投标，但按当地建设行政主管部门的要求进行了备案，该备案合同与当事人另行签订的合同不一致的，以当事人实际履行的合同作为结算工程价款的依据。

（五）《安徽省高级人民法院关于审理建设工程施工合同纠纷案件适用法律问题的指导意见（二）》（2013年12月23日安徽省高级人民法院审判委员会民事执行专业委员会第32次会议讨论通过）

第7条　不属于依法必须招标的建设工程，发包人与承包人又另行签订并实际履行了与备案中标合同不一致的合同，当事人请求按照实际履行的合同确定双方权利义务的，应予支持。

第8条　当事人就同一建设工程订立的数份施工合同均被认定无效，应当参照当事人实际履行的合同结算工程价款。

（六）《盐城市中级人民法院关于审理建设工程施工合同纠纷案件若干问题的指导意见》（盐城市中级人民法院审判委员会2010年7月15日第9次会议讨论通过）

17.未经招标投标且非必须招标投标的建设工程，当事人之间就同一工程签订两份内容不一致的施工合同的，以实际履行的合同确定各方的权利义务。

对实际履行的合同有争议且又不能达成补充协议的，应当综合当事人的陈述、施工的实际情况、签约时间的先后、技术联系单、会议纪要等证据审查认定实际履行的合同。

根据前款规定仍不能确定实际履行的合同，可以在充分衡量两份合同中不一致条款内容的基础上，公平、合理地确定各方的权利与义务。

（七）《宣城市中级人民法院关于审理建设工程施工合同纠纷案件若干问题的指导意见（试行）》（2013年2月6日发布）

第15条第2款　法律、法规未规定必须进行招标的建设工程，当事人实际履行的建设工程施工合同与备案的中标合同实质性内容不一致的，可以按当事人实际履行的合同作为工程款的结算依据。

专题九

招标投标风险识别及其法律防范

招标投标过程中涉及的风险较多，本部分主要针对现实中常出现的、最终易导致合同价格变化的事项，如项目特征描述不符，工程量缺项、漏项，工程变更，不平衡报价，环境风暴等风险进行分析。

一、项目特征描述不符

项目特征是指构成分部、分项工程的项目、措施项目，其自身价值的特点和本质特征是区别清单项目的依据，是承包人确定清单项目综合单价并实际履行合同的基础。项目特征是对项目的准确描述，是确定一个工程量清单项目综合单价不可或缺的主要依据。

项目特征描述不符，主要是指在施工合同履行中，招标清单中对某个项目的特征描述与发包人提供的设计图纸（主要指施工蓝图）和设计变更显示的该项目的特征不一样、不符合，且该变化足以引起工程造价的增减。而《建筑法》第58条明确规定了承包工程的施工企业应当按照工程设计图纸和技术标准施工，而不是也无法按照招标工程量清单施工。因此，当按图施工后，已完成的某个工程量或者措施项目，在招标清单中找不到或者不相一致，按照据实结算的法律规定和原则，该已完工程量是有了，但价款如何计取结算势必会成为新的困扰。

除了上述《招标投标法》及《建设工程工程量清单计价规范》（GB 50500—

2013）第4.1条中的强制性条款外，该规范第4.2.1条、第9.4.1条①、第9.4.2条②分别对项目特征描述不符进行了详细规定并层层递进地明确了调价的原则和方式。另，采用工程量清单方式招标的工程项目，在实务中出现类似问题时，有迹可循，有理可依，更好地把相关矛盾与风险化解在萌芽状态。

（一）风险识别

1. 项目特征描述不符，导致招标人承担相应责任

2013版《建设工程工程量清单计价规范》4.1.2规定："招标工程量清单必须作为招标文件的组成部分，其准确性和完整性应由招标人负责。"该条为强制性条文，从另一个角度来理解即为招标人在编制招标文件时，对分部分项的工程项目特征描述时必须准确和全面，不能出现描述不清或者不符的情况。投标人只需按照招标人提供的工程量清单进行投标报价，而不能将项目特征描述不符或者不清的责任转移给投标人。

2. 项目特征描述不符或者不清导致合同价格调整

（1）项目特征是区别项目清单的依据。工程量清单项目特征是用来表述分部分项清单项目的实质内容，用于区分计价规范中同一清单条目下各个具体的清单项目。没有项目特征的准确描述，对于相同或相似的清单项目名称便无从区分。

（2）项目特征是确定综合单价的前提。由于工程清单项目的特征决定了工程实体的实质内容，必然直接决定工程实体的自身价值，因此，工程量清单项目特征描述得准确与否，直接关系到工程量清单项目综合单价的准确确定。

（3）项目特征是履行合同的基础。实行工程量清单计价、工程量清单及其综合单价是施工合同的组成部分。因此，清单项目特征的描述不清甚至项目特征错误，从而引起在施工过程中的更改，都会引起分歧，导致纠纷。

---

① 第9.4.1条规定，发包人在招标工程量清单中对项目特征的描述，应被认为是准确的和全面的，并且与实际施工要求相符合。承包人应按照发包人提供的招标工程量清单，根据项目特征描述的内容及有关要求实施合同工程，直到项目被改变为止。

② 第9.4.2条规定，承包人应按照发包人提供的设计图纸实施合同工程，若在合同履行期间出现设计图纸（含设计变更）与招标工程量清单任一项目的特征描述不符，且该变化引起该项目工程造价增减变化的，应按实际施工的项目特征，按本规范第9.3节相关条款的规定重新确定相应工程量清单项目的综合单价，并调整合同价款。

所以，在招标投标阶段，招标人提交的工程量清单的项目特征描述是否准确、正确，是承包人在招标投标阶段应重点核实和关注的。一旦发现工程量清单表述不准确或不完整，应在招标答疑时提出，尤其是招标文件中有工程量清单的准确性由承包人负责约定的这类合同，招标人已经将清单编制的风险转移给承包人，所以，投标人应该在招标答疑时提出对此类清单的质疑。

（二）风险防范

在合同履行过程中，应当对施工图纸和已标价工程量清单进行认真对比分析，重点确定施工图纸的标准和要求是否和清单特征描述相符。如果不符，这种特征变化，是由于设计变更造成的，还是由于招标文件清单特征描述不够准确造成？此时应及时找出原因，结合合同中对此类问题的处理约定，办理变更手续和现场签证，提出工程量清单变更单价的要求。

案例9-1：浙江暨阳建设集团有限公司与慈溪市商务局建设工程施工合同纠纷案——慈溪市人民法院（2011）甬慈民重字第1号民事判决书

裁判要旨：项目特征描述不符，人民法院根据当事人双方过错程度分担责任，遵循公平原则，根据本案实际，宜由发包方就增加的工程造价给予承包方70%的补偿。

裁判摘要：关于涉案拱板采用现场预制增加的工程造价是否应该计算给原告问题。造价管理处及李鹏认为，工程招标文件中的工程量清单将屋盖系统描述为折线型屋架，未能清楚地描述工程项目特征；原告编制的拱板专项施工方案没有改变设计图纸，不属于工程设计变更。被告在招标过程中委托招标代理机构编制工程量清单，并在招标文件的投标报价方式条款中明确"除非招标人对招标文件予以修改，投标人应按招标人提供的工程量清单中列出的工程项目和工程量填报综合单价和合价"。该约定要求投标人在投标时必须严格按照招标文件中的图纸和工程量清单进行投标报价。但前提是被告委托招标代理机构编制的工程量清单对工程项目特征描述必须明确清晰，投标人才能据此合理报价。而被告在招标文件中的工程量清单中对拱板分项的项目特征描述不清，投标人无法按照工程量清单确定拱板的工程量并进行合理报价。根据现有证据，不能证实所有投标人在收到招标文件后，均按招标文件规定的答疑程序向招标人提出此项疑问，如仅对原告有此项要求，则有违招标的公平性，故本案纠纷发生的主要原因是被告在工程招标过程中的工程量清单中对拱板分项的项目特征描述不清的重大瑕疵造成。原告为顺利完成工程施工，根据专家组会审意见修改完善的屋面拱板专项施工方案，经被告认可，设计单位也出具了技术联系单，该施工方案弥补了工程量清单中拱板分项的项目特征描述不清的重大瑕疵，同时也导致工程造价增加。原告在施工期间不够深入、仔细研究工程量清单中拱板分项的项目特征，其按照专家组的会审意见进行修改完善的屋面拱板专项施工方案得到被告认可后，未按照《建设工程工程量清单计价规范》规定与被告就屋面拱板项目重新确定单价或者向被告提出追加工程价款要求，造成审计部门对增加的工程造价未纳入审计，也是导致本案纠纷发生的原因。为避免利益失衡，遵循公平原则，根据本案实际，宜由被告就增加的工程造价给予原告 70% 的补偿。根据弘正公司的鉴定结论，认定现场预制拱板新增项目的工程造价为 1,727,538 元。

案例 9 - 2：舟山骏华建设工程有限公司与舟山市海涂围垦综合开发有限公司建设工程施工合同纠纷案——舟山市定海区人民法院（2018）浙 0902 民初 4980 号民事判决书

裁判要旨：因项目特征描述不一致，合同履行过程中存在设计变更导致工程量增加，另行协商增加工程款。

裁判摘要：骏华公司与海涂围垦综合开发公司于 2015 年 1 月 26 日签订的《建设工程施工合同》是根据中标文件签订的合同，合法有效，双方应全面履行合同确定的义务。本案争议焦点是骏华公司与海涂围垦综合开发公司签订的《补充协议》是否有效，是否可作为结算工程款的依据。《补充协议》的主要内容是对岩石开凿单价调整为 97 元 / 立方米。虽涉案工程系依法必须进行招标的项目，但在招标文件和《建设工程施工合同》均约定"合同中没有类似工程项目单价的，由承包人参考投标时所采用的计价依据提出适当单价，经发包人确认后执行；出现施工图纸或变更与工程量项目特征描述不符时，发承包双方应按新的项目特征确定相应工程量清单项目中的综合单价"。《补充协议》对岩石开凿单价调整符合上述约定，是因实际开挖的岩石硬度与作为招标文件依据的《工程地质勘查报告》对岩石硬度等级描述不一致，合同履行过程中存在设计变更导致工程量增加；根据骏华公司实际履行合同的情况，经骏华公司与海涂围垦综合开发公司协商一致达成，意思表示真实，平衡了双方当事人的利益，属于正常的合同变更情形。故《补充协议》对岩石单价的调整可以作为工程款的结算依据。现涉案工程已竣工并已过工程保修期限，海涂围垦综合开发公司应按合同约定付清工程款。根据 2018 年 5 月 22 日由浙江天禄工程管理有限公司出具的《工程造价咨询报告书》，审定工程造价为 3,236,592 元，扣除海涂围垦综合开发公司已支付的 2,590,000 元，其尚需向骏华公司支付工程款 646,592 元。骏华公司请求支付工程款的利息符合法律规定。

二、工程量缺项、漏项

缺项和漏项系两个不同的概念。2013 年版《建设工程工程量清单计价规范》第 9.5.1 条中是如此描述的："合同履行期间，由于招标工程量清单中缺项，新增分部分项工程清单项目的，应按照本规范第 9.3.1 条的规定确定单价，并调整合同价款。"故缺项是原招标清单及合同或设计图纸"从无到有"的变化。

招标工程量清单漏项，是指发包人发布的招标工程量清单与施工图纸上记载的工程量经比对后项目存在缺失和漏计的情况。一般是由于清单编制的瑕疵造成漏项。

2017 年版《建设工程施工合同（示范文本）》通用合同条款第 1.13 条规定："除专用合同条款另有约定外，发包人提供的工程量清单，应被认为是准确的和完整的。出现下列情形之一时，发包人应予以修正，并相应调整合同价格：（1）工程量清单出现缺项、漏项的……"

2017 年版施工合同示范文本从合同层面或者作为行业习惯层面吸纳了 2013 年版《建设工程工程量清单计价规范》的有关规定。其实，工程量清单出现漏项时需调整工程价款（变更合同）在法律层面也是有据可寻的。《招标投标法》第 19 条规定，招标人应当根据招标项目的特点和需要编制招标文件；第 27 条规定，投标人应当按照招标文件的要求编制投标文件。投标文件应当对招标文件提出的实质性要求和条件做出响应。《合同法》第 252 条规定承揽合同的内容包括承揽的标的、数量、质量、报酬、承揽方式、材料的提供、履行期限、验收标准和方法等（建设工程是特殊的承揽合同）。

可见，作为招标文件的必备组成部分，招标工程量清单是由招标人提供的，投保人要想中标，必须依据招标清单制作投标文件。2013 年版《建设工程工程量清单计价规范》在其后的第 9.5.1 条与第 9.3.1 条则进一步明确了清单漏项时如何调整工程价款的操作模式，让调价因素和调价方法成为了解决此类问题的完备体系，便于实务操作。

（一）风险识别

投标人承担工程量缺项、漏项责任的风险。投标阶段，招标人在招标文件中一般会设置缺项、漏项的风险转移条款，并且要求投标人对此必须做出实质性响应。由于该条款并未违反法律、行政法规强制性的规定，一般认为合法有效。依据此条款，缺项、漏项的风险应由投标人承担。但并不排除人民法院根据公平原则做出相反的裁判结果或者根据双方之间的过错程度判定分担。

（二）风险防范

承包人在报价时，务必要仔细审阅招标文件、图纸，以免遗漏报价内容。且投标人在投标时务必仔细查看设计图纸，详细踏勘现场，对图纸和说明中不明确的地方，应及时与招标人沟通协商，做好询标答疑的详细记录，已备今后发生争议时有足够的证据。

案例 9 -3：安徽建工集团有限公司与安徽阜南经济开发区管理委员会建设工程合同纠纷案——安徽省阜阳市中级人民法院（2016）皖 12 民终 228 号民事判决书

裁判摘要： 当事人约定按照固定价结算工程价款，一方当事人请求对建设工程造价进行鉴定的，不予支持。《施工合同司法解释（一）》第 21 规定，当事人就同一建设工程另行订立的建设工程施工合同与经过备案的中标合同实质性内容不一致的，应当以备案的中标合同作为结算工程价款的依据。第 22 条规定，当事人约定按照固定价结算工程价款，一方当事人请求对建设工程造价进行鉴定的，不予支持。案涉工程系必须招标投标工程，中标通知书载明工程中标价款为固定价，经备案的中标合同亦约定工程价款为固定价，故安徽建工集团上诉称其在施工过程中发现招标文件存在漏项应增加工程款，不予支持。如安徽建工集团认为阜南开发区管委会在招标投标过程中故意隐瞒与订立合同有关的重要事实或者提供虚假情况给其造成损失，可另案处理。

案例 9 - 4：中航长江建设工程有限公司与杭州欧陆企业管理有限公司建设工程施工合同纠纷案——浙江省杭州市中级人民法院（2015）浙杭民终字第 2271 号民事判决书

裁判要旨：固定价下，投标人工程量在投标时存在漏项，结算时不予调整，对于漏项内容自身承担相应责任。

裁判摘要：根据双方合同约定，"本合同工程承包总价为施工图工程内容的全部费用（含所有第三方检测费），实行固定综合单价承包"。因此，双方的计价方式是在施工图工程内容未作变更时，该合同总价即为不变价格，但经发包单位认可的设计变更，以固定综合单价的方式计算增加的工程量。欧陆公司招标案涉工程时，在招标须知中明确："报价范围规定招标文件所规定的招标范围内全部内容的设计确认、材料采购、制作安装以及完成上述内容所必需的包装运卸、临时设施、现场货场、抢工措施、检验试验、材料二次搬运、施工水电、提供服务、总包配合、招标代理所需的全部费用，其中包括投标人的利润、税金和应承担的风险费用。根据所提供的图纸，投标人认为施工现场有预留埋件需要增加工作内容的，本次报价必须考虑。""约定结算方式为按照合同价 + ／ - 经招标人和监理工程师认可的设计变更和工程量增减（由于投标人深化设计造成的，招标人不予任何补偿或增加费用）。"据此，应认为中航公司投标价格包括了上述工程招标范围内的全部内容。根据双方的约定，"规定深化设计，其文件及型材颜色由中标人报送中联程泰宁建筑设计院确认，并经欧陆公司认可"。原审法院认定不能据此认定为对施工图设计变更的确认并无不当。中航公司所称设计师吴涛系欧陆公司委托，证据不足。因此，无论中航公司有无进行深化设计，其在明知欧陆公司招标时包括了案涉招标范围内全部内容，并在与欧陆公司签订的合同中明确承包总价为施工图工程内容的全部费用，现其并未提交有效的证据证明就案涉工程存在经欧陆公司认可的设计变更或工程量增减的联系单，原审法院据此认为案涉工程应按照双方约定的承包总价 320 万元结算并无不当。

建设工程招标投标法律实务精要

案例9-5：江苏文正工程有限公司与苏州中信投资有限公司建设工程施工合同纠纷案——苏州市中级人民法院（2015）苏中民终字第03223号民事判决书

裁判要旨：虽招标文件以及施工合同中明确投标人未在开标前及时提出异议，则视为投标单位已确认工程量清单上的内容已包含图纸上的所有内容。但该约定明显免除了招标人保证工程量清单的准确性和完整性，招标人亦应承担相应责任。

裁判摘要：文正公司与中信公司就涉案工程签订的《建设工程施工合同》合法有效。虽合同约定最终结算以政府审计价为准，但正是因为文正公司对政府审计价部分不予认可才提起诉讼，一审法院针对文正公司有异议的特制线性地埋灯部分的增加工程以及《报审表》《图纸会审记录》中涉及的增加工程部分进行了审理。关于特制线性地埋灯部分的增加工程量，文正公司系根据中信公司招标时制作提供的工程量清单进行报价，但工程量清单中所载明的特制线性地埋灯工程数量为530.7米，与招标图纸不符。虽招标文件以及施工合同中明确投标人未在开标前及时提出异议，则视为投标单位已确认工程量清单上的内容已包含图纸上的所有内容，但该约定明显免除了招标人即中信公司的义务即保证工程量清单的准确性和完整性。文正公司在投标时存在对招标图纸和工程量清单一致性疏于审查的过失，但责任产生首先在于中信公司，不能就此免除中信公司的责任，故就特制线性地埋灯工程部分，招标图纸与工程量清单之间的差额，中信公司理应补差，一审法院结合该工程量的单价即1,371.44平方米/米计算为398,554.18元，并无不当。至于文正公司实际施工的特制线性地埋灯工程中超出招标图纸的工程量，中信公司已计算为文正公司的增加工程量，故本案就该部分不再认定处理。中信公司上诉认为招标文件、招标图纸及工程量清单在招标时对外公开，现按一审判决处理，对其他投标人不公，亦不符合招标文件规定和施工合同约定。中信公司作为招标人，将工程量清单与招标图纸不符的责任和后果交由施工方承担，明显不公。

案例9-6：辽宁市政公司与佟二堡市政公司、新市镇管委会建设工程施工合同纠纷案——辽宁高级人民法院（2016）辽民终216号民事判决书

裁判要旨：招标人在编制招标工程量清单时没有把泵送费编制进招标文

件，属于招标时工程量清单漏项，招标人应当承担漏项费用。

裁判摘要：关于混凝土泵送费问题，招标人在编制招标工程量清单时没有把泵送费编制进招标文件，属于招标工程量清单漏项，由于泵送费本身有定额子目列项，根据《建设工程工程量清单计价规范》（GB 50500—2013）第4.1.2条：招标工程量清单的准确性、完整性由招标人负责；第6.1.4条：投标人必须按招标工程量清单填报价格之规定，投标人投标时并未将混凝土泵送费计入投标报价中，而在实际施工过程中又必须涉及混凝土泵送问题，故该项费用应由佟二堡市政公司（发包人）承担。

关于土方含水率系数调整问题，招标人在提供招标工程量清单中关于土方项目没有准确和全面的描述土方项目特征（即土壤含水率），投标人只能按照招标文件工程量清单列项报价。而佟二堡市政公司是在开工后才将工程勘察报告提供给辽宁市政公司，故土方含水率系数调整费用应由佟二堡市政公司承担。

案例9－7：广州市第二建筑工程有限公司与黄冈中学广州学校建设工程施工合同纠纷案——广东省高级人民法院（2015）粤高法民终字第12号民事判决书

裁判要旨：发包人未履行其作为招标人编制工程量清单的审慎义务，将超过合理范围之外的漏项漏量责任全部归由承包人承担，不仅有违《建设工程工程量清单计价规范》的规定，也有违诚信原则。承包人亦应审慎核实招标人编制的工程量清单，及时指出工程量清单中的漏项漏量情况。如果对于超过合理范围之外的漏项漏量未能发现和指出，不仅与其专业建筑公司的能力水平不符，也有违诚信原则，双方均存在过错。

裁判摘要：关于工程量清单漏项漏量造价的责任承担问题。根据信某公司出具的鉴定意见，黄冈中学广州学校一期工程施工图所包含的工程内容的相应工程造价为 72,800,976.25 元，与工程招标时的工程量清单 4,650.11 万元差异部分的工程造价为 26,299,900.32 元，工程量清单漏项漏量达到56.55%。关于双方当事人在涉案工程发生清单漏项漏量中的过错问题，一审对此进行了详细、充分的论述。需要指出的是，采用工程量清单计价作为招标方式属现行招标的主要形式，鉴于建设工程清单确定的复杂性和专业性，招标人确定的工程量清单难免会出现漏项漏量的情形，招标人和投标人可以对这种漏项漏量的风险通过合同的方式进行分配。但这种漏项漏量应控制在合理范围之内，发包人和承包人在招标投标过程中应本着诚信原则，尽量减少漏项漏量的发生，以维护建筑市场的正常交易秩序。发包人未履行其作为招标人编制工程量清单的审慎义务，将超过合理范围之外的漏项漏量责任全部归由承包人承担，不仅有违《建设工程工程量清单计价规范》的规定，也有违诚信原则。承包人作为专业的建筑公司，亦应审慎核实招标人编制的工程量清单，及时指出工程量清单中的漏项漏量情况，如果对于超过合理范围之外的漏项漏量未能发现和指出，不仅与其专业建筑公司的能力水平不符，也有违诚信原则。本案中，工程量清单漏项漏量达到 56.55%，显然已超出了建设项目漏项漏量的合理范围，表明双方在涉案工程招标中不仅存在过错，也未遵循诚信原则参与招标投标。因此，一审判令黄冈中学广州学校向广州二建公司补偿工程量清单漏项漏量差价 12,306,000 元，既考虑了双方的过错程度，又有利于弘扬诚信原则。黄冈中学广州学校上诉主张其不应补偿工程量清单漏项漏量差价和广州二建公司上诉主张其应获得工程量清单漏项漏项的全部差价均缺乏法律依据，本院不予支持。

三、工程变更

2017 版《建设工程施工合同（示范文本）》中使用的是"变更"一词，并未使用"工程变更"，其通用条款第 10 条分别规定了变更范围、变更权、变更程序和变更估价。其与 1999 版《FIDIC 施工合同条件》第 1.1.6.9 条使用的变更规定保持一致，即"经指示或批准作为变更的，对工程所做的任何更改"。

《工程造价术语标准》（GB/T 50875—2013）第 3.4.4 规定工程变更（Variation of Works）是指合同实施过程中由发包人提出或由承包人提出，经发包人批准的对合同工程的工作内容、工程数量、质量要求、施工顺序与时间、施工条件、施工工艺或其他特征及合同条件等的改变。

《建设工程工程量清单计价规范》（GB 50500—2013）第 9.1.1 条规定，以下事项（但不限于）发生，发承包双方应当按照合同约定调整合同价款中包括工程变更。

从以上文件可知，工程变更并不是法律术语，一般认为是指发包人或者授权的监理单位指令增加或者减少工程量，设计变化，工程范围变化等造成工期延误或者费用增加。由于工程项目建设时间周期较长，一般会存在大量的工程变更情况，易发生纠纷。

（一）风险识别

1. 未按照合同约定变更期限导致失权

实践中大量使用地都是国家颁布的《建设工程施工合同（示范文本）》，包括 1999 年版、2013 年版、2017 年版，其他涉及索赔期限的还包括 2007 年版《建设工程施工招标文件范本》、2012 年版《简明标准施工招标文件》、2011 年版《建设项目工程总承包合同示范文本（试行）》等，这里不再阐述，主要以 1999 年版、2013 年版、2017 年版《建设工程施工合同（示范文本）》为例。

表 9 - 1　1999 年版、2013 年版、2017 年版
《建设工程施工合同（示范文本）》关于工程时限的规定

序号	文件名称	时限规定
1	1999 年版《建设工程施工合同（示范文本）》	36.2　发包人未能按合同约定履行自己的各项义务或发生错误以及应由发包人承担责任的其他情况，造成工期延误和（或）承包人不能及时得到合同价款及承包人的其他经济损失，承包人可按下列程序以书面形式向发包人索赔： （1）索赔事件发生后 28 天内，向工程师发出索赔意向通知； （2）发出索赔意向通知后 28 天内，向工程师提出延长工期和（或）补偿经济损失的索赔报告及有关资料； （3）工程师在收到承包人送交的索赔报告和有关资料后，于 28 天内给予答复，或要求承包人进一步补充索赔理由和证据； （4）工程师在收到承包人送交的索赔报告和有关资料后 28 天内未予答复或未对承包人作进一步要求，视为该项索赔已经认可； （5）当该索赔事件持续进行时，承包人应当阶段性向工程师发出索赔意向，在索赔事件终了后 28 天内，向工程师送交索赔的有关资料和最终索赔报告。索赔答复程序与（3）（4）规定相同。 36.3　承包人未能按合同约定履行自己的各项义务或发生错误，给发包人造成经济损失，发包人可按 36.2 款确定的时限向承包人提出索赔。

序号	文件名称	时限规定
2	2013 年版、2017 年版《建设工程施工合同（示范文本)》	19.1　承包人的索赔　根据合同约定，承包人认为有权得到追加付款和（或）延长工期的，应按以下程序向发包人提出索赔： (1) 承包人应在知道或应当知道索赔事件发生后 28 天内，向监理人递交索赔意向通知书，并说明发生索赔事件的事由；承包人未在前述 28 天内发出索赔意向通知书的，丧失要求追加付款和（或）延长工期的权利； (2) 承包人应在发出索赔意向通知书后 28 天内，向监理人正式递交索赔报告；索赔报告应详细说明索赔理由以及要求追加的付款金额和（或）延长的工期，并附必要的记录和证明材料； (3) 索赔事件具有持续影响的，承包人应按合理时间间隔继续递交延续索赔通知，说明持续影响的实际情况和记录，列出累计的追加付款金额和（或）工期延长天数； (4) 在索赔事件影响结束后 28 天内，承包人应向监理人递交最终索赔报告，说明最终要求索赔的追加付款金额和（或）延长的工期，并附必要的记录和证明材料。 19.2　对承包人索赔的处理　对承包人索赔的处理如下： (1) 监理人应在收到索赔报告后 14 天内完成审查并报送发包人。监理人对索赔报告存在异议的，有权要求承包人提交全部原始记录副本； (2) 发包人应在监理人收到索赔报告或有关索赔的进一步证明材料后的 28 天内，由监理人向承包人出具经发包人签认的索赔处理结果。发包人逾期答复的，则视为认可承包人的索赔要求； (3) 承包人接受索赔处理结果的，索赔款项在当期进度款中进行支付；承包人不接受索赔处理结果的，按照第 20 条〔争议解决〕约定处理。 19.3　发包人的索赔　根据合同约定，发包人认为有权得到赔付金额和（或）延长缺陷责任期的，监理人应向承包人发出通知并附有详细的证明。 发包人应在知道或应当知道索赔事件发生后 28 天内通过监理人向承包人提出索赔意向通知书，发包人未在前述 28 天内发出索赔意向通知书的，丧失要求赔付金额和（或）延长缺陷责任期的权利。发包人应在发出索赔意向通知书后 28 天内，通过监理人向承包人正式递交索赔报告。

续表

序号	文件名称	时限规定
2	2013 年版、2017 年版《建设工程施工合同（示范文本）》	19.4　对发包人索赔的处理　对发包人索赔的处理如下： （1）承包人收到发包人提交的索赔报告后，应及时审查索赔报告的内容、查验发包人证明材料； （2）承包人应在收到索赔报告或有关索赔的进一步证明材料后 28 天内，将索赔处理结果答复发包人。如果承包人未在上述期限内作出答复的，则视为对发包人索赔要求的认可； （3）承包人接受索赔处理结果的，发包人可从应支付给承包人的合同价款中扣除赔付的金额或延长缺陷责任期；发包人不接受索赔处理结果的，按第 20 条〔争议解决〕约定处理。 19.5　提出索赔的期限 （1）承包人按第 14.2 款〔竣工结算审核〕约定接收竣工付款证书后，应被视为已无权再提出在工程接收证书颁发前所发生的任何索赔。 （2）承包人按第 14.4 款〔最终结清〕提交的最终结清申请单中，只限于提出工程接收证书颁发后发生的索赔。提出索赔的期限自接受最终结清证书时终止。
目前，我国建设工程项目主要使用的是上述三个版本，对于不是通用版本的按照其约定进行主张变更。		

目前，对索赔期限的性质主要有以下三种观点。

第一种观点认为，索赔期限是诉讼时效，而诉讼时效是法定期间不能通过合同约定予以变更的。2013 年版《建设工程施工合同（示范文本）》的索赔条款因违反法律法规强制性规定，应属无效。因此，索赔请求权人仍可在 3 年的普通诉讼时效内提请索赔。

第二种观点认为，索赔期限是除斥期间，除斥期间可以通过合同予以约定。若合同当事人约定索赔请求权的除斥期间经过，索赔请求权实体权利消失，合同一方当事人提请的索赔请求不能予以支持。

第三种观点认为，索赔期限实质上是建设工程领域交易习惯和惯例，是适用于建设工程的特殊时效。法院在处理索赔期限纠纷时应该予以参考。

笔者倾向于认为，关于索赔期限的约定，目的为敦促各方及时行使索赔权利。从性质上来说，是当事人之间的合意，并非法律强制性的规定。虽一方可依未在索赔期限内主张索赔（逾期失权）进行抗辩，但索赔实体权利并未消灭，在此情况下，一方仍可在诉讼时效范围内主张权利，这也是民法总则关于诉讼时效立法的本意和初衷。但在司法实践中存在因未在索赔期限内提交索赔报告导致失权的大量案例。

案例 9-8：湖南省建银建筑工程有限公司与常德市西洞庭昌华房地产开发有限公司建设工程施工合同纠纷案——湖南省高级人民法院（2016）湘民终211号民事判决书

裁判要旨：承包人未在索赔期限内提交索赔意向书，且未提供充分的损失计算依据以及损失实际发生的证据，不予支持。

裁判摘要：关于第一个焦点问题，建银公司主张因昌华公司原因造成建银公司进度迟延导致人工及设备租金损失、工程进度款拨付不及时从而造成建银公司财务成本增加的损失和利息损失。建银公司所主张的大部分损失并未按照合同约定在损失发生28天内提交索赔意向书，而仅仅是在工程完工后提交竣工结算文件时才提交了相关索赔的文件，故其索赔不符合合同的约定。同时，建银公司虽然提交了相关的损失统计表（包括建银公司提供的施工过程中的相关损失报告），但并未提供充分的损失计算依据以及损失实际发生的证据，鉴定机构经委托对此问题鉴定后在鉴定结论中也未予认定。因此，一审法院以索赔不符合合同约定和证据不足为由驳回建银公司关于损失赔偿的诉请并无不当，本院予以维持。

案例 9-9：湖北新楚源置业有限公司与江苏南通三建集团有限公司建设工程施工合同纠纷案——湖北省高级人民法院（2016）鄂民终1543号民事判决书

裁判要旨：因发包人设计变更导致承包人停、窝工损失，但承包人未在期限内提出索赔，则索赔不被支持。

裁判摘要：关于栏杆设计变更造成的损失是否成立。因新楚源公司对栏杆设计变更，导致南通三建公司在施工过程中出现停、窝工，系新楚源公司的原因所致，故该部分损失应当予以赔偿。双方签订的《建设工程施工合同》第59条约定："索赔事件发生后超过28天承包人未向发包人提出相关索赔要求,即视为承包人放弃追索之权利,并不得于结算时再要求增加索赔。"根据该约定,南通三建公司应当在栏杆设计变更事件发生后 28 日内,向新楚源公司提出索赔申请,但南通三建公司未提交证据证实其已按约定提出了索赔申请,故应当视为该公司已经放弃了该部分损失的追索权利,故对南通三建公司要求新楚源公司赔偿栏杆设计变更造成的损失,不予支持。

2. 变更未按照合同约定的程序,主张增加工程量的不予支持

对于工程变更,包括对期限、程序等的变更,承发包双方往往在施工合同中有明确的约定,如果在期限内,当事人未按照工程变更程序进行,可能导致主张得不到支持。

案例 9 - 10:重庆中环建设有限公司成都隧道分公司与中铁二十三局集团有限公司建设工程分包合同纠纷再审审查与审判监督案——最高人民法院(2016)最高法民申 3233 号民事裁定书

裁判要旨:合同中已明确约定变更程序的,因承包人未按照约定向发包人发变更通知,导致增加工程量主张未获支持。

裁判摘要:关于新增分项工程的问题。中环公司提交了同上的 11 份《验工计费单》拟证明新增分项工程量,本院对其证明力已作阐述,在此不再赘述。二十三局对 11 份《验工计费单》中载明的帷幕注浆的工程量均不予认可,且认为不存在横通道石方开挖(补差)、拱顶压浆、石方开挖(补电费)这三项工程量,中环公司主张的拆除项目、标准化工地建设,已包含在合同项目里不需另计。按照双方协议第 12 条第(七)项"表 1《隧道工程劳务承包单价表》中各项目的工作内容和备注是对综合单价的补充和说明,对于表1《隧道工程劳务承包单价表》中没有提到的工作内容以及备注中没有提及的费用项目均视为已包含在表中相应内容之中,协议履行期间不论发生工、料、机的价格浮动或政策性变化,综合单价均不作调整"的约定,拱顶压浆、拆除洞内轨道、拆除开挖防水板台架、拆除台车、标准化工地建设的工作内容属于没有提到的工作内容,横通道石方开挖(补差)、石方开挖(补电费)、拆除洞内轨道补差费属于没有提及的费用,依约应当包含在约定综合单价中。另按照双方协议第 10 条"工程变更(一)施工过程中如发生工

程变更，甲方提前以书面形式向乙方发出变更通知"的约定，如果发生工程变更，二十三局应当依约向中环公司发出变更通知。因中环公司没有提供证据证明二十三局发出过工程变更通知，业主成都铁路局亦认为没有增加工程内容，中环公司认为新增了工程量的主张，缺乏证据支持。

3. 变更条款议约定不明视为未变更

《合同法》第78条规定"当事人对合同变更的内容约定不明确的，推定为未变更"。如果工作联系单、补充协议或者会议纪要等文件中涉及变更内容，如工程量变更、工程范围变更、设计变更等内容，必须清晰明确变更内容，包括变更量、变更范围及尺寸等问题。若内容含糊不清，易导致双方之间产生歧义，如果无法通过上下文解释说明，很可能会被法院认定为约定不明视为未变更。

案例9-11：浙江广扬建设集团有限公司与黄山市鹭港房地产开发有限公司建设工程施工合同纠纷——安徽省高级人民法院（2011）皖民四终字第00018号民事判决书

裁判要旨：因《补充协议》约定的内容不明确，应推定《补充协议》对《建设工程施工合同》约定的工程决算方式未变更。

裁判摘要：关于涉案工程工期延误，双方是否有责任及应承担的责任。《建设工程施工合同》约定竣工日期为2008年1月31日，广扬建设公司未能如期竣工。2008年6月10日双方签订《补充协议》约定：竣工日期延至2008年10月20日，如果工程于2008年10月20日之前完成竣工验收交付使用，发包人承诺放弃追究承包人工期延误的责任，否则发包人保留按原合同追究承包人责任的权利。该条有二层含义：①双方确定竣工日期延至2008年10月20日；②对工期延误的责任，鹭港房产公司视广扬建设公司能否按期竣工的不同情形，有放弃或保留追究广扬建设公司的前期工期延误责任的权利。按上述协议的表述内容，可以推定对涉案工程竣工日期从2008年1月31日延至2008年10月20日，广扬建设公司应负有责任。涉案工程总造价为7，615，766.86元，根据双方《建设工程施工合同》约定，鹭港房产公司在工程竣工验收后支付至工程款的80%，工程结算审核确认后，再支付到审计确认额的 95%。鹭港建设公司应支付工程进度款为 7, 234, 978. 52 元（7, 615, 766. 86 × 95%），实际已支付 7, 268, 000 元工程款，履行了付款义务。故广扬建设公司主张鹭港房产公司承担工期延误的责任，没有事实依据，法院不予支持。广扬建设公司施工的工程于 2008 年 12 月 5 日竣工验收与《补充协议》约定 2008 年 10 月 20 日竣工相比，又延期竣工 46 天，依约应承担违约责任。据此，一审判令广扬建设公司赔偿鹭港房产公司延期竣工 46 天的违约金 153, 253. 6 元并无不当，法院予以维持。

4. 工程变更文件签章主体不适格导致效力存争议

工程变更文件签章主体适格是变更发生法律效力的基本条件。一般认为工程变更属于双方新的合意，性质上属于补充协议，对双方具有约束力。而对于补充协议的签订，需要法定代表人或者授权代表人签字和加盖公司公章方可成立生效。但在工程项目建设中，经常出现法定代表人或者授权代表之外的第三人签字的情形，这就导致对该工程变更是否发生效力产生重大争议。

实践中，发包人现场代表、承包人项目经理工程在变更上签字的情形较多，原则上应当认定有效，除非有证据证明对方明知该人员无相应权限。如《北京市高级人民法院关于审理建设工程施工合同纠纷案件若干疑难问题的解答》第 8 条规定："施工合同履行过程中，承包人的项目经理以承包人名义在结算报告、签证文件上签字确认、加盖项目部章或者收取工程款、接受发包人供材等行为，原则上应当认定为职务行为或表见代理行为，对承包人具有约束力，但施工合同另有约定或承包人有证据证明相对方知道或应当知道项目经理没有代理权的除外。"

而对于发包人或承包人的其他工作人员的签字，原则上不应认定有效，除非对方有证据证明该人员具有相应权限，如《北京市高级人民法院关于审理建设工程施工合同纠纷案件若干疑难问题的解答》第 9 条规定："当事人在施工合同中就有权对工程量和价款洽商变更等材料进行签证确认的具体人员有明确约定的，依照其约定，除法定代表人外，其他人员所作的签证确认对当事人不具有约束力，但相对方有理由相信该签证人员有代理权的除外；没有约定或约定不明，当事人工作人员所作的签证确认是其职务行为的，对该当事人具有约束力，但该当事人有证据证明相对方知道或应当知道该签证人员没有代理权的除外。"

监理人员对工程量、工期和工程质量等事实所作的签证，原则上对发包人具有约束力，如《北京市高级人民法院关于审理建设工程施工合同纠纷案件若干疑难问题的解答》第 10 条规定："工程监理人员在监理过程中签字确认的签证文件，涉及工程量、工期及工程质量等事实的，原则上对发包人具有约束力，涉及工程价款洽商变更等经济决策的，原则上对发包人不具有约束力，但施工合同对监理人员的授权另有约定的除外。"

案例 9 - 12：青海方升建筑安装工程有限责任公司与青海隆豪置业有限公司建设工程施工合同纠纷案——最高人民法院 （2014） 民一终字第 69 号民事判决书

裁判要旨： 监理人在工程量签证单上签字，能够证明变更、签证项目的实际发生，变更、签证的工程量应予认定，发包人主张其超越权限签证无效的理由，不予支持。

裁判摘要： 双方有争议的工程变更、签证项目均由监理单位指派的监理人中冯永贵签字确认，该部分鉴定价格为 1,451,136.16 元。根据方升公司提交的《藏文化产业创意园项目监理部拟进场人员名单》，冯某贵系监理单位指派的总监代表，双方有争议的工程鉴证单均系冯某贵签署。根据《施工合同司法解释（一）》第 19 条"当事人对工程量有争议的，按照施工过程中形成的签证等书面文件确认。承包人能够证明发包人同意其施工，但未能提供签证文件证明工程量发生的，可以按照当事人提供的其他证据确认实际发生的工程量"的规定，冯某贵作为总监代表，又是现场唯一监理，其在工程签证单上的签字，是对本案建设工程现场施工情况的真实反映。因此，其签署的工程签证单能够证明变更、签证项目的实际发生，变更、签证的工作量应当予以认定。一审判决以签证单上无监理单位签章，隆豪公司不予认可，总监理工程师不知情为由，认定上述签证单是冯某贵超越权限的个人行为，不能作为结算工程款，于事实不符，于法律无据，予以纠正；方升公司提出的变更、签证的工程量应当予以认定的上诉理由成立，予以支持。

（二）风险防范

1. 强化证据意识，完善变更流程

工程建设过程中，由于现场施工人员、管理人员并无较高的法律意识，往往只注重技术，不注重合同约定的内容，对变更期限、程序、权限不甚了解，不知道其重要性，导致不按照合同约定变更程序、期限，使己方处于不利地位。施工人员、管理人员要树立证据意识和程序意识，加强相关培训，提升证据形成、搜集、固定、分类及运用的管理能力。

当事人应完善的工程变更管理流程，加强对各个环节的把控，从变更起草（建议起草变更内容通过律师、法务人员和技术部分相结合共同完成）、变更通知方式、对方签章、归档等多个节点入手，制定具体管理流程和实施细则，避免不合规情况的发生，保障变更合法合规。

2. 书面明确授权人员及权限范围

工程变更过程中，管理人员时常发生超越权限行为。在签订变更文件时，应注意审查对方是否有签字的权限及对方的具体职务，这里最有效的方式是要求对方通过书面形式明确授权人员及授权权限（包括写明人员姓名、职务、身份信息、地址、电话、邮箱、微信等）。在发生人员变更时，及时要求对方进行书面变更，从而遏制签字主体不适格的发生。

3. 严格遵守合同条款约定的工程变更期限和程序

《施工合同司法解释（二）》第 6 条规定当事人约定顺延工期应当经发包人或者监理人签证等方式确认，承包人虽未取得工期顺延的确认，但能够证明在合同约定的期限内向发包人或者监理人申请过工期顺延且顺延事由符合合同约定，承包人以此为由主张工期顺延的，人民法院应予支持。当事人约定承包人未在约定期限内提出工期顺延申请视为工期不顺延的，按照约定处理。但发包人在约定期限后同意工期顺延或者承包人提出合理抗辩的除外。

从上述内容来看，其可引申至工程变更，只要承包方能够证明按照合同约定的期限和程序进行了工程变更，发包人虽未确认，仍可以主张工程变更的事实。如通过 EMS（中国邮政特快专递服务，建议不要使用其他快递方式，邮寄文件名称一定写清楚），合同约定的邮箱地址邮寄或者发送变更申请（必要时进行现场公证），甚至可以通过微信向有权限的负责人发送变更申请。

（三）相关法律依据

《民法总则》第61条第1款规定，依照法律或者法人章程的规定，代表法人从事民事活动的负责人，为法人的法定代表人。法定代表人以法人名义从事的民事活动，其法律后果由法人承受。

《建筑法》第32条规定，建筑工程监理应当依照法律、行政法规及有关的技术标准、设计文件和建筑工程承包合同，对承包单位在施工质量、建设工期和建设资金使用等方面，代表建设单位实施监督。

《建设工程质量管理条例》第36条规定，工程监理单位应当依照法律、法规以及有关技术标准、设计文件和建设工程承包合同，代表建设单位对施工质量实施监理，并对施工质量承担监理责任。

《建筑施工企业项目经理资质管理办法》第2条规定，建筑施工企业项目经理是指受企业法定代表人委托对工程项目施工过程全面负责的项目管理者，是建筑施工企业法定代表人在工程项目上的代表人。

《建设工程价款结算暂行办法》第9条规定，承包人应当在合同规定的调整情况发生后14天内，将调整原因、金额以书面形式通知发包人。承包人未在规定时间内通知发包人，或者未在规定时间内提出调整报告，发包人可以根据有关资料，决定是否调整和调整的金额，并书面通知承包人。

《施工合同司法解释（一）》第19条规定，当事人对工程量有争议的，按照施工过程中形成的签证等书面文件确认。承包人能够证明发包人同意其施工，但未能提供签证文件证明工程量发生的，可以按照当事人提供的其他证据确认实际发生的工程量。

四、不平衡报价

不平衡报价是指投标总价基本确定后，通过调整工程量清单内部分工程综合单价的构成，以期既不抬高总价，也不影响中标，又能在结算时获得更多收益的投标报价方法。其中，保证总报价不变是不平衡报价的根本前提，有策略地调整报价是不平衡报价的基本方法，结算时获得更多收益是不平衡报价的最终目的。在单价合同的前提下合理运用不平衡报价可以为承包人带来更多收益，实现效益拓展，有利于提高建设项目的盈利能力，降低风险。①

我国现行的法律法规没有关于平衡报价的规定，同时并没有禁止不平衡报价，但在招标投标一系列活动中借鉴了或者直接采用了 FIDIC 合同条款。我国的 2013 版《建设工程工程量清单计价规范》第 9.6.2 条②，2017 版《建设工程施工合同（示范文本）》10.4.1③ 的变更估价三原则，对此都有部分的规定，以适应建筑市场的发展。

（一）风险识别

1. 不平衡报价可能导致合同无效

通常情况下，不平衡报价只要不违反法律规定，对于这种报价模式实践中是予以认可的。但从另一角度来讲，由于不平衡报价是对部分单价进行调整，如果某个单价明显高于正常水平，此时极有可能被法院认为严重违背公平原则，否定之前的报价重新进行调整，以达到平衡双方利益的目的。基于以上，法院也可能认为投标人根据自己的优势经验，故意通过调整某一的单价，追求的更高利润，动机上存在一定的恶意，有违民法总则中规定的诚实信用原则，严重损害其他投标人的合法利益，甚至损害到社会公共利益、扰乱社会经济秩序，可能带来不利于社会经济发展的竞争机制。

---

① 尹贻林：《工程价款管理——基于 DBB 模式的建设工程投资管控百科全书》，机械工业出版社 2018 年版，第 104 - 105 页。

② 对于任一招标工程量清单项目，当因本节规定的工程量偏差和第 9.3 节规定的工程变更等原因导致工程量偏差超过 15% 时，可进行调整。当工程量增加 15% 以上时，增加部分的工程量的综合单价应予调低；当工程量减少 is% 以上时，减少后剩余部分的工程量的综合单价应予调高。

③ 除专用合同条款另有约定外，变更估价按照本款约定处理：（1）已标价工程量清单或预算书有相同项目的，按照相同项目单价认定；（2）已标价工程量清单或预算书中无相同项目，但有类似项目的，参照类似项目的单价认定；（3）变更导致实际完成的变更工程量与已标价工程量清单或预算书中列明的该项目工程量的变化幅度超过 15% 的，或已标价工程量清单或预算书中无相同项目及类似项目单价的，按照合理的成本与利润构成的原则，由合同当事人按照第 4.4 款〔商定或确定〕确定变更工作的单价。

案例 9 - 13：浙江佳华时代装饰工程有限公司与丽水市莲都区林业局建设工程施工合同纠纷案——浙江省丽水市中级人民法院（2016）浙 11 民终 585 号民事判决书

裁判要旨：虽然不平衡报价未被法律所禁止，但必须在合理的范围内进行，若采取不正当手段，明显存在恶意行为，有违民事诚实信用原则，损害社会公共利益、扰乱社会经济秩序。

裁判摘要：关于人工工资是否按省信息价补差的问题，依据相关法律规定，案涉工程系必须进行招标投标的工程，双方应当按照招标文件和中标人的投标文件订立书面合同。根据招标文件第（三十四）单价按以下原则结算：①与投标相同的项目，结算单价仍按中标报价单价结算；②新增项目的工程量，其结算单价应采取类似套用原则，套用中标报价中类似项目组成；没有类似项目单价的，由业主和承包商根据项目具体情况参照中标价的下浮率确定，但新增项目的工程量单价不能高于浙江省和丽水市现行工程造价计价依据确定的单价。而上诉人中标后与被上诉人签订的《建设工程施工合同》第三部分专用条款第 23.2 第（2）款约定：采用可调价格合同。合同价款调整方法：按招标投标文件工程结算方式第（三十三）（三十四）调整，增加工程不让利，人工工资按省信息价补差。《建设工程施工合同》中关于"增加工程不让利，人工工资按省信息价补差"的约定实质性变更了招标投标文件的内容，且上诉人并没有提供证据证明该实质性变更具有正当事由，故应认定该约定无效，上诉人要求按该约定对人工工资按省信息价补差，缺乏依据，法院不予支持。

关于网线工程的结算价款问题，案涉工程招标投标时虽然未禁止不平衡报价，但仍应在合理范围内进行，本案中，上诉人承包案涉工程的负责人李敬松在招标投标和增加工程量等方面采取了不正当的手段，明显存在恶意；上诉人不仅投标单价畸高，而且实际工程量比标底增加约 10 倍，上诉人的上述行为，不仅有违民事活动应遵循的诚实信用原则，更有损社会公共利益、扰乱社会经济秩序。一审法院对超投标范围 15% 以内工程量按中标价计算工程价款，对超投标范围 15% 以外工程量按鉴定机构重新组价下浮后造价

12,880元作为工程价款，并无不当。

2. 清单价格并不必然适用于偏差工程量

不平衡报价实现必须基于两个条件：其一，施工合同应为单价合同，支持承包人对工程量清单中分部分项工程的综合单价进行调整；其二，不平衡报价利用的变更风险应由发包人承担，合同状态改变所引起的工程损失应由发包方补偿。[①] 清单计价模式最大的特点就是量价分离原则，工程量偏差本质上属于发包人应承担的变更类风险。如2013年版《建设工程工程量清单计价规范》第9.2.6条规定："当工程量增加15%以上时，其增加部分的工程量的综合单价应予调低；当工程量减少15%以上时，减少后剩余部分的工程量的综合单价应予调高。"根据该规定，对于增减工程量的"价"之风险，因增减幅度不同，承发包责任不同。由于该规范并不是法律法规，效力层次较低，并不能对抗承发包双方的约定，笔者认为还是以约定优先，但如果承发包双方明确约定适用2013年版《建设工程工程量清单计价规范》某一条款，应尊重约定效力。针对未约定的可参考该规范。

案例9-14：湖南省湘西公路桥梁建设有限公司与甘南藏族自治州交通运输局建设工程施工合同纠纷再审审查与审判监督案——最高人民法院（2018）最高法民申5591号民事裁定书

裁判要旨：《施工合同》明确约定，工程设计变更程序执行《公路工程设计变更管理办法》，发包方在审核时，可以该项目已批准预算单价或分析单价为控制价，按照招标时的下浮系数下浮后直接确定。

裁判摘要：法院经审查认为，原审认定案涉208-5-aM7.5浆砌片石单价为392.91元/m^3，认定事实正确。湘西公路公司与甘南州交通局签订的《施工合同》明确约定，工程设计变更程序执行《公路工程设计变更管理办法》。甘肃省公路管理局甘公建（2014）16号《公路工程设计变更管理办法》第8条规定：公路工程重大、较大及一般设计变更实行审批制。该管理

[①] 尹贻林：《工程价款管理——基于DBB模式的建设工程投资管控百科全书》，机械工业出版社2018年版，第104页。

办法第 17 条关于设计变更单价确定原则的第 4 项规定：合同工程量清单中存在明显不平衡报价的，省公路局在审核时，可以该项目已批准预算单价或分析单价为控制价，按照招标时的下浮系数下浮后直接确定。本案中，合冶公路 HYSG1 段公路工程于 2014 年 5 月发生设计变更，该设计变更依照上述设计变更管理办法的相关规定上报省公路局审批时，发现工程量清单浆砌片石单价存在不平衡报价的问题，该局适用设计变更管理办法的相关规定对 208 - 5 - aM7.5 浆砌片石的单价予以调整，符合合同约定，非属合同外第三人对合同约定的变更；同时，上述变更亦符合合同约定的变更情形，也即该变更结果对双方当事人具有约束力。原审法院根据上述事实，认定工程发生设计变更后 208 - 5 - aM7.5 浆砌片石的单价为 392.91/m³，并无不当。湘西公路公司虽主张在会议纪要中双方已明确 208 - 5 - aM7.5 浆砌片石单价的确认应适用《公路工程设计变更管理办法》第 17 条第 1 款，但会议纪要明确载明 208 - 5 - aM7.5 浆砌片石的单价需上报省公路管理局审批。湘西公路公司认为会议纪要已确认 208 - 5 - aM7.5 浆砌片石的单价，证据不足。另外，湘西公路公司也未提交证据推翻省公路局有关 208 - 5 - aM7.5 浆砌片石不平衡报价结论。据此，湘西公路公司认为原审认定事实错误，证据不足。

3. 不平衡报价的调整可能导致实质性变更

招标投标法及其实施条例均要求招标人和中标人签订的合同不得背离招标投标实质性内容，不平衡报价投标人利用自己的内外优势获得更大的利益，往往根据自己的以往的技术、项目管理水平对某项单价调高或者调低，这往往导致结算时不仅涉及单项计算，而且实质上触及工程计价模式的调整，根据《施工合同司法解释（二）》第 1 条的规定，工程计价属于实质性内容，同样极有可能因实质性变更合同无效，最终以中标合同作为确定双方权利义务的依据。

案例 9 - 15：贵州路桥集团有限公司与中铁十二局集团有限公司与一审被告中交第二航务工程局有限公司合同纠纷案——贵州省高级人民法院 (2016) 黔民申 95 号民事裁定书

裁判要旨：虽当事人双方可以自愿约定进行不平衡单价的调整，但应在不违反法律规定、诚实信用与公平合理原则，以及不损害其他招标投标参与人的前提下，否则某项目单价调整导致投标时的总价与调整后的总价产生较大差距，背离合同实质性内容。

裁判摘要： 关于认定事实缺乏证据证明问题。经查，一、二审时双方提供的证据显示，施工设计图册里设计图纸设计落款时间为 2009 年 4 月，路桥公司所提交证据不足以证实其所主张的备忘录及清单调整签订在前，设计变更在后。在建筑工程施工中双方虽可以自愿约定进行不平衡单价的调整，但前提应当是在招标投标单位共同对报价进行分析论证、认真审查设计图纸等重要材料，并保证该调整不违反法律规定、诚实信用与公平合理原则，以及不损害其他招标投标参与人的前提下，方可以在控制关键性的工程量项目清单并明确上下幅度等方式下进行合理调整。但经一审庭审查明，本案中 C40 级混凝土（空心墩）在被调整的谈判清单中所占比例较大，此后该项目不仅单价调整明显，且在实际施工中工程项目 C40 级混凝土（空心墩）施工工程量为零，不仅直接导致投标时的总价与调整后的总价产生较大差距，还导致中铁十二局总工程款结算比原招标文件确定的金额有明显差距，亦违反了《招标投标法》第 46 条第 1 款"招标人和中标人应当自中标通知书发出之日起三十日内，按照招标文件和中标人的投标文件订立书面合同。招标人和中标人不得再行订立背离合同实质性内容的其他协议"之规定。故对路桥公司认为认定事实缺乏证据的申请再审理由，法院不予采信。

（二）防范措施

（1）明确不平衡报价的幅度，采取合理措施予以严格限制。发包人可在招标文件或合同条款中设计明确限制条款，设置上浮和下浮的比例，若投标人工程量清单中填报的综合单价与招标控制价相应项目的综合单价偏差超过一定幅度的作为废标或强制调整处理，设置此类条款能够有效防止投标人不合理的不平衡报价。另外，利用科学技术，借助电子平台系统，有效识别不平衡报价及其幅度是否在合理范围之内，减少招标人的风险。

（2）对于可能存在的给工程量偏差问题，应加强施工图设计的重视。施工图设计是重中之重，施工图设计的深度和广度往往也很大程度上会影响是否会发生工程变更的风险。而实践中往往并不重视施工图设计，导致工程变更、设计变更、工程量变更等频发，这也给投标人有机可乘的机会。另外，应当严格要求投标人完全按照招标文件的要求投标报价，如果对工程量清单或技术规范等有异议的，招标人可以通过澄清函件或在投标文件中列偏差表的方式提出。

（3）对于可能触及实质性变更内容的，建议在合同订立和履行中提前设定防范条款。如超出约定的幅度，发包人可以重新进行组价，并对涉及金额变更程序的条款进行明确，包括提出的期限、变更依据，同时注意对监理单位的授权范围，最终确认权应归发包方。若最终发生纠纷，应当提前约定可能会发生鉴定的鉴定方法和鉴定依据等，防止承包方利用不平衡报价通过鉴定获得超出合同额的更多利益。

（三）相关法律依据

《民法总则》第 5 条规定，民事主体从事民事活动，应当遵循自愿原则，按照自己的意思设立、变更、终止民事法律关系。第 8 条规定，民事主体从事民事活动，不得违反法律，不得违背公序良俗。

《合同法》第 7 条规定，当事人订立、履行合同，应当遵守法律、行政法规，尊重社会公德，不得扰乱社会经济秩序，损害社会公共利益。

《招标投标法》第 46 条第 1 款规定，招标人和中标人应当自中标通知书发出之日起 30 日内，按照招标文件和中标人的投标文件订立书面合同。招标人和中标人不得再行订立背离合同实质性内容的其他协议。

《施工合同司法解释（二）》第 1 条规定，招标人和中标人另行签订的建设工程施工合同约定的工程范围、建设工期、工程质量、工程价款等实质性内容，与中标合同不一致，一方当事人请求按照中标合同确定权利义务的，人民法院应予支持。

五、环保风暴

2013 年国务院《大气污染防治行动计划》（以下简称《大气十条》）第一次把大气污染防治提升到民族复兴、伟大中国梦的高度，由此制定了 5 年

计划（2013～2017年），实现京津冀、长三角、珠三角区域乃至全国范围的
PM2.5、PM10浓度的显著下降。

2014年，为了全面落实《大气污染防治行动计划》（下文称"大气十
条"），原环境保护部、国家发展改革委、工业和信息化部、司法部、住房和
城乡建设部、原工商行政管理总局、原安全监管总局、国家能源局8部委联
合部署2014年全国整治违法排污企业保障群众健康环保专项行动。

2015年全国人民代表大会常务委员会颁布新环境保护法，2015年1月1
日实施，这也是改革开放以后的第一次修订。

2017年《打赢蓝天保卫战三年行动计划2018～2020》（三年计划），在
时间上与"大气十条"承接，被普遍认为是"大气十条"二期。

2019生态环保工作会议上，生态环境部原部长李干杰明确强调，2019年
是打好污染防治攻坚战的关键之年。我国生态文明建设正处于关键期、攻坚
期、窗口期。

2013～2016年，在去产能、供给侧改革的大背景下，包括板材、水泥、
钢材等建筑材料企业成为了去产能的对象，出现原材料价格大幅上涨、产能
下降的情况。

2017～2019年，环保督察组通过"督党委""督政府"，对责任的有关
人员实施量化问责制度，环保压力层层传导，地方党政领导对环保工作的重
视达到前所未有的程度。在环保的"尚方宝剑"下，有些企业被"一刀切"
关停。

从上述政策性文件中可以看出环保新政策频发与我国环境现状有很大关
系，同时对建设单位和施工单位产生了重大影响，往往涉及工期、人材机上
涨等重大问题。在此，笔者主要阐述对施工单位的风险。

（一）风险识别

1. 工期延误风险

以郑州市为例，郑州市对扬尘治理实行常规化管理与秋冬季治理相结合
的模式，将4～9月常规化管理时期督查工地发现的问题数量与秋冬季攻坚时
期的优惠政策相结合，在常规化管理时期，若工地的扬尘治理较好（如评上

绿牌工地），该工地在秋冬季治理时期享有一定的优先施工权利。按照《郑州市 2019 年施工工地扬尘污染防控精细化管理专项行动方案》的规定，在秋冬季节郑州市各项目必须响应重污染天气应急管理，按以下 4 种管控措施进行限额停产。在 4～9 月常规化管理期间，各项目也可能因突发环境污染、大型国际会议、大型体育赛事等情况而被要求临时限额停产，造成工期延误。

（1）红色管控（Ⅰ级响应）。除经市政府批准的应急抢险工程外所有项目全部停止施工，物料运输车辆全部禁运。如郑州市环境污染防治攻坚战领导小组办公室于 2019 年 2 月 25 日发布的《关于进一步加严红色预警应急减排措施的紧急通知》要求：2019 年 2 月 21 日，市人民政府办公厅发布《关于将重污染天气Ⅱ级响应调整为Ⅰ级响应的通知》（郑政办明电〔2019〕46号），于 2 月 21 日 22 时，将重污染天气橙色预警Ⅱ级响应调整为红色预警Ⅰ级响应。对经批准允许生产、施工的工业企业和民生工程（因保障安全的应急抢险工程、绿化工程除外），自 2 月 26 日 0 时起，全部停止生产、施工，停止渣土运输和物料运输，辖区政府组织"三员"驻场，严格监督落实到位；本次红色预警解除后，按原批准要求执行。

（2）橙色管控（Ⅱ级响应）。允许抢险类民生工程项目在达标情况下正常组织施工；允许一类民生工程项目、绿牌工地进行除土石方作业外的其他工序作业；二类民生工程项目和其他非民生工程项目，停止施工。如郑州市人民政府办公厅于 2019 年 2 月 17 日发布的《关于将重污染天气Ⅲ级响应调整为Ⅱ级响应的通知》要求：根据郑州市空气质量会商意见，预计 2 月 17 日至 2 月 23 日将出现中至重度污染过程，按照《郑州市人民政府关于印发郑州市重污染天气应急预案（2018 年修订）的通知》（郑政文〔2018〕177 号），经郑州市政府研究决定，2 月 17 日 18 时将重污染天气Ⅲ级响应调整为Ⅱ级响应。

（3）黄色管控（Ⅲ级响应）。允许抢险类民生工程、一类抢险类民生工程项目、绿牌工地在达标情况下正常组织施工；二类民生工程项目和其他非民生工程项目，停止施工。如郑州市人民政府办公厅于 2019 年 3 月 12 日发布的《关于将重污染天气Ⅱ级响应调整为Ⅲ级响应的通知》要求：根据我市空气质量会商意见，按照《郑州市人民政府关于印发郑州市重污染天气应急预案（2018 年修订）的通知》（郑政文〔2018〕177 号），经市政府研究，决定自 3 月 12 日 19 时将重污染天气 II 级响应调整为 III 级响应。

（4）临时管控。允许抢险类民生工程、一类民生工程项目、绿牌工地在达标情况下正常组织施工；允许二类民生工程项目在达标情况下进行除土石方作业外的其他工序作业；其他非民生工程及非绿牌工地项目，停止施工。如郑州市人民政府办公厅于 2018 年 12 月 26 日发布的《关于将重污染天气应急管控调整为不利气象条件临时管控的通知》要求：根据省环境攻坚办《关于解除重污染天气预警的通知》（豫环攻坚办〔2018〕80 号）要求，按照《郑州市人民政府关于印发郑州市重污染天气应急预案（2018 年修订）的通知》（郑政文〔2018〕177 号），经市政府研究决定，于 2018 年 12 月 26 日 15 时解除重污染天气预警。但近几日风力较大，决定同时实施不利气象条件临时管控，重点防范扬尘污染，执行以下临时管控措施（具体措施略）。

（5）施工单位扬尘治理不达标被责令停工（未做到"6/7/8 个 100%"）。如施工单位未按照行政主管部门规定的"6/7/8 个 100%"进行施工管理，也会被责令停工整改。近年来，尽管施工单位一再提高精细化施工管理，避免扬尘污染。但是建筑工地毕竟是和钢筋、水泥打交道的地方，施工单位也很难做到尽善尽美。在政府需要工地停工时，施工单位也总能被冠以扬尘治理不达标而面临停工整改。

（6）其他情况。在非供暖期间，政府基于突发环境污染，或者因大型国际会议、大型体育赛事等对市容市貌和环境条件要求较高时也会临时安排限额停产，对工期也会产生一定影响。如郑州市环境污染防治攻坚战领导小组办公室于 2019 年 7 月 15 日发布的《关于停止渣土车运输的紧急通知》要求：当前我市 NOx 浓度居高不下，为尽快扭转不利局面，按照《郑州市臭氧污染天气管控方案（试行）》（郑环攻坚办〔2019〕146 号），经市政府同意，自 7 月 15 日 14 时起市区三环内渣土车停运（经市政府批准的应急抢险工程、重点民生工程、绿色工地除外）。臭氧污染中度管控措施解除后可恢复运输。

归结上述工期延误的情形，大致可以分为两类，一是施工单位自身扬尘治理不力被责令停工，二是"封土令"、重污染应急响应措施等政府行为导致停工。

（1）施工单位扬尘治理不力被责令停工整改。此种情况下法律关系比较简单，施工单位未按照行政主管部门规定的扬尘治理措施进行施工管理，被行政主管部门责令停工整改，应由施工单位自己承担停工损失，工期不予顺延。

（2）"封土令"等政府行为是否属于不可抗力，由此造成的工期延误及损失如何分担？《民法总则》第 180 条第 2 款规定："不可抗力是指不能预见、不能避免且不能克服的客观情况。"2013 年版《建设工程施工合同（示范文本）》17.1 条规定："不可抗力是指合同当事人在签订合同时不可预见，在合同履行过程中不可避免且不能克服的自然灾害和社会性突发事件，如地震、海啸、瘟疫、骚乱、戒严、暴动、战争和专用合同条款中约定的其他情形。"

而对于"封土令"等政府行为是否属于不可抗力存在一定争议。由于近年来空气污染严重，自 2015 年新环境保护法实施以来，环保政策出台频率增加。2016 年后相继推出"6 个 100%""7 个 100%""8 个 100%"、封土令等政策规定，各地在年底供暖期间也均会出台大气污染防治攻坚方案。虽然施工企业于 2016 年之前签订施工合同时未预见到国家防治大气污染的决心和扬尘治理的严重性，合同条款中未对工期、价款等做出相应的调整措施。但是在此之后，应该能够对此趋势有所预见，做出合理的风险调控。因此，"封土令"等政府行为是否属于不可抗力存在一定争议。但从近几年的裁判情况来看，倾向性认为"封土令"不属于不可抗力。

2. 合同约定材料价不予调整风险

在很多施工合同中，往往约定材料价格不予调整，特别是在固定价合同中，此时承包方承担的风险相对较大，很难转移。《最高人民法院关于审理建设工程合同纠纷案件的暂行意见》第 27 条规定："建设工程合同约定对工程总价或材料价格实行包干的，如合同有效，工程款应按该约定结算。因情势变更导致建材价格大幅上涨而明显不利于承包人的，承包人可请求增加工程款。但建材涨价属正常的市场风险范畴，涨价部分应由承包人承担。"《北京市高级人民法院关于审理建设工程施工合同纠纷案件若干疑难问题的解答》（京高法发〔2012〕245 号）第 12 条规定："建设工程施工合同约定工程价款实行固定价结算，在实际履行过程中，钢材、木材、水泥、混凝土等对工程造价影响较大的主要建筑材料价格发生重大变化，超出了正常市场风险的范围，合同对建材价格变动风险负担有约定的，原则上依照其约定处理；没有约定或约定不明，该当事人要求调整工程价款的，可在市场风险范围和幅度之外酌情予以支持；具体数额可以委托鉴定机构参照施工地建设行政主管部门关于处理建材差价问题的意见予以确定。"

上述规定仍是坚持约定为主，只要不是显失公平，一般不予调整。那能不能适用情势变更？《最高人民法院关于正确适用〈中华人民共和国合同法〉若干问题的解释（二）服务党和国家的工作大局的通知》（2009 年 4 月 27 日）第 2 条强调：（对于情势变更原则）各级人民法院务必正确理解、慎重适用。如果根据案件的特殊情况，确需在个案中适用的，应当由高级人民法院审核。必要时应提请最高人民法院审核。《最高人民法院关于当前形势下审理民商事合同纠纷案件若干问题的指导意见》（2009 年 7 月 7 日）第 1 条再次强调：人民法院在适用情势变更原则时，应当充分注意到全球性金融危机和国内宏观经济形势变化并非完全是一个令所有市场主体猝不及防的突变过程，而是一个逐步演变的过程。在演变过程中，市场主体应当对于市场风险存在一定程度的预见和判断。人民法院应当依法把握情势变更原则的适用条件，严格审查当事人提出的"无法预见"的主张。

由此可见，情势变更应符合以下条件：一是，情势变更的事由应发生在合同生效之后，全面履行之前。二是，情势变更属于异常风险，风险程度远远超出正常人的合理预期。三是，情势变更是导致双方权利义务发生严重失衡或者显失公平。四是，确需在个案中适用的，应当由高级人民法院审核，必要时应提请最高人民法院审核。因此，认定情势变更条件极为严格。

（二）防范措施

（1）根据《合同法》第 283 条、第 284 条的规定，施工单位可据此主张发包人应当按照约定全面履行自己的义务。根据双方施工合同，发包人负有及时为承包人施工提供施工场地、施工条件的义务。因发包人原因导致停工时，发包人应赔偿承包人由此造成的人材机损失，并顺延工期。

履约中加强证据管理，出现损失后及时索赔签证。对于政府部门下达的停工文件及时归档保存，通过口头或者微信等方式通知停工的在施工日志中写明并附图，按照合同约定的索赔期限，及时请求监理单位确认。监理不予确认的，施工单位可按照合同约定的地址使用 EMS 邮寄（注意注明文件名称），同时可向合同约定的邮箱发送，必要时对发送的内容及时公证。

（2）按照《合同法》第 117 条的规定和《建设工程工程量清单计价规范》（GB 50500—2013）第 9.10 条的规定，因不可抗力事件导致延误的工期应予以顺延，产生的人员伤亡、财产损失及其费用增加，发承包双方应按下列原则分别承担：①合同工程本身的损害、因工程损害导致第三方人员伤亡和财产损失以及运至施工场地用于施工的材料和待安装的设备的损害，应由发包人承担。②发包人、承包人人员伤亡应由其所在单位负责，并应承担相应费用。③承包人的施工机械设备损坏及停工损失，应由承包人承担。④停工期间，承包人应发包人要求留在施工场地的必要的管理人员及保卫人员的费用应由发包人承担。⑤工程所需清理、修复费用，应由发包人承担。⑥不可抗力解除后复工的，若不能按期竣工，应合理延长工期。发包人要求赶工的，赶工费用应由发包人承担。⑦不可抗力发生后，合同当事人均应采取措施尽量避免和减少损失的扩大，任何一方当事人没有采取有效措施导致损失扩大的，应对扩大的损失承担责任。⑧因合同一方迟延履行合同义务，在迟延履行期间遭遇不可抗力的，不免除其违约责任。

施工合同示范文本 2013 年版和 2017 年版通用条款第 17.3 条对上述调整方式也有相应的描述，如果合同文本选择的就是示范文本，可以直接适用；即使并未选择适用示范文本，也可以将其作为交易惯例进行援引适用。

但是 13 清单计价规范和示范文本关于不可抗力责任描述的情形均未包含材料价格上涨部分。13 清单计价规范第 3.4.1 条规定建设工程发承包，必须在招标文件、合同中明确计价中的风险内容及其范围，不得采用无限风险、所有风险或类似语句规定计价中的风险内容及范围。因此，即使在合同明确约定材料价格不予调整的情况下，对于政府行为造成工期延误以及环保风暴导致的材料价格暴涨，施工单位也可援引公平原则或者情势变更，要求调整材料价格，合理分担材料价格上涨造成的损失。

案例 9 - 16：河南国安建设集团有限公司与舞钢市房地产开发公司建设工程施工合同纠纷申诉、申请案——最高人民法院（2017）最高法民申 374 号民事裁定书

裁判要旨： 人工费属于政策性调整范围，依据合同约定属于风险范围之内，因此不应再予调整。

裁判摘要： 国安公司与舞钢房地产公司所签《建设工程施工合同》约定，合同价款采用固定方式确定，风险范围包括政策性调整、承包人可以预见的因素等，此约定意味着对风险范围之内的费用不再予以调整。从河南省住建厅就人工费计价问题发布的 2011 年 45 号通知进行指导和调整来看，人工费属于政策性调整范围，依据合同约定属于风险范围之内，因此不应再予调整。双方合同签订时间早于执行河南省住建厅 2011 年 45 号通知的时间，虽然该通知规定执行之日前已经签订的合同可按照该通知精神约定未完工程量人工费用的调整办法，但双方在该通知发布之后并未对未完工程量人工费调整办法另行约定，因此，二审法院在认定人工费问题时未适用该通知，并无不当。国安公司再审申请所提原判决适用法律法规错误的理由，不能成立。

在合同约定的风险范围未明确包含"政策性调整"时，也不排除法院支持的可能。

案例 9 - 17：黑龙江牡安建设集团有限公司与巢湖城市建设投资有限公司建设工程施工合同纠纷案——安徽省高级人民法院（2015）皖民四终字第 00269 号民事判决书

裁判要旨： 虽合同约定的风险范围，但风险条款的约定也未明确排除建筑行政主管部门发布的对人工费用调整文件的适用，则可以援引人工费用调整文件对人工费进行调整。

裁判摘要： 关于涉案工程人工费政策性调整问题。双方在合同专用条款中约定："合同价款采用固定价格，合同价款中包括的风险范围为，人工、材料（钢材、水泥、江沙、商品混凝土除外）、机械费用的市场价格变化；除不可抗力以外的其他风险。"该约定所指的人工费用系市场价格的变化，而非国家对建筑行业人工费用的政策保障性调整。该风险条款的约定也未明确排除建筑行政主管部门发布的对人工费用调整文件的适用。鉴定机构依据施工资料反映的施工进度及节点，执行安徽省住房和城乡建设厅《关于调整建设工程定额人工费的通知》的规定，对涉案工程人工费分年度按实调整，符合建筑市场发展的要求，并不违反双方当事人的合同约定。原审依据该鉴定报告做出判决，并无不当。巢湖城投公司关于鉴定单位未对人工费调整予以合理解释以及原审采信鉴定报告中人工费调整，属认定事实不清的上诉理由不能成立。

对于情势变更我们应慎重使用，在证据和条件成熟时，也可以将其作为抗辩的理由。如《山东省高级人民法院关于印发全省民事审判工作会议纪要的通知》中规定："建设工程施工合同约定工程价款实行固定价格结算，在合同履行中，发生建筑材料价格或者人工费用过快上涨，当事人能否请求适用情势变更原则变更合同价款或者解除合同。如果建筑材料价格或者人工费用的上涨没有超出固定价格合同约定的风险范围，当事人请求适用情势变更原则调整合同价款的，不予支持；如果建筑材料价格或者人工费用的上涨超出了固定价格合同约定的风险范围，发生异常变动的情形，如继续履行固定价格合同将导致当事人双方权利义务严重失衡或者显失公平的，则属于发生了当事人双方签约时无法预见的客观情况，当事人请求适用情势变更原则调整合同价款或者解除合同的，可以依照《最高人民法院关于适用〈中华人民共和国合同法〉若干问题的解释（二）》第26条和《最高人民法院关于当前形势下审理民商事合同纠纷案件若干问题的指导意见》的相关规定，予以支持。"

案例9－18：长沙白马桥建筑有限公司与郴州市裕兴房地产开发有限责任公司建设工程施工合同纠纷案——湖南省高级人民法院（2015）湘高法民一终字第68号民事判决书

裁判要旨： 合同赖以成立的环境发生重大变化，按照原合同履行对白马桥公司显失公平，构成情势变更。

裁判摘要： 本案引起情势变更的事由发生在合同成立以后，全面履行之前。引起情势变更原因不能归责于白马桥公司。本案工期不合理延长的主要原因是当地村民持续阻工及 2006 年夏天郴州市区持续降雨引起的施工场地挡土墙未能及时修复，上述原因不能归责于白马桥公司；合同赖以成立的环境发生重大变化，按照原合同履行对白马桥公司显失公平。双方签订的施工承包合同赖以成立的环境发生了当事人预料不到的重大变化，若继续按照原合同约定的固定价款结算对施工方白马桥公司明显不利。

（三）相关法律依据

《民法总则》第 180 条第 2 款规定，不可抗力是指不能预见、不能避免且不能克服的客观情况。

《合同法》第 283 条规定，发包人未按照约定的时间和要求提供原材料、设备、场地、资金、技术资料的，承包人可以顺延工程日期，并有权要求赔偿停工、窝工等损失。第 284 条规定，因发包人的原因致使工程中途停建、缓建的，发包人应当采取措施弥补或者减少损失，赔偿承包人因此造成的停工、窝工、倒运、机械设备调迁、材料和构件积压等损失和实际费用。

《最高人民法院关于适用〈中华人民共和国合同法〉若干问题的解释（二）》第 26 条规定，合同成立以后客观情况发生了当事人在订立合同时无法预见的、非不可抗力造成的不属于商业风险的重大变化，继续履行合同对于一方当事人明显不公平或者不能实现合同目的，当事人请求人民法院变更或者解除合同的，人民法院应当根据公平原则，并结合案件的实际情况确定是否变更或者解除。

专题十

中标项目转包、违法分包的法律风险

现实工程建设中，常常存在承包人将中标项目转包、违法分包的情形。恰逢 2019 年 1 月 1 日住房和城乡建设部颁布《建筑工程施工发包与承包违法行为认定查处管理办法》（建市规〔2019〕1 号）施行，对于转包、违法分包的认定、监督、处罚、追诉期限等该规定较试行办法有了新的规定，增加了转包、违法分包的认定情形，实际上再次增加了承包人转包、违法分包的法律风险。

一、转包、分包的含义

《建筑工程施工发包与承包违法行为认定查处管理办法》第 8 条对转包①

---

① 第 8 条规定了应当认定为转包的几种情形："……应当认定为转包，但有证据证明属于挂靠或者其他违法行为的除外：（一）承包单位将其承包的全部工程转给其他单位（包括母公司承接建筑工程后将所承接工程交由具有独立法人资格的子公司施工的情形）或个人施工的；（二）承包单位将其承包的全部工程肢解以后，以分包的名义分别转给其他单位或个人施工的；（三）施工总承包单位或专业承包单位未派驻项目负责人、技术负责人、质量管理负责人、安全管理负责人等主要管理人员，或派驻的项目负责人、技术负责人、质量管理负责人、安全管理负责人中一人及以上与施工单位没有订立劳动合同且没有建立劳动工资和社会养老保险关系，或派驻的项目负责人未对该工程的施工活动进行组织管理，又不能进行合理解释并提供相应证明的；（四）合同约定由承包单位负责采购的主要建筑材料、构配件及工程设备或租赁的施工机械设备，由其他单位或个人采购、租赁，或施工单位不能提供有关采购、租赁合同及发票等证明，又不能进行合理解释并提供相应证明的；（五）专业作业承包人承包的范围是承包单位承包的全部工程，专业作业承包人计取的是除上缴给承包单位"管理费"之外的全部工程价款的；（六）承包单位通过采取合作、联营、个人承包等形式或名义，直接或变相将其承包的全部工程转给其他单位或个人施工的；（七）专业工程的发包单位不是该工程的施工总承包或专业承包单位的，但建设单位依约作为发包单位的除外；（八）专业作业的发包单位不是该工程承包单位的；（九）施工合同主体之间没有工程款收付关系，或者承包单位收到款项后又将款项转拨给其他单位和个人，又不能进行合理解释并提供材料证明的。两个以上的单位组成联合体承包工程，在联合体分工协议中约定或者在项目实际实施过程中，联合体一方不进行施工也未对施工活动进行组织管理的，并且向联合体其他方收取管理费或者其他类似费用的，视为联合体一方将承包的工程转包给联合体其他方。"

有明确的规定，指承包单位承包工程后，不履行合同约定的责任和义务，将其承包的全部工程或者将其承包的全部工程肢解后以分包的名义分别转给其他单位或个人施工的行为。转包本身属于法律禁止行为，不被法律所保护，其特点是承包单位承接工程后，完全将工程转让或者肢解后以分包名义全部转出，不参与工程的建设与项目管理。需要注意的是，该办法将母公司承接工程并指定其子公司进行工程项目建设的性质明确为转包，建筑集团类的大型企业应处理好与其子公司之间的合作界限，避免被认定为转包的风险。

分包有合法分包和违法分包之分，合法分包受法律保护，此不再赘述。该办法在第 11 条规定了违法分包①，指承包单位承包工程后违反法律法规规定，把单位工程或分部分项工程分包给其他单位或个人施工的行为。涉及的工程范围是发包人未认可可以分包的部分建设工程或者是主体结构工程。

二、转包、违法分包的法律效力

《施工合同司法解释（一）》第 4 条规定了承包人非法转包、违法分包建设工程或者没有资质的实际施工人借用有资质的建筑施工企业名义与他人签订建设工程施工合同的行为无效。人民法院可以根据《民法通则》第 134 条的规定，收缴当事人的非法所得。《施工合同司法解释（一）》第 4 条规定了转包、违法分包的法律后果为对应的合同无效。这一解释意见，在《最高人民法院关于当前民事审判工作中的若干具体问题（节选）》中得到重申：关于合同效力问题，要严格适用《施工合同司法解释（一）》第 1 条和第 4 条关于合同无效情形的规定，对于应当招标而未招标或中标无效，转包、违法分包、肢解发包，不具有相应资质等级以及未取得建设工程规划许可审批手续等签订建设工程施工合同的，应当依法认定无效。

《施工合同司法解释（一）》第 8 条规定，承包人具有下列情形之一，发

---

① 该办法第 12 条规定："存在下列情形之一的，属于违法分包：（一）承包单位将其承包的工程分包给个人的；（二）施工总承包单位或专业承包单位将工程分包给不具备相应资质单位的；（三）施工总承包单位将施工总承包合同范围内工程主体结构的施工分包给其他单位的，钢结构工程除外；（四）专业分包单位将其承包的专业工程中非劳务作业部分再分包的；（五）专业作业承包人将其承包的劳务再分包的；（六）专业作业承包人除计取劳务作业费用外，还计取主要建筑材料款和大中型施工机械设备、主要周转材料费用的。"

包人请求解除建设工程施工合同的，应予支持……（四）将承包的建设工程非法转包、违法分包的。该条规定了转包、违法分包，在未经发包人同意或者追认的情况下，发包人享有合同解除权，以保障自己的合法权益不受侵害。而针对现实中常出现的母子公司承接工程问题，《全国人大常委会法制工作委员会对建筑施工企业母公司承接工程后交由子公司实施是否属于转包以及行政处罚两年追溯期认定法律问题的意见的函》（法工办发〔2017〕223号）① 亦否认了其合法性。

三、转包、违法分包的民事责任风险

施工单位在承包工程后将工程项目转包、违法分包给其他单位或者个人，依据《施工合同司法解释（一）》第 1 条规定，施工单位与转包人、违法分包人及实际施工人签订的合同无效，合同对双方并不具有法律约束力。这就导致实践中经常出现的一个问题，即实际施工人存在工期、质量等方面违约的情形下，施工单位往往无法依据合同约定，要求实际施工人承担相应的违约责任，最终无法获得相应的赔偿。

其实，并不是合同无效后，施工单位就无法主张赔偿，施工单位仍然可以向实际施工人主张赔偿损失，但举证责任会大大加重。由于工程建设周期性长，涉及主体众多，施工单位不容易证明实际施工人最终造成损失的数额。因双方不存在合同关系，并无签订直接有效的书面文件，最终数额的计算方

---

① 该相关规定具体内容为：一、关于母公司承接建筑工程后将所承接工程交由其子公司实施的行为是否属于转包的问题。建筑法第二十八条规定，禁止承包单位将其承包的全部建筑工程转包给他人，禁止承包单位将其承包的全部建筑工程肢解以后以分包的名义分别转包给他人。合同法第二百七十二条规定，发包人不得将应当由一个承包人完成的建设工程肢解成若干部分发包给几个承包人。承包人不得将其承包的全部建设工程转包给第三人或者将其承包的全部建设工程肢解以后以分包的名义分别转包给第三人。禁止承包人将工程分包给不具备相应资质条件的单位。禁止分包单位将其承包的工程再分包。建设工程主体结构的施工必须由承包人自行完成。招标投标法第四十八条规定，中标人不得向他人转让中标项目，也不得将中标项目肢解后分别向他人转让。中标人按照合同约定或者经招标人同意，可以将中标项目的部分非主体、非关键性工作分包给他人完成。接受分包的人应当具备相应的资格条件，并不得再次分包。上述法律对建设工程转包的规定是明确的，这一问题是属于法律执行问题，应当根据实际情况依法认定、处理。二、关于建筑市场中违法发包、转包、分包、挂靠等行为的行政处罚追溯期限问题，同意你部的意见，对于违法发包、转包、分包、挂靠等行为的行政处罚追溯期限，应当从违法发包、转包、分包、挂靠的建筑工程竣工验收之日起计算。合同工程量未全部完成而解除或暂时终止履行合同的，为合同解除或终止之日。

法均会产生重大争议。再者，即便最终人民法院或者仲裁机构进行了裁判，由于实际施工人多为自然人，其经济能力有限，抗风险能力较低，往往最终导致"竹篮子打水一场空"，无法执行到位。另依据《合同法》第58条之规定，施工单位在其中或多或少也会存在过错，根据过错程度，最终也会分担相应的责任。

实践中，施工单位与实际施工人签订的合同通常按照总承包合同价款扣除一定比例的"管理费"方式结算。在这种情况下，因合同无效，双方就工程结算发生纠纷，根据《施工合同司法解释（一）》，人民法院有权依据民法通则的规定没收违法所得，"管理费"有可能被人民法院没收上缴国库，虽然此种情况并不常见，但也有相关案例。

案例 10 - 1：舞钢市天利建筑安装有限公司与赵某锋建设工程施工合同纠纷案——河南省高级人民法院（2015）豫法民三终字第 00205 号民事判决书

裁判要旨：承包涉诉工程后，承包人与自然人签订《工程承包协议》，将工程肢解以分包名义转包给不具有施工资质的实际施工人，该情形属于违法转包关系，承包人应承担相应法律责任。

裁判摘要：舞钢市锦辉房地产开发有限公司（以下简称锦辉公司）于 2007 年和 2009 年两次招标投标确认舞钢市天利建筑安装有限公司（以下简称天利公司）中标涉诉工程，赵某锋与天利公司签订了建设工程施工合同，工程完工后，赵某峰就鉴定、工程造价、已付工程款、材料款、质保金、利息、管理费等为由，起诉了天利公司。天利公司承包锦辉公司发包的涉诉工程后，天利公司与赵志锋签订《工程承包协议》，将其中的 6#楼工程转包给不具有施工资质的实际施工人赵志锋，天利公司与赵某锋之间属于违法转包关系。根据《施工合同司法解释（一）》第 1 条的规定，双方之间签订的建设工程施工合同为无效合同。根据《合同法》第 58 条规定：合同无效或者被撤销后，因该合同取得的财产，应当予以返还；不能返还或者没有必要返还的，应当折价补偿。本案返还的工程价款应为双方约定的工程价款和变更增加部分的工程价款。双方虽然在合同中约定天利公司提取 2% 的管理费，税金由天利公司代扣代缴即天利公司不承担税金。但因合同无效，上述约定当然无效。故天利公司应当将全部工程款折价返还给赵某锋。天利公司应当支付工程款，并且承担利息。

施工总承包单位与发包人签订总承包合同，应对转包、违法分包中出现的工期、质量等问题和分包单位、实际施工人一起对发包人承担连带责任。实际施工人可依据《施工合同司法解释（一）》第26条："实际施工人以发包人为被告主张权利的，人民法院可以追加转包人或者违法分包人为本案当事人"之规定主张权利，这往往会导致发包人和施工单位产生不必要的纠纷，影响工程进程，进而对施工单位造成其他不可预见的损失。

根据《劳动和社会保障部关于确立劳动关系有关事项的通知》第4条规定："建筑施工、矿山企业等用人单位将工程（业务）或经营权发包给不具备用工主体资格的组织或自然人，对该组织或自然人招用的劳动者，由具备用工主体资格的发包方承担用工主体责任"之规定，如施工单位将工程转包、违法分包给实际施工人，对实际施工人招用的建筑工人，由自身承担工伤、欠薪等用工主体责任。但该规定并不是绝对的，存在适用的前提。

最高人民法院民事审判第一庭相关人士在《发包工程中涉及劳动争议的处理》一文中认为，具备用工主体资格的发包人将工程发包给同样具备主体的承包人，则承包人招用的劳动者与承包人之间形成劳动关系，与发包人不存在劳动关系；如果承包人又将工程层层分包或者转包给不具有用工主体资格的承包人或者实际施工人，该承包人与其招用的劳动者之间不构成劳动关系，而是形成劳务雇佣法律关系，发包方与劳动者之间不存在劳动法律关系，但发包人仍负有支付劳动者工资报酬和承担工伤保险责任的法定义务。实际施工人招用的劳动者请求确认与发包人之间存在劳动关系的，不予支持。[1]

另根据《建设领域农民工工资支付管理暂行办法》第12条规定，"工程总承包企业不得将工程违反规定发包、分包给不具备用工主体资格的组织或个人，否则应承担清偿拖欠工资连带责任"，施工总承包单位有承担欠薪连

---

[1] "发包工程中涉及劳动争议的处理"，见奚晓明主编、最高人民法院民事审判第一庭编：《民事审判前沿》（第1辑），人民法院出版社2014年版，第328-331页。

带责任的风险。

案例 10 - 2：杨某军与河南天河建设工程有限公司与潘某青等劳务合同纠纷再审审查与审判监督案——宁夏高级人民法院（2017）宁民申319 号民事裁定书

裁判要旨：由于劳务单位分公司将部分工程交由不具备施工资质的个人，劳务单位和劳务单位分公司均应当承担连带清偿责任。

裁判摘要：宁夏蓝山投资置业有限公司将其开发的蓝山青年城 12 至 22 号楼工程由天河公司建设，天河公司又与天邦达宁夏分公司签订了《建设工程劳务合同》，将其中的 15 至 18 号 4 栋楼工程的劳务分包给天邦达宁夏分公司，后天邦达宁夏分公司与潘某青签订《劳务施工分包合同》，将部分劳务工程交由潘某青施工，潘某青又将其中部分工作交由杨某甲完成，并向杨某甲出具劳务费欠条，后因该欠条无法兑现涉诉。杨某甲索要劳务费是基于其与潘某某之间的劳务关系，而非施工合同。依据《建设领域农民工工资支付管理暂行办法》（劳社部发〔2004〕22 号）第 12 条："工程总承包企业不得将工程违反规定发包、分包给不具备用工主体资格的组织或个人，否则应承担清偿拖欠工资连带责任"的规定，由于天邦达宁夏分公司将部分工程交由不具备施工资质的潘某青建设，天邦达宁夏分公司系天邦达公司设立的分公司，故天邦达宁夏分公司、天邦达公司均应当承担连带清偿责任。

四、转包、违法分包的行政责任风险

目前对于转包、违法分包的行政责任风险主要规定在《建筑法》《建设工程质量管理条例》和《建筑工程施工发包与承包违法行为认定查处管理办法》中，主要为责令改正、没收违法所得、根据情节罚款、吊销资质等，相关规定分别如下。

《建筑法》第 67 条规定："承包单位将承包的工程转包的，或者违反本法规定进行分包的，责令改正，没收违法所得，并处罚款，可以责令停业整顿，降低资质等级；情节严重的，吊销资质证书。承包单位有前款规定的违法行为的，对因转包工程或者违法分包的工程不符合规定的质量标准造成的损失，与接受转包或者分包的单位承担连带赔偿责任。"

《建设工程质量管理条例》第62条："违反本条例规定，承包单位将承包的工程转包或者违法分包的，责令改正，没收违法所得，对勘察、设计单位处合同约定的勘察费、设计费百分之二十五以上百分之五十以下的罚款；对施工单位处工程合同价款百分之零点五以上百分之一以下的罚款；可以责令停业整顿，降低资质等级；情节严重的，吊销资质证书。工程监理单位转让工程监理业务的，责令改正，没收违法所得，处合同约定的监理酬金百分之二十五以上百分之五十以下的罚款；可以责令停业整顿，降低资质等级；情节严重的，吊销资质证书。"

《建筑工程施工发包与承包违法行为认定查处管理办法》第15条规定："县级以上人民政府住房和城乡建设主管部门对本行政区域内发现的违法发包、转包、违法分包及挂靠等违法行为，应当依法进行调查，按照本办法进行认定，并依法予以行政处罚……4. 依据本办法第六条（五）项规定认定的，依据《中华人民共和国建筑法》第六十五条、《建设工程质量管理条例》第五十五条规定进行处罚……"

案例 10 - 3：天津市武清区畔景庭苑 B 区 10#楼工程，建设单位为天津远恒置业有限公司，项目负责人赵某秀；勘察单位为中国建筑东北设计研究院有限公司，项目负责人汪某慧；设计单位为天津丰和建筑设计有限公司，项目负责人李某利；施工单位为天津市武清区建筑工程总公司，项目负责人孙某奇；监理单位为天津天建工程管理有限公司，项目总监理工程师刘某旺①

主要违法违规事实：一是施工总承包单位将劳务分包给无资质的天津市武清区建筑工程总公司第一建筑公司，涉嫌违法分包。二是悬挑式脚手架未按专项施工方案要求预埋刚性连接件，未采用可承受拉力和压力的结构。三是悬挑式脚手架悬挑钢梁穿剪力墙位置未使用木楔楔紧，钢梁能自由活动。

---

① 来源于住建部《关于全国建筑市场和工程质量安全监督执法检查违法违规典型案例的通报（一）》（建质质函〔2019〕35 号），http://www.mohurd.gov.cn/wjfb/201907/t20190722_241201.html，访问日期：2019 年 9 月 30 日。

四是多台塔式起重机标准节代替基础节使用，不符合使用说明书要求，且无法证明满足塔身基础承载力要求。五是多台塔式起重机起重臂间水平和垂直安全距离不符合规范要求。六是4#塔式起重机塔身部分标准节规格不一致，且无法证明塔身能满足承载力要求。

五、转包、违法分包的刑事风险

《中华人民共和国刑法》（以下简称《刑法》）中目前并无针对转包人、违法分包人作为犯罪主体的罪名，但《刑法》第137条①规定的工程重大安全事故罪与转包人、违法分包人存在着一定的联系。因涉及的主体为建设单位、设计单位、施工单位、工程监理单位，包含了施工单位（该条里面所说的施工单位应具有相关施工资质），如果在施工过程中违反国家相关规定，私自降低工程质量标注，如建设过程中偷工减料、违反规章制度、冒险作业等，最终导致重大安全事故发生②，则会对直接责任人给予相应的刑事处罚。

案例10-4：管益龙工程重大安全事故刑事通知书——最高人民法院（2018）最高法刑申111号

内容摘要： 2011年5月28日，古建公司将承建的位于江苏省南京市鼓楼区金川河上的景观廊桥施工工程分包给没有取得相应施工资质的宏辉公司。在施工过程中，你系古建公司派驻现场的项目负责人，对宏辉公司违反施工规范，降低工程标准未履行工程质量监管职责，导致该廊桥项目工程质量存在重大安全隐患。2012年7月3日，该廊桥在暴雨大风中倒塌，造成2死6伤和人民币80余万元的直接经济损失。上述事实，有被害人陈述，证

---

① 《刑法》第137条规定，建设单位、设计单位、施工单位、工程监理单位违反国家规定，降低工程质量标准，造成重大安全事故的，对直接责任人员，处五年以下有期徒刑或者拘役，并处罚金；后果特别严重的，处五年以上十年以下有期徒刑，并处罚金。

② 《最高人民法院、最高人民检察院关于办理危害生产安全刑事案件适用法律若干问题的解释》第六条规定，实施刑法第一百三十二条、第一百三十四条第一款、第一百三十五条、第一百三十五条之一、第一百三十六条、第一百三十九条规定的行为，因而发生安全事故，具有下列情形之一的，应当认定为"造成严重后果"或者"发生重大伤亡事故或者造成其他严重后果"，对相关责任人员，处三年以下有期徒刑或者拘役：（一）造成死亡一人以上，或者重伤三人以上的；（二）造成直接经济损失一百万元以上的；（三）其他造成严重后果或重大安全事故的情形。

人张某、何某、姜丛某等人的证言，招标文件、中标通知书、建设工程设计合同、城北护城河、外金川河河道综合整治工程景观设计合作协议、工程分包合同，现场勘验、检查笔录，同案被告人周宏某和你的供述等证据证实，足以认定。

关于你提出你事实上无法行使监督管理责任，不应当承担刑事责任的申诉理由。经查，根据《建筑法》有关规定和古建公司与宏辉公司的合同约定，古建公司作为景观廊桥施工工程的承建单位，即使与宏辉公司签订了指定分包合同，具体施工由宏辉公司承担，也不能免除古建公司作为承包人对工程质量的监督管理责任。施工过程中，宏辉公司未严格按照施工规范加工安装廊桥木结构建筑，质量管控缺失，将柱脚直径 12 毫米对拉螺杆改用 3 英寸圆钉，施工组织设计缺乏针对木结构的内容及措施，节点榫卯做法不规范，降低了工程质量标准，造成重大安全事故。你作为施工现场的项目负责人，未履行工程质量监管的职责，系直接责任人员，应对工程重大安全事故承担责任，原判对你追究工程重大安全责任事故罪的刑事责任并无不当。

关于你提出建设单位和设计单位应当承担相应刑事责任的问题。本院认为，刑事审判实行"控审分离"原则，原判在检察机关未予指控的基础上，未对建设单位和设计单位的刑事责任问题做出评判，并无不当。你在申诉审查阶段提出要求追究有关单位责任，超出了人民法院刑事申诉复查案件的审查范围。

六、转包、违法分包情形下的实际施工人对于发包人的权利

《施工合同司法解释（一）》第 4 条明确了转包、违法分包情况下建设工程施工合同无效。在合同无效的情况下，《施工合同司法解释（二）》第 24、25 条赋予实际施工人对于发包人的两种工程价款请求权。第 24 条规定，实际施工人以发包人为被告主张权利的，人民法院应当追加转包人或者违法分包人为本案第三人，在查明发包人欠付转包人或者违法分包人建设工程价款的数额后，判决发包人在欠付建设工程价款范围内对实际施工人承担责任。第 25 条规定，实际施工人根据《合同法》第 73 条规定，以转包人或者违法分包人怠于向发包人行使到期债权，对其造成损害为由，提起代位权诉讼的，

人民法院应予支持。

《施工合同司法解释（二）》第24条规定了请求权，即实际施工人直接以发包人为被告主张权利。相比于《施工合同司法解释（一）》，《施工合同司法解释（二）》做出了两点突破。第一，《施工合同司法解释（一）》规定的是"实际施工人以发包人为被告主张权利的，人民法院可以追加转包人或者违法分包人为本案当事人"，而《施工合同司法解释（二）》规定"实际施工人以发包人为被告主张权利的，人民法院应当追加转包人或者违法分包人为本案第三人"。《施工合同司法解释（二）》强制性规定必须追加转包人或者违法分包人为第三人，此规定方便了法院查清案情特别是实际欠款数额，有利于提升审判效率和审理质量。第二，《施工合同司法解释（二）》规定了法院在判决时应当查明发包人的欠款数额，并且根据证据就近原则要求发包人举证欠付转包人或者违法分包人工程价款的数额。法院根据查明情况判决发包人在欠付工程款范围内对实际施工人承担责任。

《施工合同司法解释（二）》第25条规定了实际施工人有权对发包人主张代位权。首先，实际施工人向发包人行使代位权的前提是转包人或者违法分包人怠于向发包人行使到期债权。如何理解"怠于"，司法实践中认为债权到期之后，债务人未向次债务人提起仲裁或者诉讼就应被认定为"怠于"，债权人即可向次债务人提起诉讼。其次，《施工合同司法解释（二）》中规定的代位权是代位权制度在建设工程领域的具体应用，但是如何将代位权制度更合理地作为建设工程中实际施工人与发包人之间的诉权基础，还需要考量代位权的应用条件。《合同法司法解释（一）》第11条规定："债权人依照合同法第73条的规定提起代位权诉讼，应当符合下列条件：（一）债权人对债务人的债权合法；（二）债务人怠于行使其到期债权，对债权人造成损害；（三）债务人的债权已到期；（四）债务人的债权不是专属于债务人自身的债权。"代位权的适用需债务人的债权已经到期，这意味着转包人、违法分包人与发包人之间的施工合同需到达履行期间，实际施工人才可向发包人主张权利。这种制度限制可以作为有限度的突破合同相对性的制度应用，也是对上一种请求权基础的补充应用或实际施工人根据具体情况的选择适用。

在目前的司法实践中，实际施工人可以突破合同相对性直接向发包人主张权利。最高人民法院在裁判理由中明确，《施工合同司法解释（一）》第26条确立了实际施工人工程价款请求权的一般规则，即实际施工人可以依法起诉与其具有合同关系的转包人、违法分包人；第二款明确了实际施工人工程价款请求权的例外救济，即实际施工人可以要求发包人在欠付工程价款范围内对实际施工人承担责任。

七、实际施工人对于转包人、违法分包人的权利

（一）转包人、违法分包人是实际施工人合同相对人的情况

此种情况为转包人、违法分包人与实际施工人直接签署了施工合同，根据《施工合同司法解释（一）》，这种转包、违法分包建设工程施工合同无效。根据《施工合同司法解释（一）》第26条第1款，实际施工人可以以转包人、违法分包人为被告起诉。根据合同法的精神，虽然合同归于无效，但是并不影响合同一方向相对方主张赔偿的请求。

案例10-5：大连恒达机械厂与普兰店市宏祥房地产开发有限公司、大连成大建筑劳务有限公司等建设工程施工合同纠纷申请再审案——最高人民法院（2015）最高院民申字第919号民事裁定书

裁判要旨：实际施工人与转包人之间签订有钢梁制作安装协议书，双方存在钢梁制作安装工程的工程承包合同关系，转包人应承担赔偿责任。

裁判摘要：大连恒达机械厂与普兰店市宏祥房地产开发有限公司建设工程施工合同纠纷一案中，恒达机械厂对辽宁省高院做出判决中的法律适用，具体为宏祥公司应否在欠付工程价款范围内承担连带责任问题存疑，提请最高人民法院再审。最高人民法院认为本案实际施工人与转包人之间签订有钢梁制作安装协议书，双方存在钢梁制作安装工程的工程承包合同关系。原审法院根据《施工合同司法解释（一）》第2条关于"建设工程施工合同无效，但建设工程经竣工验收合格的，承包人请求参照合同约定支付工程价款的，应予支持"之规定，判令成大公司承担偿还工程价款的责任，适用法律

正确。

（二）转包人、违法分包人并非实际施工人的合同相对人的情况

层层转包、违法分包的情形在现实中层出不穷，这种情况下实际施工人与没有与其签订施工合同的"隔层"转包人（违法分包人）不存在合同相对关系。此种情况下，司法实践中对于实际施工人主张的发包人与各个层级转包人或者违法分包人承担连带责任，一般不予支持。以张支友与中天建设集团有限公司、汪国民建设工程施工合同纠纷一案为例。A 与 B 签订工程承包合同，B 与 C 达成口头协议，B 将合同的一部分承包给 C。C 与 A 并无合同关系。C 的申请理由为 A 将工程分包给 B 违法，B 将工程分包给 C 亦违法，故 A 不仅是工程的总承包人，还是违法分包人，A 应对于 C 的损失承担连带责任。最高人民法院审理认为对于 C 而言，其合同相对人是 B，而非 A。C 可以向违法分包的 B 主张工程款，但是根据《施工合同司法解释（二）》第 2 条第 26 款，发包人可在未结工程款的范围内向实际施工人承担责任，但是要求 A 承担连带责任于法无据。

此案说明，在《施工合同司法解释（一）》和《施工合同司法解释（二）》对实际施工人的权益保护背景下，也不应当损害善意发包人的合法权益，因此，根据法理，遵循实际施工人与上家具有合同相对性的当事人之间存在清偿关系，而不要求所有违法分包、转包者对于实际施工人承担连带责任，并对于发包人仅在欠付总承包方工程款范围内支付责任，这种做法更符合法理和工程行业实际情况。

法律链接

一、法律法规

（一）《合同法》

第 272 条　发包人可以与总承包人订立建设工程合同，也可以分别与勘察人、设计人、施工人订立勘察、设计、施工承包合同。发包人不得将应当由一个承包人完成的建设工程肢解成若干部分发包给几个承包人。

总承包人或者勘察、设计、施工承包人经发包人同意，可以将自己承包

的部分工作交由第三人完成。第三人就其完成的工作成果与总承包人或者勘察、设计、施工承包人向发包人承担连带责任。承包人不得将其承包的全部建设工程转包给第三人或者将其承包的全部建设工程肢解以后以分包的名义分别转包给第三人。

禁止承包人将工程分包给不具备相应资质条件的单位。禁止分包单位将其承包的工程再分包。建设工程主体结构的施工必须由承包人自行完成。

(二)《建筑法》

第28条 禁止承包单位将其承包的全部建筑工程转包给他人,禁止承包单位将其承包的全部建筑工程肢解以后以分包的名义分别转包给他人。

第29条 建筑工程总承包单位可以将承包工程中的部分工程发包给具有相应资质条件的分包单位;但是,除总承包合同中约定的分包外,必须经建设单位认可。施工总承包的,建筑工程主体结构的施工必须由总承包单位自行完成。

建筑工程总承包单位按照总承包合同的约定对建设单位负责;分包单位按照分包合同的约定对总承包单位负责。总承包单位和分包单位就分包工程对建设单位承担连带责任。

禁止总承包单位将工程分包给不具备相应资质条件的单位。禁止分包单位将其承包的工程再分包。

第67条 承包单位将承包的工程转包的,或者违反本法规定进行分包的,责令改正,没收违法所得,并处罚款,可以责令停业整顿,降低资质等级;情节严重的,吊销资质证书。

承包单位有前款规定的违法行为的,对因转包工程或者违法分包的工程不符合规定的质量标准造成的损失,与接受转包或者分包的单位承担连带赔偿责任。

(三)《招标投标法》

第30条 投标人根据招标文件载明的项目实际情况,拟在中标后将中标项目的部分非主体、非关键性工作进行分包的,应当在投标文件中载明。

第48条 中标人应当按照合同约定履行义务,完成中标项目。中标人不得向他人转让中标项目,也不得将中标项目肢解后分别向他人转让。

中标人按照合同约定或者经招标人同意，可以将中标项目的部分非主体、非关键性工作分包给他人完成。接受分包的人应当具备相应的资格条件，并不得再次分包。

中标人应当就分包项目向招标人负责，接受分包的人就分包项目承担连带责任。

第58条　中标人将中标项目转让给他人的，将中标项目肢解后分别转让给他人的，违反本法规定将中标项目的部分主体、关键性工作分包给他人的，或者分包人再次分包的，转让、分包无效，处转让、分包项目金额千分之五以上千分之十以下的罚款；有违法所得的，并处没收违法所得；可以责令停业整顿；情节严重的，由工商行政管理机关吊销营业执照。

（四）《招标投标法实施条例》

第59条　中标人应当按照合同约定履行义务，完成中标项目。中标人不得向他人转让中标项目，也不得将中标项目肢解后分别向他人转让。

中标人按照合同约定或者经招标人同意，可以将中标项目的部分非主体、非关键性工作分包给他人完成。接受分包的人应当具备相应的资格条件，并不得再次分包。

中标人应当就分包项目向招标人负责，接受分包的人就分包项目承担连带责任。

第76条　中标人将中标项目转让给他人的，将中标项目肢解后分别转让给他人的，违反招标投标法和本条例规定将中标项目的部分主体、关键性工作分包给他人的，或者分包人再次分包的，转让、分包无效，处转让、分包项目金额5‰以上10‰以下的罚款；有违法所得的，并处没收违法所得；可以责令停业整顿；情节严重的，由工商行政管理机关吊销营业执照。

二、各地方司法指导意见

1. 《北京市高级人民法院关于审理建设工程施工合同纠纷案件若干疑难问题的解答》（京高法发〔2012〕245号）

建设工程经数次转包的，实际施工人应当是最终实际投入资金、材料和劳力进行工程施工的法人、非法人企业、个人合伙、包工头等民事主体。

法院应当严格实际施工人的认定标准，不得随意扩大《解释》第二十六条第二款的适用范围……实际施工人以违法分包人、转包人为被告要求支付工程款的，法院不得依职权追加发包人为共同被告；实际施工人以发包人为被告要求支付工程款的，应当追加违法分包人或转包人作为共同被告参加诉讼，发包人在其欠付违法分包人或转包人工程款范围内承担连带责任。发包人以其未欠付工程款为由提出抗辩的，应当对此承担举证责任。

2.《江苏省高级人民法院关于审理建设工程施工合同纠纷案件若干问题的意见》（苏高法审委〔2008〕26号）

第23条 实际施工人以发包人为被告要求支付工程款的，人民法院一般应当追加转包人或者违法分包人为被告参加诉讼。

建设工程因转包、违法分包导致建设工程施工合同无效的，实际施工人要求转包人、违法分包人和发包人对工程欠款承担连带责任的，人民法院应予支持，但发包人只在欠付的工程款范围内承担连带责任。

实际施工人要求发包人给付工程款，发包人以实际施工人要求给付的工程款高于其欠付的工程款进行抗辩的，应当由发包人承担举证责任。

专题十一

对招标投标的投诉

在建设工程招标投标过程中，往往会因为招标人、招标代理人、评标专家以及投标人之过错导致资格预审文件、开标程序和评标结果等环节上存在瑕疵或错误。此处就这些瑕疵或错误发生时，谁有资格进行投诉、投诉有无前置条件、向谁投诉、施工合同签订后发现投标存在错误能否投诉以及如何处理此类投诉等问题进行分析。

一、投诉主体与投诉处理主管部门

在建设工程招标投标过程中，一旦发现资格预审文件存在设置不合理的条件限制、排斥潜在投标人之时，开标程序存在错误时以及投标人之间存在串标或围标行为或投标人与招标人之间存在串标行为时，谁有资格对以上违法行为向招标投标行政主管部门进行投诉呢？根据《招标投标法》第65条，《招标投标法实施条例》第22条、第44条、第54条、第60条，《河南省房屋建筑和市政工程项目招标投标监督管理办法》第65条之规定，投诉主体包含投标人（潜在投标人）和其他利害关系人。也就是说，投标人或者其他利害关系人认为招标投标活动不符合法律、行政法规规定进行投诉的，都有权向招标投标行政监督管理部门进行投诉。

关于投诉处理的主管部门，《招标投标法》第65条、《招标投标法实施条例》第60条均明确招标投标处理的主管部门为"有关行政监督部门"，但并没有明确具体是哪个部门。目前，在河南省行政区内，招标投标监督管理机构为建设局下辖的机构，一般简称为"招标办"。"招标办"代表政府进行建设工程招标投标活动的全程监督管理工作，其中自然也包括招标投标过程中有关投诉案件的处理工作。

案例 11 −1：江西省建设监理有限公司与萍乡市建设局行政监察二审案——江西省萍乡市中级人民法院（2017）赣 03 行终 10 号行政判决书

案情简介：2014 年 7 月 17 日，萍乡汇丰公司作为招标人在《萍乡日报》刊登了"田中人工湖景观工程施工监理招标公告"。2014 年 8 月 7 日，江西监理公司报名参加投标并中标。2014 年 8 月 8 日，署名张某的人检举江西监理公司有被通报批评的不良记录的情形。2014 年 8 月 20 日，萍乡汇丰公司向萍乡市建设局招标办提出"关于对田中湖景观监理招标投诉处理方案"。2014 年 9 月 23 日，评标办委员会成员在萍乡市招标办、萍乡市监管办、萍乡市重监办相关人员参加的情况下对萍乡市田中人工湖景观工程施工监理项目 2014 年 8 月 7 日的开标结果进行了复议，并做出了复议意见书，复议意见书以江西监理公司未如实填写企业近 36 个月和总监理工程师受处罚情况视同弄虚作假为由，取消江西监理公司中标资格，江西监理公司对被取消中标资格不服，以萍乡汇丰公司为被告，以"张某不是《工程建设项目招标投标活动投诉处理办法》中的利害关系人，不具有举报主体资格"等为原因，向萍乡市中级人民法院提起民事诉讼，要求确认江西监理公司中标成立且合法有效。

裁判要旨：在萍乡市田中人工湖景观工程施工监理招标过程中，张某既不是投标人也不是利害关系人，其反映的事实不是这次招标投标活动中不符合法律、法规的规定的行为，而是反映江西监理公司 2014 年在赣州市有不良违法记录被通报，故张某的行为应定性为举报，在本案中张伟实际为举报人而不是投诉人。其行为不受《工程建设项目招标投标活动投诉处理办法》的约束，"招标办"可根据张伟所反映的情况告知项目招标人即第三人萍乡汇丰公司，由招标人进行处理。

从以上案例可知，投诉主体，甚至是投诉的具体内容都会对投诉行为本身产生实际影响，虽然本案以"一般的检举行为"为兜底对江西监理公司进行了相应的处理，但是仍然尊重既有法理，间接否定了张某的投诉主体资格。

二、投诉人、投诉内容及投诉时间对比

针对投诉主体、投诉时效的约定、投诉的前置条件、投诉内容及法律依据可进行列表对比分析见表 11 - 1。

表 11 - 1　投诉人、投诉内容及投诉时间对比

序号	投诉主体	前置条件	投诉时间	投诉内容	法律依据	投诉部门
1	潜在投标人或利害关系人	先向投标人提出异议	在知道或应当知道起10日内	对资格预审文件有异议	《招标投标法实施条例》第22条、第60条	招标办及上级主管部门
2	投标人	先向投标人提出异议	在知道或应当知道起10日内	对开标程序有异议	《招标投标法实施条例》第44条、第60条	招标办及上级主管部门
3	投标人或利害关系人	先向投标人提出异议	在知道或应当知道起10日内	对评标程序有异议	《招标投标法实施条例》第54条、第60条	招标办及上级主管部门
4	投标人或利害关系人	无	在知道或应当知道起10日内	除1、2、3项以外其他内容投诉	《招标投标法实施条例》第60条	招标办及上级主管部门

案例 11 -2：江西省东禹建设工程有限公司与吉安市人民政府行政复议一审案——江西省吉安市中级人民法院（2016）赣 08 行初 10 号行政判决书

案情简介： 江西省万安中学将涉诉工程进行招标，由东禹公司中标后，万安县发展和改革委员会在收到了安福县泰吉建筑公司的投诉，做出了万发改字（2015）74 号投诉处理意见后，吉安市政府做出吉府复字（2015）77 号《行政复议决定书》，认为万安县发展和改革委员会做出的投诉处理意见，其形式、结论不符合《工程建设项目招标投标活动投诉处理办法》第 20 条、第 22 条之规定，予以撤销。东禹公司起诉要求撤销吉安市政府做出的《行政复议决定书》。

裁判要旨： 根据《招标投标法实施条例》第 54 条、第 60 条第（二）

建设工程招标投标法律实务精要

项、《工程建设招标投标活动处理办法》第7条第（二）项的规定，投标人或者其他利害关系人对依法必须进行招标的项目的评标结果有异议的，应当在中标候选人公示期间提出；就《招标投标法实施条例》第54条规定事项投诉的，应当先向招标人提出异议；对应当先提出异议的事项进行投诉的，应当附提出异议的证明文件。泰吉公司作为万安中学学生宿舍楼项目的投标人，对该项目的评标结果有异议，应当先向该项目的招标人江西省万安中学提出异议。万安县发展和改革委员会在泰吉公司未先向招标人提出异议的情况下，直接受理其投诉并做出处理意见，违反上述规定。

从以上案件可知，就招标投标行为投诉时，应当注意投诉是否需要前置条件等细节问题。

（一）发现招标投标活动存在违规、违法行为的救济路径

针对投诉人所投诉的内容不同，法律规定了不同的救济路径。针对《招标投标法实施条例》第22条、第44条以及第54条的规定，以上3个法条规定的投诉主体及所投诉的内容需要按以下路径进行救济。投诉人需要先就异议内容向招标人提出异议（投诉的前置条件），招标人如果不予处理或投诉人对招标人的处理结果仍有异议，可以再向招标办或上级主管部门进行投诉，但投诉的时间为投诉人知道或应该知道招标活动不符合法律、行政法规的规定（提出异议的时间不计算在内）10日内，超过10日再投诉的，行政主管部门将不再受理。

投诉人针对《招标投标法实施条例》第22条、第44条以及第54条规定之外的其他违法行为（包括围标、串标、弄虚作假、违规招标等）的投诉，没有先向招标人提出异议的前置条件，可以直接向招标办及上级主管部门进行投诉。

（二）行政主管部门对投诉的处理

投诉人就同一事件向两个以上有权受理的行政监督部门投诉的，由最先收到投诉的行政监督部门负责处理。但在实际处理此类投诉案件时，上一级行政监督部门一般会将此类投诉移交到招标办统一负责处理。关于投诉处理的时间规定，行政监督部门应当自收到投诉之日起3个工作日内决定是否受

理投诉，并自受理投诉之日起 30 个工作日内做出书面处理决定，需要检验、检测、鉴定、专家评审的，所需时间不计算在内。

投诉人捏造事实、伪造材料或者以非法手段取得证明材料进行投诉的，行政监督部门应当予以驳回。

三、关于特殊"投诉"案件的处理

（一）对中标人的投诉的处理

在招标投标活动中，存在这样一种情况，即投标人或其他利害关系人在招标投标活动过程中并没有发现中标人此次招标投标活动存在违法、违规行为，但在选定中标人或招标人已和中标人签订施工合同后，甚至工程已经施工或施工完毕后才发现中标人存在违法、违规行为。在此情况下，投标人或其他利害关系人是否还可以向招标办或其他行政监督部门进行投诉呢？针对这一问题一直存在争议。

笔者认为，根据《招标投标法实施条例》第 60、61 条规定，投标人或其他利害关系人在有确切证据证明中标人是通过违法、违规行为获取中标的，可以在其知道或应当知道 10 日内向招标办或其他监督部门投诉。招标办或其他监督部门应该在收到投诉后 3 个工作日内决定是否受理投诉，并在受理之日起 30 个工作日内做出书面处理决定。本书认为，只要投诉人投诉属实，且有确切证据，监督部门（招标办）都不应以投诉的具体时间离招标投标活动长短而决定是否受理，因为监督部门（招标办）的行政职责不仅仅停留在招标投标活动的事前监管，也包括事中监管和事后监管。事中和事后监管恰恰覆盖了招标人和中标人签订施工合同以及中标人的施工全过程。既然中标人是通过违法、违规方式取得了中标人资格，理应受到法律的惩罚。如果以投诉的具体时间作为不受理投诉的理由，有关部门则有失职或不作为之嫌。

（二）监督部门对内容属实、形式虚假的证明文件的投诉处理

如果投标文件中存在形式上虚假但内容却是真实的证明文件例如，一份投标文件中的项目经理的社保证明文件在形式上是虚假的，但内容却是真实

的，也就是说项目经理确实为投标人的员工，投标人也证实该项目经理购买了社保，其他投标人如果以项目经理社保证明虚假为由进行投诉，监督部门（招标办）是否可以以此直接判定该投标文件无效呢？本书认为如果以此直接判定此类投标文件无效，有失偏颇。根据《招标投标法》第54条、《招标投标法实施条例》第42条的规定，均未将上述"虚假"文件列为判定投标文件无效的条款。事实上，这类"虚假"文件并未真正影响投标文件的有效性，也不会因此损害其他投标人的利益，这类"虚假"文件只应视为"瑕疵"文件，不应将此类"瑕疵"文件作为判定无效标书的依据。同样的情况还会发生在对其他违法行为的投诉上，此时，区分"对违法行为的投诉"和"对中标结果的投诉"很有必要。

案例11-3：丰都县人民政府中冶建工集团有限公司与四川朝元建筑工程有限公司其他二审案——重庆市高级人民法院（2017）渝行终715号行政判决书

案情简介："丰都县25个福利院消防安全隐患整改工程"（以下简称丰都福利院消防整改工程）由丰都县发展和改革委员会批准建设，该项目的业主为丰都县民政局。2016年，丰都县民政局委托招标代理人重庆大正建筑工程经济技术有限公司（以下简称大正公司）编制并发布了《招标文件》。2016年12月6日，重庆市工程建设招标投标交易信息网公示了"丰都福利院消防整改工程"中标候选人，公示中冶建工集团为第一中标候选人及拟中标人。公示时间为2016年12月6日至2016年12月8日，投诉受理部门为丰都县城乡建设委员会（以下简称丰都县建委）。2016年12月9日，作为"丰都福利院消防整改工程"投标人之一的四川朝元建筑公司，书面向丰都县建委投诉中冶建工集团，称中冶建工集团在经营活动中不讲信誉、非法转包工程、拖欠工程款、诉讼案件非常多，投标时隐瞒了事实真相，不能满足《招标文件》第八章第三部分第（四）的要求，诉请取消中冶建工集团的中标资格。丰都县建委认定四川朝元建筑司的投诉事项应先提出异议而没有提出异议，不符合投诉受理条件进而不予受理。四川朝元建筑公司不服，遂提起本案诉讼。

裁判要旨：本案的争议焦点是四川朝元建筑公司向丰都县建委提出对中冶建工集团的投诉是否属于评标结果投诉。在招标投标实践中，投诉人对招标投标活动中违法行为的投诉多数情况下都会诉请取消中标资格，需根据投诉的具体内容及个案具体情况进行分析。对违法行为的投诉与诉请取消中标资格之间系因素和结论的关系，二者不能混淆，不能因诉求取消中标资格就直接判定为投诉中标资格。

案例 11 - 4：广东美的暖通设备有限公司与青岛市政务服务和公共资源交易管理办公室资源行政管理其他（资源）二审案——山东省青岛市中级人民法院（2017）鲁 02 行终 651 号行政判决书

案情简介：招标人青岛市西海岸轨道交通有限公司（以下简称西海岸轨道公司）为其多联分体空调机项目招标，委托山东世元工程管理有限公司（以下简称世元公司）作为招标代理机构办理招标事宜。项目经开标、评标，确定广东美的暖通设备有限公司（以下简称美的公司）为排名第一的中标候选人。在中标候选人公示期内，西海岸轨道公司收到其他投标人提交的质疑材料，经调查，取消了美的公司第一中标候选人资格。美的公司遂向青岛市政务服务和公共资源交易管理办公室（以下简称公共资源管理办）对世元公司提出了投诉，认为其投标合法有效，但并未收到中标通知书，世元公司存在泄标行为，要求公共资源管理办责令世元公司改正违法行为并对其进行处罚，责令世元公司向美的公司发送中标通知书。公共资源管理办通过听取被投诉人的陈述和申辩、向招标人进行核实及查看开标评标现场视频等调查方式，未发现世元公司存在泄标行为，遂做出青政督决（2016）1 号《工程建设项目招标投标活动投诉处理决定书》，驳回了美的公司的投诉。美的公司遂提起本案诉讼，要求撤销青政督决（2016）1 号《工程建设项目招标投标活动投诉处理决定书》。

裁判要旨：在处理投诉过程中，首先要根据《工程建设项目招标投标活动投诉处理办法》之规定，针对投诉事项展开调查，不能任意扩大或缩小调查范围。另外，根据《工程建设项目招标投标活动投诉处理办法》之规定，行政监督部门受理投诉后，应当调取、查阅有关文件，调查、核实有关情况；应当听取被投诉人的陈述和申辩，必要时可通知投诉人与被投诉人进行质证。本案公共资源管理办听取了被投诉人陈述和申辩、向投标人进行了核实、调取查看了开标评标现场视频，采取了各类调查方式，尽到了调查义务，得出的结论认定事实清楚，维护了公开、公平、透明的交易秩序，实现了平等保护各方的监管目的。

从以上案例可以看出，在处理中标人的投诉时，一定要区分违法行为与中标资格的逻辑关系，且还要对投诉事项尽到充分调查义务，达到事实清楚、证据确凿的调查程度，既切实保障投诉人合法权益，又不轻下结论，避免不当损害被投诉人利益。

四、对招标投标活动投诉的处理后果

（一）行政责任、民事责任和刑事责任

在招标投标活动的投诉中，投诉的对象可能涉及招标人、投标人、招标代理人和监管机构，投诉事件可能产生的法律后果一般有如下三种。

1. 行政责任

针对招标人与投标人之间串标、投标人与投标人之间串标和围标、投标人弄虚作假投标等违法行为，监管机构接到投诉后可以根据法律规定对中标结果做出无效处理，对违法、违规的被投诉人做出项目金额 0.5% ~1% 的罚款，同时可以根据违法情节，对投标人做出在一定时间内限制在本行政区内参加投标活动的处罚。对招标人的违法、违规行为，监管部门可以责令其整改，并对其进行处以项目金额 1% 以下的罚款，对单位直接负责的主管人员和其他直接责任人员依法给予处分。对取得招标职业资格的单位和专业人员违反国家有关规定办理招标业务的，责令改正，给予警告；情节严重的，暂停一定期限内从事招标业务；情节特别严重的，取消招标职业资格。对监督管理机构的违法行为，可以通过行政诉讼方式加以解决。

为了更加清晰地展示建设工程招标投标行政违法行为的种类及处罚的依据，以表的形式（见表 11 - 2）列出招标投标违法行为行政责任清单。

表 11 - 2　招标投标违法行为行政责任清单

违法行为	法律责任	法律依据
1. 必须进行招标的项目而不招标的，将必须进行招标的项目化整为零或者以其他任何方式规避招标的	责令限期改正，可以处项目合同金额千分之五以上千分之十以下的罚款；对全部或者部分使用国有资金的项目，可以暂停项目执行或者暂停资金拨付；对单位直接负责的主管人员和其他直接责任人员依法给予处分	《招标投标法》第 49 条
2. 招标代理机构泄露应当保密的与招标投标活动有关的情况和资料的，或者与招标人、投标人串通损害国家利益、社会公共利益或者他人合法权益的	处五万元以上二十五万元以下的罚款，对单位直接负责的主管人员和其他直接责任人员处单位罚款数额百分之五以上百分之十以下的罚款；有违法所得的，并处没收违法所得；情节严重的，暂停直至取消招标代理资格；构成犯罪的，依法追究刑事责任	《招标投标法》第 50 条
3. 招标人以不合理的条件限制或者排斥潜在投标人的，对潜在投标人实行歧视待遇的，强制要求投标人组成联合体共同投标的，或者限制投标人之间竞争的	责令改正，可以处一万元以上五万元以下的罚款	《招标投标法》第 51 条、《招标投标法实施条例》第 63 条
4. 依法必须进行招标的项目的招标人向他人透露已获取招标文件的潜在投标人的名称、数量或者可能影响公平竞争的有关招标投标的其他情况的，或者泄露标底的	警告，可以并处一万元以上十万元以下的罚款；对单位直接负责的主管人员和其他直接责任人员依法给予处分	《招标投标法》第 52 条
5. 投标人相互串通投标或者与招标人串通投标的，投标人以向招标人或者评标委员会成员行贿的手段谋取中标的	中标无效，处中标项目金额千分之五以上千分之十以下的罚款，对单位直接负责的主管人员和其他直接责任人员处单位罚款数额百分之五以上百分之十以下的罚款；有违法所得的，并处没收违法所得；情节严重的，取消其一年至二年内参加依法必须进行招标的项目的投标资格并予以公告，直至由工商行政管理机关吊销营业执照	《招标投标法》第 53 条、《招标投标法实施条例》第 67 条

续表

违法行为	法律责任	法律依据
6. 投标人以他人名义投标或者以其他方式弄虚作假，骗取中标的	中标无效，给招标人造成损失的，依法承担赔偿责任；构成犯罪的，依法追究刑事责任	《招标投标法》第 54 条第 1 款、《招标投标法实施条例》第68条
7. 依法必须进行招标的项目的投标人有以他人名义投标或者以其他方式弄虚作假，骗取中标的行为尚未构成犯罪的	处中标项目金额千分之五以上千分之十以下的罚款，对单位直接负责的主管人员和其他直接责任人员处单位罚款数额百分之五以上百分之十以下的罚款；有违法所得的，并处没收违法所得；情节严重的，取消其一年至三年内参加依法必须进行招标的项目的投标资格并予以公告，直至由工商行政管理机关吊销营业执照	《招标投标法》第 54 条第 2 款、《招标投标法实施条例》第68条
8. 依法必须进行招标的项目，招标人违反本法规定，与投标人就投标价格、投标方案等实质性内容进行谈判的	警告，对单位直接负责的主管人员和其他直接责任人员依法给予处分	《招标投标法》第55条
9. 评标委员会成员收受投标人的财物或者其他好处的，评标委员会成员或者参加评标的有关工作人员向他人透露对投标文件的评审和比较、中标候选人的推荐以及与评标有关的其他情况的	警告，没收收受的财物，可以并处三千元以上五万元以下的罚款，对有所列违法行为的评标委员会成员取消担任评标委员会成员的资格，不得再参加任何依法必须进行招标的项目的评标	《招标投标法》第 56 条、《招标投标法实施条例》第72条
10. 招标人在评标委员会依法推荐的中标候选人以外确定中标人的，依法必须进行招标的项目在所有投标被评标委员会否决后自行确定中标人的	中标无效。责令改正，可以处中标项目金额千分之五以上千分之十以下的罚款；对单位直接负责的主管人员和其他直接责任人员依法给予处分	《招标投标法》第57条

续表

违法行为	法律责任	法律依据
11. 中标人将中标项目转让给他人的,将中标项目肢解后分别转让给他人的,违反本法规定将中标项目的部分主体、关键性工作分包给他人的,或者分包人再次分包的	转让、分包无效,处转让、分包项目金额千分之五以上千分之十以下的罚款;有违法所得的,并处没收违法所得;可以责令停业整顿;情节严重的,由工商行政管理机关吊销营业执照	《招标投标法》第58条、《招标投标法实施条例》第76条
12. 招标人与中标人不按照招标文件和中标人的投标文件订立合同的,或者招标人、中标人订立背离合同实质性内容的协议的	责令改正;可以处中标项目金额千分之五以上千分之十以下的罚款	《招标投标法》第59条、《招标投标法实施条例》第75条
13. 中标人不履行与招标人订立的合同的	履约保证金不予退还,给招标人造成的损失超过履约保证金数额的,还应当对超过部分予以赔偿;没有提交履约保证金的,应当对招标人的损失承担赔偿责任	《招标投标法》第60条第1款、《招标投标法实施条例》第74条
14. 中标人不按照与招标人订立的合同履行义务,情节严重的	取消其二年至五年内参加依法必须进行招标的项目的投标资格并予以公告,直至由工商行政管理机关吊销营业执照	《招标投标法》第60条第2款
15. 限制或者排斥本地区、本系统以外的法人或者其他组织参加投标的,为招标人指定招标代理机构的,强制招标人委托招标代理机构办理招标事宜的,或者以其他方式干涉招标投标活动的	责令改正;对单位直接负责的主管人员和其他直接责任人员依法给予警告、记过、记大过的处分,情节较重的,依法给予降级、撤职、开除的处分	《招标投标法》第62条
16. 招标人超过本条例规定的比例收取投标保证金、履约保证金或者不按照规定退还投标保证金及银行同期存款利息的	由有关行政监督部门责令改正,可以处五万元以下的罚款;给他人造成损失的,依法承担赔偿责任	《招标投标法实施条例》第66条
17. 出让或者出租资格、资质证书供他人投标的	依照法律、行政法规的规定给予行政处罚;构成犯罪的,依法追究刑事责任	《招标投标法实施条例》第69条

违法行为	法律责任	法律依据
18. 依法必须进行招标的项目的招标人不按照规定组建评标委员会，或者确定、更换评标委员会成员违反招标投标法和本条例规定的	由有关行政监督部门责令改正，可以处十万元以下的罚款，对单位直接负责的主管人员和其他直接责任人员依法给予处分；违法确定或者更换的评标委员会成员做出的评审结论无效，依法重新进行评审	《招标投标法实施条例》第70条
19. 投标人或者其他利害关系人捏造事实、伪造材料或者以非法手段取得证明材料进行投诉，给他人造成损失的	依法承担赔偿责任	《招标投标法实施条例》第77条第1款
20. 招标人不按照规定对异议做出答复，继续进行招标投标活动的	由有关行政监督部门责令改正，拒不改正或者不能改正并影响中标结果的，依照该条例第82条的规定处理	《招标投标法实施条例》第77条第2款
21. 取得招标职业资格的专业人员违反国家有关规定办理招标业务的	责令改正，给予警告；情节严重的，暂停一定期限内从事招标业务；情节特别严重的，取消招标职业资格	《招标投标法实施条例》第78条
22. 项目审批、核准部门不依法审批、核准项目招标范围、招标方式、招标组织形式的	对单位直接负责的主管人员和其他直接责任人员依法给予处分	《招标投标法实施条例》第80条第1款
23. 有关行政监督部门不依法履行职责，对违反招标投标法和本条例规定的行为不依法查处，或者不按照规定处理投诉、不依法公告对招标投标当事人违法行为的行政处理决定的	对直接负责的主管人员和其他直接责任人员依法给予处分	《招标投标法实施条例》第80条第2款
24. 国家工作人员利用职务便利，以直接或者间接、明示或者暗示等任何方式非法干涉招标投标活动，要求对依法必须进行招标的项目不招标，或者要求对依法应当公开招标的项目不公开招标	依法给予记过或者记大过处分；情节严重的，依法给予降级或者撤职处分；情节特别严重的，依法给予开除处分；构成犯罪的，依法追究刑事责任	《招标投标法实施条例》第81条第1项

续表

违法行为	法律责任	法律依据
25. 国家工作人员利用职务便利，以直接或者间接、明示或者暗示等任何方式非法干涉招标投标活动，要求评标委员会成员或者招标人以其指定的投标人作为中标候选人或者中标人，或者以其他方式非法干涉评标活动，影响中标结果	依法给予记过或者记大过处分；情节严重的，依法给予降级或者撤职处分；情节特别严重的，依法给予开除处分；构成犯罪的，依法追究刑事责任	《招标投标法实施条例》第81条第2项
26. 国家工作人员利用职务便利，以直接或者间接、明示或者暗示等任何方式非法干涉招标投标活动，以其他方式非法干涉招标投标活动	依法给予记过或者记大过处分；情节严重的，依法给予降级或者撤职处分；情节特别严重的，依法给予开除处分；构成犯罪的，依法追究刑事责任	《招标投标法实施条例》第81条第3项

2. 民事责任

招标投标中民事责任包括缔约过失责任、违约责任和侵权责任。

（1）缔约过失责任。招标投标中的缔约过失责任是指在招标投标过程中，一方当事人违背诚实信用原则致使对方当事人信赖利益受到损害时，依法应当承担的赔偿责任。承担招标投标缔约过失责任主要是赔偿信赖利益损失，包括招标投标文件编制费、购买招标文件费、投标调查考察费、差旅费、投标保证金利息损失、施工准备所支出的费用及丧失机会损失等。

招标人承担缔约过失责任的具体情形有：①擅自终止招标；②招标失败；③违规谈判；④招标人泄密；⑤变更或修改招标文件未履行通知义务；⑥不按规定确定中标人；⑦无正当理由不发出中标通知书；⑧中标通知书发出后无正当理由改变中标结果；⑨在订立合同时向中标人提出附加条件或更改合同实质内容；⑩招标人与投标人串通；⑪招标人违反附随义务。

根据诚实信用原则，在合同订立过程中，当事人负有告知、通知、保护、照顾的义务。

投标人承担缔约过失责任的情形有：①投标人以他人名义投标、弄虚作假行为；②投标人串通投标行为；③投标人以行贿的手段谋取中标。

（2）违约责任。招标投标中的违约责任是指招标人与中标人不履行与对方订立的合同义务所应承担的民事责任。它包括中标人不履行与招标人订立的合同义务而要承担的责任和招标人不履行与中标人订立的合同义务所要承担的责任。《招标投标法》第60条规定，中标人不履行与招标人订立的合同的，履约保证金不予退还，给招标人造成的损失超过履约保证金数额的，还应当对超过部分予以赔偿；没有提交履约保证金的，应当对招标人的损失承担赔偿责任。《工程建设项目招标投标实施办法》第85条规定：招标人不履行与中标人订立的合同的，应当返还中标人的履约保证金，并承担相应的赔偿责任；没有提交履约保证金的，应当对中标人的损失承担赔偿责任。

（3）侵权责任。招标投标中的侵权行为是指一方给对方造成损失的，受害方可向加害方提出侵权赔偿。招标投标侵权责任的承担方式就是赔偿损失，而且属于财产损害赔偿，不存在精神损害赔偿问题，其损失按照《侵权责任法》第19条规定，侵害他人财产的，财产损失按照损失发生时的市场价格或者其他方式计算。

招标投标中的常见侵权行为有：①招标人违法收取保证金；②招标人没有及时退费；③投标人违法投诉；④招标代理机构泄密；⑤串标行为。

（4）招标投标中缔约过失责任、违约责任与侵权责任竞合。招标投标侵权责任与违约责任、侵权责任与缔约过失责任也存在着竞合现象，由受害人选择追究加害人的何种责任。选择追究何种责任，对于受害人来说意义重大。因为侵权责任与缔约过失责任、违约责任在责任的构成、责任形式、责任范围、诉讼时效、诉讼管辖、举证责任等方面均有差异，受害人选择不同的责任形式会产生不同的法律后果。

3. 刑事责任

根据《刑法》第223条之规定，投标人相互串通投标报价，损害招标人或者其他投标人利益，情节严重的，处三年以下有期徒刑或者拘役，并处或者单处罚金。投标人与招标人串通投标，损害国家、集体、公民的合法利益的，依照前款的规定处罚。可见，招标人、投标人和招标代理人在招标投标活动中涉及"串标"行为，就已经构成了犯罪，等待的将是冷冰的刑罚。对于国家工作人员利用职务便利，以直接或者间接、明示或者暗示等任何方式非法干涉招标投标活动，情节特别严重的，也会触犯刑法，也应受到刑罚。

（二）对行政处罚结果不服的救济途径

行政处罚做出后，当事人如果对行政处罚不服，可以有两条救济路径：其一是在收到行政处罚通知书之日起 15 日内，向做出处罚决定的机关的上一级机关申请复议。对复议决定不服的，可以在收到复议决定书之日起 15 日内向人民法院起诉；其二是不通过复议程序，也可以直接向人民法院起诉。但对于逾期不申请复议，也不向人民法院起诉，又不履行处罚决定的，由做出处罚决定的机关申请人民法院强制执行。

案例 11 –5：江苏伟丰建筑安装集团有限公司与南京市城乡建设委员会、江苏省住房和城乡建设厅（城建）行政处罚、行政复议二审案——江苏省南京市中级人民法院（2017）苏 01 行终 464 号行政判决书

案情简介： 2011 年 8 月至同年 9 月期间，为获取麒麟科技园经济适用房项目涉案标段工程的中标，江苏信联建设工程有限公司（以下简称信联公司）职工李某联系了伟丰公司职工陈某俊，陈某俊帮助了信联公司进行上述项目标段的陪标。后，中共南京市纪律检查委员会以移送函的形式，将信联公司、伟丰公司等单位相关资料移交原南京市住房和城乡建设委员会（以下简称市住建委）行政执法总队处理，市建委做出宁建罚决字（2014）第 35 号《行政处罚决定书》。伟丰公司不服向省住建厅申请行政复议，省住建厅做出（2016）苏建行复（决）字 36 号《行政复议决定书》，维持 35 号处罚决定。伟丰公司不服，于 2016 年 7 月 19 日向原审法院提起行政诉讼，请求：①撤销 36 号复议决定；②撤销 35 号处罚决定。

裁判要旨： 市建委做出的案涉行政处罚定，认定事实证据确凿，适用法律正确，程序合法，处罚结果适当。省住建厅做出的案涉复议决定，程序合法。

从该案件可知，虽然伟丰公司穷尽了复议和诉讼的手段，但是由于其本身串标行为的违法性，导致了行政处罚的必然结果，应承担相应的法律责任。

┃法律链接┃

一、《招标投标法》

第 7 条第 2 款 有关行政监督部门依法对招标投标活动实施监督，依法查处招标投标活动中的违法行为。

第 65 条 投标人及其他利害关系人认为招标投标活动不符合本法规定的，有权向有关行政监督部门投诉。

二、《招标投标法实施条例》

第 4 条第 2 款 县级以上地方人民政府有关部门按照规定的职责分工，对招标投标活动实施监督，依法查处招标投标活动中的违法行为。县级以上地方人民政府对其所属部门有关招标投标活动的监督职责分工另有规定的，从其规定。

第 7 条 按照国家有关规定需要履行项目审批、核准手续的依法必须进行招标的项目，其招标范围、招标方式、招标组织形式应当报项目审批、核准部门审批、核准。项目审批、核准部门应当及时将审批、核准确定的招标范围、招标方式、招标组织形式通报有关行政监督部门。

第 11 条 国务院住房城乡建设、商务、发展改革、工业和信息化等部门，按照规定的职责分工对招标代理机构依法实施监督管理。

第 46 条第 4 款 有关行政监督部门应当按照规定的职责分工，对评标委员会成员的确定方式、评标专家的抽取和评标活动进行监督。行政监督部门的工作人员不得担任本部门负责监督项目的评标委员会成员。

第 60 条 投标人或者其他利害关系人认为招标投标活动不符合法律、行政法规规定的，可以自知道或者应当知道之日起 10 日内向有关行政监督部门投诉。投诉应当有明确的请求和必要的证明材料。就本条例第二十二条、第四十四条、第五十四条规定事项投诉的，应当先向招标人提出异议，异议答复期间不计算在前款规定的期限内。

第 61 条 投诉人就同一事项向两个以上有权受理的行政监督部门投诉的，由最先收到投诉的行政监督部门负责处理。行政监督部门应当自收到投诉之日起 3 个工作日内决定是否受理投诉，并自受理投诉之日起 30 个工作日内做出书面处理决定；需要检验、检测、鉴定、专家评审的，所需时间不计算在内。投诉人捏造事实、伪造材料或者以非法手段取得证明材料进行投诉的，行政监督部门应当予以驳回。

第 62 条第 1 款 行政监督部门处理投诉，有权查阅、复制有关文件、资料，调查有关情况，相关单位和人员应当予以配合。必要时，行政监督部门可以责令暂停招标投标活动。

三、《招标公告发布暂行办法》

第19条 任何单位或个人认为招标公告发布活动不符合本办法有关规定的，可向国家发展改革委投诉。

四、《电子招标投标办法》

第51条 投标人或者其他利害关系人认为电子招标投标活动不符合有关规定的，通过相关行政监督平台进行投诉。

第52条 行政监督部门和监察机关在依法监督检查招标投标活动或者处理投诉时，通过其平台发出的行政监督或者行政监察指令，招标投标活动当事人和电子招标投标交易平台、公共服务平台的运营机构应当执行，并如实提供相关信息，协助调查处理。

五、《工程建设项目施工招标投标办法》

第89条 投标人或者其他利害关系人认为工程建设项目施工招标投标活动不符合国家规定的，可以自知道或者应当知道之日起10日内向有关行政监督部门投诉。投诉应当有明确的请求和必要的证明材料。

六、《河南省房屋建筑和市政工程项目招标投标监督管理办法》

第65条 在招标投标活动中，投标人或者其他利害关系人认为招标投标活动不符合法律、行政法规规定进行投诉的，招标投标监督机构应按照属地管理和"谁监督、谁受理、谁处理"的原则，依法按照规定要求的时限办理，属于《招标投标法实施条例》第二十二条、四十四条规定情形的，投标人在规定的时限未提出异议的，视为放弃主张权利，投诉将不予受理；属于第五十四条规定情形的，提出异议后对招标人的答复仍有异议的，可在招标人答复后10日内向行政监督部门投诉，行政监督部门依法做出处理决定；对于省级招标投标监督机构转办的招标投标投诉案件，省辖市、省直管县（市）招标投标监督机构要及时办理，依法做出处理决定，并将处理结果报省级招标投标监督机构。

专题十二

招标投标中涉及的刑事犯罪法律风险

在招标投标活动当中，投标人实施的某些行为，有可能导致相应的刑事法律风险，如涉嫌串通投标罪、对非国家工作人员行贿罪、对单位行贿罪、单位行贿罪、合同诈骗罪、非法经营罪、强迫交易罪、侵犯商业秘密罪等，本部分将对以上招标投标中涉及的刑事犯罪风险予以分析。

一、法律、司法解释的相关规定

（一）有关串通投标行为的相关规定

《招标投标法》第 53 条规定，投标人相互串通投标或者与招标人串通投标的，投标人以向招标人或者评标委员会成员行贿的手段谋取中标的，中标无效，处中标项目金额千分之五以上千分之十以下的罚款，对单位直接负责的主管人员和其他直接责任人员处单位罚款数额百分之五以上百分之十以下的罚款……构成犯罪的，依法追究刑事责任。给他人造成损失的，依法承担赔偿责任。

《招标投标法实施条例》第 67 条规定，投标人相互串通投标或者与招标人串通投标的……中标无效；构成犯罪的，依法追究刑事责任；尚不构成犯罪的，依照招标投标法第五十三条的规定处罚。投标人未中标的，对单位的罚款金额按照招标项目合同金额依照招标投标法规定的比例计算。

《刑法》第 223 条规定，串通投标罪中，投标人相互串通投标报价，损害招标人或者其他投标人利益，情节严重的，处 3 年以下有期徒刑或者拘役，并处或者单处罚金。投标人与招标人串通投标，损害国家、集体、公民的合法利益的，依照前款的规定处罚。

《最高人民检察院、公安部关于公安机关管辖的刑事案件立案追诉标准的规定（二）》第 76 条规定，投标人相互串通投标报价，或者投标人与招标人串通投标，涉嫌下列情形之一的，应予立案追诉：①损害招标人、投标人或者国家、集体、公民的合法利益，造成直接经济损失数额在 50 万元以上的；②违法所得数额在 10 万元以上的；③中标项目金额在 200 万元以上的；④采取威胁、欺骗或者贿赂等非法手段的；⑤虽未达到上述数额标准，但两年内因串通投标，受过行政处罚两次以上，又串通投标的；⑥其他情节严重的情形。另，《最高人民检察院、公安部关于公安机关管辖的刑事案件立案追诉标准的规定（二）》第 88 条规定，本规定中的"虽未达到上述数额标准"，是指接近上述数额标准且已达到该数额的百分之八十以上的。

（二）合同诈骗行为的相关规定

《招标投标法》第 54 条第 1 款规定，投标人以他人名义投标或者以其他方式弄虚作假，骗取中标的，中标无效，给招标人造成损失的，依法承担赔偿责任；构成犯罪的，依法追究刑事责任。

《刑法》第 224 条规定，有下列情形之一，以非法占有为目的，在签订、履行合同过程中，骗取对方当事人财物，数额较大的，处 3 年以下有期徒刑或者拘役，并处或者单处罚金；数额巨大或者有其他严重情节的，处 3 年以上 10 年以下有期徒刑，并处罚金；数额特别巨大或者有其他特别严重情节的，处 10 年以上有期徒刑或者无期徒刑，并处罚金或者没收财产：①以虚构的单位或者冒用他人名义签订合同的；②以伪造、变造、作废的票据或者其他虚假的产权证明作担保的；③没有实际履行能力，以先履行小额合同或者部分履行合同的方法，诱骗对方当事人继续签订和履行合同的；④收受对方当事人给付的货物、货款、预付款或者担保财产后逃匿的；⑤以其他方法骗取对方当事人财物的。

《最高人民检察院、公安部关于公安机关管辖的刑事案件立案追诉标准的规定（二）》第 77 条规定："合同诈骗案（刑法第二百二十四条）以非法占有为目的，在签订、履行合同过程中，骗取对方当事人财物，数额在二万元以上的，应予立案追诉。"

（三）非法经营行为的相关规定

《招标投标法实施条例》第69条规定，出让或者出租资格、资质证书供他人投标的，依照法律、行政法规的规定给予行政处罚；构成犯罪的，依法追究刑事责任。

《刑法》第225条规定，违反国家规定，有下列非法经营行为之一，扰乱市场秩序，情节严重的，处5年以下有期徒刑或者拘役，并处或者单处违法所得1倍以上5倍以下罚金；情节特别严重的处5年以上有期徒刑，并处违法所得1倍以上5倍以下罚金或者没收财产：①未经许可经营法律、行政法规规定的专营、专卖物品或者其他限制买卖的物品的；②买卖进出口许可证、进出口原产地证明以及其他法律、行政法规规定的经营许可证或者批准文件的；③未经国家有关主管部门批准非法经营证券、期货、保险业务的，或者非法从事资金支付结算业务的；④其他严重扰乱市场秩序的非法经营行为。

《最高人民检察院、公安部关于公安机关管辖的刑事案件立案追诉标准的规定（二）》第79条规定："违反国家规定，进行非法经营活动，扰乱市场秩序，涉嫌下列情形之一的，应予立案追诉……（八）从事其他非法经营活动，具有下列情形之一的：1. 个人非法经营数额在五万元以上，或者违法所得数额在一万元以上的；2. 单位非法经营数额在五十万元以上，或者违法所得数额在十万元以上的；3. 虽未达到上述数额标准，但两年内因同种非法经营行为受过二次以上行政处罚，又进行同种非法经营行为的；4. 其他情节严重的情形。"

（四）非国家工作人员行贿行为的相关规定

《招标投标法实施条例》第67条规定："……投标人向招标人或者评标委员会成员行贿谋取中标的，中标无效；构成犯罪的，依法追究刑事责任……"

根据《招标投标法》第25条，投标人是响应招标、参加投标竞争的法人或者其他组织。依法招标的科研项目允许个人参加投标的，投标的个人适用本法有关投标人的规定。

《刑法》第164条规定，为谋取不正当利益，给予公司、企业或者其他单位的工作人员以财物，数额较大的，处3年以下有期徒刑或者拘役，并处罚金；数额巨大的，处3年以上10年以下有期徒刑，并处罚金。单位犯前两款罪的，对单位判处罚金，并对其直接负责的主管人员和其他直接责任人员，依照第1款的规定处罚。行贿人在被追诉前主动交代行贿行为的，可以减轻处罚或者免除处罚。

《最高人民检察院、公安部关于公安机关管辖的刑事案件立案追诉标准的规定（二）》第11条规定，为谋取不正当利益，给予公司、企业或者其他单位的工作人员以财物，个人行贿数额在1万元以上的，单位行贿数额在20万元以上的，应予立案追诉。因此，如果投标人是公司的，行贿数额在20万元以上的，将被立案追诉。

（五）侵犯商业秘密行为的有关规定

《招标投标法》第50条规定，招标代理机构违反本法规定，泄露应当保密的与招标投标活动有关的情况和资料的，或者与招标人、投标人串通损害国家利益、社会公共利益或者他人合法权益的，处5万元以上25万元以下的罚款，对单位直接负责的主管人员和其他直接责任人员处单位罚款数额百分之五以上百分之十以下的罚款；有违法所得的，并处没收违法所得；情节严重的，禁止其1年至2年内代理依法必须进行招标的项目并予以公告，直至由工商行政管理机关吊销营业执照；构成犯罪的，依法追究刑事责任。给他人造成损失的，依法承担赔偿责任。前款所列行为影响中标结果的，中标无效。

《刑法》第219条的规定，给商业秘密的权利人造成重大损失的，处3年以下有期徒刑或者拘役，并处或者单处罚金；造成特别严重后果的，处3年以上7年以下有期徒刑，并处罚金。

《最高人民检察院、公安部关于公安机关管辖的刑事案件立案追诉标准的规定（二）》第73条的规定："侵犯商业秘密案（刑法第二百一十九条）侵犯商业秘密，涉嫌下列情形之一的，应予立案追诉：（一）给商业秘密权利人造成损失数额在五十万元以上的；（二）因侵犯商业秘密违法所得数额在五十万元以上的；（三）致使商业秘密权利人破产的；（四）其他给商业秘密权利人造成重大损失的情形。"

《最高人民法院、最高人民检察院关于办理侵犯知识产权刑事案件具体应用法律若干问题的解释》第7条规定，实施刑法第219条规定的行为之一，给商业秘密的权利人造成损失数额在50万元以上的，属于"给权利人造成重大损失"，应当以侵犯商业秘密罪判处3年以下有期徒刑或者拘役，并处或者单处罚金。给商业秘密的权利人造成损失数额在250万元以上的，属于刑法第219条规定的"造成特别严重后果"，应当以侵犯商业秘密罪判处3年以上7年以下有期徒刑，并处罚金。

《关于办理侵犯知识产权刑事案件具体应用法律若干问题的解释》第15条规定，单位实施刑法第213条至第219条规定的行为，按照本解释规定的相应个人犯罪的定罪量刑标准的3倍定罪量刑。

《关于办理侵犯知识产权刑事案件具体应用法律若干问题的解释》第16条规定，明知他人实施侵犯知识产权犯罪，而为其提供贷款、资金、账号、发票、证明、许可证件，或者提供生产、经营场所或运输、储存、代理进出口等便利条件、帮助的，以侵犯知识产权犯罪的共犯论处。

（六）强迫交易行为

《招标投标法》第28条第1款规定，投标人应当在招标文件要求提交投标文件的截止时间前，将投标文件送达投标地点。招标人收到投标文件后，应当签收保存，不得开启。投标人少于3个的，招标人应当依照本法重新招标。

《最高人民检察院、公安部关于公安机关管辖的刑事案件立案追诉标准的规定（一）》第28条规定："以暴力、威胁手段强买强卖商品、强迫他人提供服务或者强迫他人接受服务，涉嫌下列情形之一的，应予立案追诉：（一）造成被害人轻微伤或者其他严重后果的；（二）造成直接经济损失二千元以上的；（三）强迫交易三次以上或者强迫三人以上交易的；（四）强迫交易数额一万元以上，或者违法所得数额二千元以上的；（五）其他情节严重的情形。"

《刑法》第226条的规定，以暴力、胁迫手段，强迫他人参与或退出投标、拍卖的，情节严重，处3年以下有期徒刑或者拘役，并处或者单处罚金；情节特别严重的，处3年以上7年以下有期徒刑，并处罚金。

（七）招标人、评标人、监督责任人的违法犯罪行为

《招标投标法》第52条规定，依法必须进行招标的项目的招标人向他人透露已获取招标文件的潜在投标人的名称、数量或者可能影响公平竞争的有关招标投标的其他情况的，或者泄露标底的，给予警告，可以并处1万元以上10万元以下的罚款；对单位直接负责的主管人员和其他直接责任人员依法给予处分；构成犯罪的，依法追究刑事责任。前款所列行为影响中标结果的，中标无效。

《招标投标法》第56条规定，评标委员会成员收受投标人的财物或者其他好处的，评标委员会成员或者参加评标的有关工作人员向他人透露对投标文件的评审和比较、中标候选人的推荐以及与评标有关的其他情况的，给予警告，没收收受的财物，可以并处3千元以上5万元以下的罚款，对有所列违法行为的评标委员会成员取消担任评标委员会成员的资格，不得再参加任何依法必须进行招标的项目的评标；构成犯罪的，依法追究刑事责任。

《招标投标法》第63条规定，对招标投标活动依法负有行政监督职责的国家机关工作人员徇私舞弊、滥用职权或者玩忽职守，构成犯罪的，依法追究刑事责任；不构成犯罪的，依法给予行政处分。

从以上规定可以看出，招标投标法、招标投标法实施条例、刑法和关于公安机关管辖的刑事案件立案追诉标准的规定（一）（二）对于一系列招标投标过程中刑事违法犯罪的责任、情节、构成的规定衔接上比较流畅、逻辑上比较清晰，符合刑事处罚法律的相对规整性。

二、对刑事责任的分析及刑事犯罪法律风险

（一）串通投标罪

涉嫌串通投标罪的行为，主要有投标人与投标人之间的串通投标行为以及投标人与招标人之间的串通投标行为两大类。

投标人与投标人之间的串通投标行为主要有投标人之间协商投标报价等投标文件的实质性内容，投标人之间约定中标人，投标人之间约定部分投标人放弃投标或者中标，属于同一集团、协会、商会等组织成员的投标人按照该组织要求协同投标，投标人之间为谋取中标或者排斥特定投标人而采取的其他联合行动以及视为投标人相互串通投标的行为。如不同投标人的投标文件由同一单位或者个人编制，同投标人委托同一单位或者个人办理投标事宜，不同投标人的投标文件载明的项目管理成员为同一人，不同投标人的投标文件异常一致或者投标报价呈规律性差异，不同投标人的投标文件相互混装，不同投标人的投标保证金从同一单位或者个人的账户转出等。

投标人与招标人之间的串通投标行为主要有招标人在开标前开启投标文件并将有关信息泄露给投标人，招标人直接或者间接向投标人泄露标底、评标委员会成员等信息，招标人明示或者暗示投标人压低或者抬高投标报价，招标人授意投标人撤换、修改投标文件，招标人明示或者暗示投标人为特定投标人中标提供方便，招标人与投标人为谋求特定投标人中标而采取的其他串通行为等。

案例 12 -1：张某某与王某犯串通投标罪判决书——重庆市长寿区人民法院（2011）长法刑初字第 00333 号

案情简介： 2011 年 1 月 24 日，重庆长寿开发投资（集团）有限公司就重庆市长寿区桃花新城北部新区污水收集系统工程（古佛立交段污水干管）进行公开招标。同年 2 月，被告人张某某得到该招标信息后，为得到工程建设权，便授意被告人王某找几家有资质投标的公司来帮助其投标。后王某找到重庆黄金建设（集团）有限公司、江西省新宇建设工程有限责任公司、四川同达建设有限公司、重庆民福建设工程有限公司、重庆市万州创业建筑工程有限公司、四川得友建设工程有限公司、湖南省朝辉建设开发有限公司、重庆市锦新建筑有限公司参与竞标，张某某也找到重庆长峡建设有限公司参与竞标，张某某、王某并与 9 家公司约定无论哪家公司中标，该工程都由张某某建设。张某某并给予每家公司好处费 3,000 元，并分别向王某提供的各公司代理人账号上汇款保证金 42 万元。期间，张某某分别制作了 9 家公司投标文件的商务标部分，工程报价按最高限价下浮 5%～8%，以控制 9 家公司的平均工程报价，后张某某、王某等人携带制作的商务标前往各家公司封标。2011 年 2 月 15 日，张某某将 9 家公司的代理人安排在重庆市长寿区晏家一宾馆住宿，次日又将各代理人送至长寿区建委就该工程进行投标，后重庆市万州创业建筑工程有限公司以 20,828,854.13 元中标，张某某并向各代理人支付辛苦费 500 元。中标后，张某某又以 130 万元将此工程建设权转卖给韩某等人，并已获款 50 万元。同年 4 月 28 日案发，张某某、王某被重庆市长寿区人民检察院以"串通投标罪"起诉指控。

裁判要旨：张某某以借用 9 家建筑公司的资质的方式作为重庆市长寿区桃花新城北部新区污水收集系统工程（古佛立交段污水干管）对外公开招标活动的投标人，其目的是中标该项招标工程，并约定不论哪家公司中标该项目均由其建设，且其一人制作 9 份标书的商务部分，故在招标投标活动中真正参与投标的串通者并非张某某一人，而是勾结串联，在统一意志下参与投标，此种行为破坏了招标投标的竞争机制，损害了其他投标人合法的竞争利益，也使招标人无法收到节约和择优的预期效果，属于"相互串通投标报价"，张某某的行为符合串通投标罪构成要件。王某明知张某某串通投标的行为会损害招标人或其他投标人的利益，仍在张某某的授意下帮助张某某联系 8 家有资质的建筑公司参与投标、前往各公司封标、提供各投标代理人的账号，是共同犯罪中的帮助犯。所以二被告人的行为构成串通投标罪。

串通投标罪是招标投标刑事案件中最为常见的一种，其与串通投标违法行为的界限在于该行为的情节严重与否。实务中应当注意对其行为的认定和违法程度的衡量。

（二）合同诈骗罪

投标人以他人名义投标或者以其他方式弄虚作假骗取中标，如伪造、变造资格、资质证书或者其他许可证件骗取中标的，将可能涉嫌构成合同诈骗罪。

案例 12 - 2：于某某合同诈骗案判决书——浙江省浦江县人民法院（2015）金浦刑初字第 872 号

案情简介：2014 年 1 月，被告人于某某挂靠浦江宏峰建筑安装工程公司中

建设工程招标投标法律实务精要

标位于浦江县岩头镇飞轮村浦江县水晶集聚循环利用示范项目 1 标段的建设施工,被告人于某某伙同他人购买非标准刻度尺,采用非标准刻度尺进行测量桩孔深度虚报工程量,骗取工程款 76 万余元,虚报工程款因其他原因未能得逞。

裁判要旨:被告人于某某伙同他人互相串通投标,损害招标人或者其他投标人利益,情节严重,被告人于某某的行为已构成串通投标罪。被告人于某某以非法占有为目的,在工程施工过程中,采用非标准刻度尺进行测量桩孔深度,虚报工程量,骗取工程款,数额巨大,其行为已构成合同诈骗罪。被告人于某某一人犯数罪,依法应当数罪并罚。被告人于某某在串通投标罪中主动投案,归案后能如实供述自己的犯罪事实,系自首,依法可以从轻处罚。本案系共同犯罪,合同诈骗部分系犯罪未遂,可以比照既遂犯从轻或减轻处罚;犯合同诈骗罪,判处有期徒刑 2 年,并处罚金人民币 10 万元;数罪并罚,决定合并执行有期徒刑 3 年,并处罚金人民币 90 万元。

本案中的合同诈骗行为为其他行为形成,因为现有案例中,绝大部分将合同诈骗行为与串通招标投标等结合处理,本案虽不是伪造、变造资格、资质证书或者其他许可证件骗取中标的合同诈骗行为,但是建设工程招标投标案件中欺骗行为迭出,本案具有一定参考性。

(三)非法经营罪

如果投标人出让或者出租资格证书、资质证书供他人投标的,将涉嫌构成非法经营罪。《建筑法》《特种设备安全生产监察条例》《安全生产许可证条例》等均规定禁止转让、出借、出租相应的资格、资质证书或许可证书。如果投标人在招标投标活动中,将其资格证书、资质证书出让或者出租给他人投标的,按照《招标投标法实施条例》第 69 条的相关规定,构成犯罪的,将依法追究刑事责任。

案例 12-3:侯某非法经营罪一案——北京市第二中级人民法院(2013)二中刑初字第 646 号

案情简介:2007 年至 2010 年,山西煤炭进出口集团北京世纪同程投资有限公司原经理侯某等人伙同北京博宥投资管理集团有限公司丁某,与投标铁路工程项目的公司商定,以有偿方式帮助其中标。随后,丁某通过相关人

232

员干预招标，先后为中国水利水电建设集团公司、中铁十局、十三局、二十局集团有限公司等 23 家投标公司中标了"新建京沪高速铁路土建工程 3 标段""新建贵阳至站前工程 8 标段"等 50 多个铁路工程项目，非法经营数额达 1788 亿余元，从中获违法所得 30 多亿元。法院以非法经营罪判处侯某有期徒刑 7 年，并处没收财产 8000 万元。

裁判要旨：侯某等人以牟取暴利为目的，采取帮助投标单位中标的方法获巨额经济利益，严重扰乱市场经济秩序，大幅增加工程建设成本，造成大量国有资产流失，给项目安全和质量带来严重隐患，具有极大的社会危害性。侯某等人与铁路工程项目招标方个别领导沆瀣一气，利用职务之便影响操纵评标结果，使意向中标人中标，严重损害招标人和其他投标人的利益。从法理上看，侯某等人违反《建筑法》《招标投标法》有关规定，严重干扰铁路工程建筑领域市场经济秩序，且有相应刑事罚则作为援引，已构成非法经营罪；同时其与招标人串通投标，损害社会公共利益和公民的合法利益，又构成串通投标罪，成立想象竞合犯。按照从一重罪论处原则，比较法定刑幅度，侯某等人的行为应定非法经营罪。

该案影响较大，直接从法理上定性为非法经营罪是合理的，因为出让或者出租资格、资质证书供他人投标仅仅是非法经营行为的个别表现形式，其结果只要通过不合法的经营手段得到了利益，即可认定为非法经营行为。

（四）对非国家工作人员行贿罪

如果投标人向评标委员会成员中的非国家工作人员行贿（主要指财物），谋取中标构成的，可构成本罪。同时，《招标投标法》第 25 条规定，投标人一般为法人或者其他组织，也即单位。那么，此处的涉嫌对非国家工作人员行贿罪，主要是指单位犯罪。

案例 12 -4：张某军、刘某伟对非国家工作人员行贿案①

案情简介：2009 年 11 月 19 日至 30 日，经濉溪县人民政府批准，濉溪县国土资源局挂牌出让濉国土挂（2009）023 号地块国有建设用地使用权。安

---

① 参见《刑事审判参考》（总第 106 集）第 1136 号案例。

徽通和煤炭检测有限公司法定代表人杨某（另案处理，已判刑）借用淮北圣火房地产开发有限责任公司（以下简称圣火公司）名义申请参加该宗土地使用权挂牌出让竞买活动，山东日照利华房地产开发有限公司（以下简称日照利华公司）、淮北春盛公司（以下简称春盛公司）、淮北国利房地产开发有限公司（以下简称国利公司）、淮北金沙纺织服装有限公司（以下简称金沙公司）均报名获得竞买资格。同年 11 月 29 日，杨某与无业人员被告人张某军商议，以承诺给付补偿金的方式，让其他竞买人放弃竞买。春盛公司副经理马某中同意接受 200 万元退出；金沙公司法人代表邵某海、国利公司皇某利（其妻系该公司法人代表）均同意接受 250 万元退出。日照利华公司提出接受 500 万元退出，杨某向张某军表示最多给付 450 万元让日照利华公司退出。张某军即通过被告人刘某伟与日照利华公司商谈，日照利华公司同意接受 300 万元退出竞买。此后，张某军仍告知杨某日照利华公司同意 450 万元退出。后，杨某以 8600 万元（保留底价 8500 万元）竞买成功。张某军、刘某伟伙同杨某共付给参与竞买的其他公司相关人员贿赂 840 万元。其间，张某军、刘某伟采取多报支出等方式，侵吞违法所得共计 355 万元，随后案发。

濉溪县人民法院认为，被告人张某军、刘某伟伙同他人在国有建设用地使用权挂牌出让过程中，贿买参与竞买的其他公司的负责人放弃竞买，共计行贿 840 万元，数额巨大，其行为均已构成对非国家工作人员行贿罪。

目前，从刑法规定来看，尚没有对挂牌竞买人相互串通，情节严重，追究刑事责任的规定，也无相关司法解释。因此，在国有建设用地使用权挂牌出让过程中，通过贿赂指使参与竞买的其他人放弃竞买、串通报价，最终使请托人竞买成功的，不属于串通投标罪的行为，只能按照对非国家工作人员行贿罪追究相关人员的刑事责任。

（五）侵犯商业秘密罪

根据《刑法》第 219 条的规定，商业秘密是指不为公众所知悉，能为权利人带来经济利益，具有实用性并经权利人采取保密措施的技术信息和经营信息。而权利人，是指商业秘密的所有人和经商业秘密所有人许可的商业秘密使用人。在招标投标活动当中，因投标人有可能接触招标人或其他投标人的商业秘密，若投标人非法使用的话，将涉嫌侵犯商业秘密罪。

涉嫌侵犯商业秘密罪的行为，主要有投标人实施的下列行为：①以盗窃、利诱、胁迫或者其他不正当手段获取权利人的商业秘密的；②披露、使用或者允许他人使用以前项手段获取的权利人的商业秘密的；③违反约定或者违反权利人有关保守商业秘密的要求，披露、使用或者允许他人使用其所掌握的商业秘密的。明知或者应知前述所列行为，获取、使用或者披露他人的商业秘密的，以侵犯商业秘密论。

案例12－5：湖州恒益白蚁防治有限公司与湖州市住房和城乡建设局政府信息公开一案二审案——浙江省湖州市中级人民法院（2017）浙05行终44号行政判决书

案情简介： 2016年11月28日，原告以邮寄的方式向被告提出政府信息公开申请，申请公开湖州市区范围内白蚁防治2016年度预发包项目（重新招标）的招标、投标文件，包括评标委员会组成人员名单、中标文件、根据招标投标文件签订的施工合同等资料。2016年11月29日，被告收到原告的申请。2016年12月8日，被告向案外人湖州市白蚁研究所有限公司、湖州爱家白蚁防治有限公司、湖州滨湖白蚁防治有限公司、湖州卫士白蚁防治有限公司、湖州博克白蚁防治有限公司（以下简称五公司）发送第三方意见征询单，书面征求五公司意见。案外人五公司认为公开投标文件会侵害其商业秘密，故不同意公开。2016年12月15日被告做出《湖州市住房和城乡建设局关于湖州恒益白蚁防治有限公司申请政府信息公开的答复函》，告知"根据相关法律法规，现答复如下……投标文件涉及商业秘密，经征求第三方意见，第三方不同意公开，故不予公开，同时以附件的形式将《评标委员会或评标小组人员名单》《中标通知书》《仁王护国禅寺建设项目白蚁防治工程施工合同》提供给原告"。原告不服，遂诉至原审法院。

裁判要旨： 上诉人恒益公司向被上诉人住建局提出申请政府信息公开的事项中"投标文件"是否属于《中华人民共和国政府信息公开条例》第23条规定的涉及案外人商业秘密、在案外人不同意公开的情况下而不得公开的情形，《反不正当竞争法》第10条第3款对商业秘密做出了明确规定，其应当包含秘密性、商业价值性、保密性和实用性四个构成要件，原审判决对商业秘密的定义已作阐述。《国家工商行政管理局关于禁止侵犯商业秘密行为的若干规定》第2条第5款规定了"本规定所称技术信息和经营信息，包括设计、程序、产品配方、制作工艺、制作方法、管理诀窍、客户名单、货源情报、产销策略、招标投标中的标底及标书内容等信息"。根据上述规定，本案所涉的投标文件应当属于商业秘密。被上诉人在案外人五公司不同意公开投标文件的情况下，对投标文件未予公开并无不当。

从以上案例可以看出，招标投标文件，尤其是投标文件，在一定条件下属于商业秘密的范畴，"可带来利益的商业秘密定义"的涵盖范围较大，导致招标投标过程中触犯侵犯商业秘密罪的风险较高。

（六）强迫交易罪

涉嫌强迫交易罪的行为，主要包括投标人实施的下列行为：①强迫他人参投标的；②强迫他人退出投标的。由于《招标投标法》第28条对投标人数有硬性要求，因此在招标投标活动中，投标人为了中标，有可能会强迫他人参与投标，以使投标人达到3人以上来保证后续的开标和评标活动。

案例12-6：郭某某强迫交易罪刑事裁定书——湖南省益阳市中级人民法院（2013）益法刑二终字第70号

案情简介： 2011年8月至2012年8月期间，上诉人（原审被告人）郭某某在沅江市琼湖街道办事处塞南湖村益阳船舶产业园的湖南金瀚船艇制造有限公司（以下简称金瀚公司）、沅江市恒盛机械制造有限公司（以下简称恒盛公司）阻工，共计实施强迫交易5次。

在金瀚公司下料车间2011年8月召开的建设工地项目招标会上，郭松林（已判刑）邀合上诉人郭某某及附近村民10余人到该公司会议室，采取威胁、恐吓他人的方式，强行要求承包工程项目，扰乱会场秩序，致使招标会被迫中止，延误了金瀚公司下料车间建设工期。

2012年4月，上诉人郭某某因找金瀚公司总经理余某明要求承包金瀚公司舾装码头建设工程未果，于同年4月16日、18日两次伙同他人到该公司舾装码头建设工地阻拦施工，并将工地建设用模板材料损坏，后金瀚公司报案后才被制止。

上诉人郭某某伙同郭某林、郭某清为了承包恒盛公司建设工地的砂卵石项目，在该公司已回绝的情况下，于2012年6月，到该公司工地阻拦运输车辆进入、阻止施工。同年7月27日，上诉人郭某某伙同郭某清等人又到该公司工地阻拦建筑运输车辆进入，不准建筑工地施工。后，郭某某系被公安机关抓获归案。

裁判要旨： 上诉人（原审被告人）郭某某伙同他人以暴力、威胁手段，强迫他人接受服务和退出招标投标，情节严重，其行为已构成强迫交易罪。在第一笔共同犯罪中，上诉人郭某某起了次要作用，是从犯，依法应当从轻处罚。

建设工程案件一般涉及主体较多，标的较大，参与人员背景、成分较为复杂，这与工地的不可移动和工程施工的安稳环境之间存在矛盾，为"强买强卖"的发生提供了生长的土壤。承包建设工程一定要通过正规的渠道和流程，切莫"心急"。

专题十三

对于 2019 年《中华人民共和国招标投标法 （修订草案公开征求意见稿）》的建议

2019 年 12 月 3 日，国家发展改革委发布《中华人民共和国招标投标法（修订草案公开征求意见稿）》。笔者进行了仔细研读，此次修订条款诸多，涉及 28 条。对此，比照结合现行规定，笔者提出了自己的相关修改建议，形成如下对比一览表。

《招标投标法》的规定①	《中华人民共和国招标投标法（修订草案公开征求意见稿）》	笔者的建议稿
第一章　总　　则	第一章　总　　则	第一章　总　　则
第一条　为了规范招标投标活动，保护国家利益、社会公共利益和招标投标活动当事人的合法权益，提高经济效益，保证项目质量，制定本法。	第一条　为了规范招标投标活动，保护国家利益、社会公共利益和招标投标活动当事人的合法权益，提高市场配置资源的效益和效率，保证项目质量，推动经济高质量发展，制定本法。	第一条　为了规范招标投标活动，保护国家利益、社会公共利益和招标投标活动当事人的合法权益，提高<u>资源配置效益</u>，保证项目质量，制定本法。
第二条　在中华人民共和国境内进行招标投标活动，适用本法。	第二条　在中华人民共和国境内进行招标投标活动，适用本法。	第二条　在中华人民共和国境内<u>必须进行招标的项目进行招标投标活动，或者不属于依法必须招标的项目当事人选择适用本法进行招标投标活动</u>，适用本法。

---

① 为方便与征求意见稿进行对比，法条顺序有少许调整。

续表

《招标投标法》的规定	《中华人民共和国招标投标法（修订草案公开征求意见稿）》	笔者的建议稿
第三条　在中华人民共和国境内进行下列工程建设项目包括项目的勘察、设计、施工、监理以及与工程建设有关的重要设备、材料等的采购，必须进行招标： 　　（一）大型基础设施、公用事业等关系社会公共利益、公众安全的项目； 　　（二）全部或者部分使用国有资金投资或者国家融资的项目； 　　（三）使用国际组织或者外国政府贷款、援助资金的项目。 　　前款所列项目的具体范围和规模标准，由国务院发展计划部门会同国务院有关部门制订，报国务院批准。 　　法律或者国务院对必须进行招标的其他项目的范围有规定的，依照其规定。	**第三条**　在中华人民共和国境内进行下列工程建设项目包括项目的勘察、设计、施工、监理、造价以及与工程建设有关的重要设备、材料的采购，达到规定规模标准的，必须进行招标： 　　（一）全部或者部分使用国有资金投资或者国家融资的项目； 　　（二）使用国际组织或者外国政府贷款、援助资金的项目。 　　采取政府和社会资本合作模式的工程建设项目，达到规定规模标准的，选择社会资本方必须进行招标。 　　本条第一款和第二款所列项目的具体范围和规模标准，由国务院发展改革部门会同国务院有关部门根据经济社会发展情况制订、调整，报国务院批准后公布执行。 　　法律或者国务院对必须进行招标的其他项目的范围有规定的，依照其规定。	**第三条**　在中华人民共和国境内进行下列工程建设项目的勘察、设计、施工、监理、造价审核咨询以及与工程建设有关的重要设备、材料的采购，达到规定规模标准的，必须进行招标： 　　（一）全部或者部分使用国有资金投资或者国家融资的项目； 　　（二）<u>全部或者部分使用国际组织或者外国政府贷款、援助资金的项目。</u> 　　采取政府和社会资本合作模式的工程建设项目，达到规定规模标准的，<u>社会资本方的选择必须进行招标。</u> 　　本条第一款和第二款所列项目的具体范围和规模标准，由国务院发展计划改革部门会同国务院有关部门根据经济社会发展情况制订、调整，报国务院批准后公布执行。 　　<u>法律或者国务院对必须进行招标的其他项目的范围有规定的，依照其规定。</u> 　　<u>本条第一款和第二款所列项目达到规模标准，但是法律或者国务院对涉及国家安全、国家秘密、抢险救灾或者属于利用扶贫资金实行以工代赈、需要使用农民工等不适宜进行招标的情形另有规定的，依照其规定。</u>

续表

《招标投标法》的规定	《中华人民共和国招标投标法（修订草案公开征求意见稿）》	笔者的建议稿
第四条 任何单位和个人不得将依法必须进行招标的项目化整为零或者以其他任何方式规避招标。	**第四条** 任何单位和个人不得将依法必须进行招标的项目化整为零或者以其他任何方式规避招标。 不属于依法必须进行招标的项目，提出项目的法人或者非法人组织可以自主确定采购方式，法律、行政法规另有规定的除外。	**第四条** 依法必须进行招标的项目不得以拆分或者其他方式规避招标。 不属于依法必须进行招标的项目，当事人可以采用招标以外的其他方式订立合同，法律或者国务院对订立合同的程序、条件等另有规定的，依照其规定。
第五条 招标投标活动应当遵循公开、公平、公正和诚实信用的原则。	**第五条** 招标投标活动应当遵循公开、公平、公正和诚实信用的原则，兼顾优质、经济和高效。	**第五条** 招标投标活动应当遵循公开、公平、公正和诚实信用的原则，应当有利于节约资源、保护生态环境和提高效率。
第六条 依法必须进行招标的项目，其招标投标活动不受地区或者部门的限制。任何单位和个人不得违法限制或者排斥本地区、本系统以外的法人或者其他组织参加投标，不得以任何方式非法干涉招标投标活动。	**第六条** 依法必须进行招标的项目，其招标投标活动不受地区或者部门的限制。任何单位和个人不得违法限制或者排斥任何法人或者非法人组织参加投标，不得以任何方式非法干涉招标投标活动。	**第六条** 依法必须进行招标的项目，其招标投标活动不受地区或者部门的限制。当事人的招标、投标、开标、评标、决标、中标和订立合同的行为不受违法限制、排斥或者非法干涉。
	第七条 国家推广以数据电文形式开展电子招标投标活动，推进交易流程、公共服务、行政监督电子化和规范化，以及招标投标信息资源全国互联共享。 除特殊情形外，依法必须进行招标的项目应当采用电子招标投标方式。 电子招标投标交易平台建设和运营机构应当确保平台安全性、保密性和可靠性，符合国家规定的技术规范和监督管理要求。	**第七条** 国家推广开展电子招标投标活动，推进交易流程、公共服务、行政监督电子化和规范化，以及招标投标信息资源全国互联共享。 除特殊情形外，依法必须进行招标的项目应当采用电子招标投标方式。 电子招标投标交易平台的建设和运营应当确保安全性、保密性和可靠性，符合国家规定的技术规范和监督管理要求。

《招标投标法》的规定	《中华人民共和国招标投标法 （修订草案公开征求意见稿）》	笔者的建议稿
第七条　招标投标活动及其当事人应当接受依法实施的监督。 　有关行政监督部门依法对招标投标活动实施监督，依法查处招标投标活动中的违法行为。 　对招标投标活动的行政监督及有关部门的具体职权划分，由国务院规定。	**第八条**　招标投标活动及其当事人应当接受依法实施的监督。 　有关行政监督部门依法对招标投标活动实施监督，建立健全抽查检查机制，依法查处招标投标活动中的违法行为。 　对招标投标活动的行政监督及有关部门的具体职权划分，由国务院规定。	**第八条**　招标投标活动应当接受依法实施的监督。 　有关行政部门依法对招标投标活动实施监督，依法查处违法行为。 　对招标投标活动的行政监督及有关部门的具体职权划分，由国务院规定。
	第九条　国家加强招标投标信用体系建设，建立健全招标投标活动当事人信用记录和信用评价制度，实现信用信息的公开共享和规范应用，依法实施失信惩戒。	**第九条**　国家加强招标投标信用体系建设，建立健全招标投标活动当事人信用记录和信用评价制度，实现信用信息的公开共享和规范应用，依法实施失信惩戒。
第二章　招　　标	**第二章　招　　标**	**第二章　招　　标**
第八条　招标人是依照本法规定提出招标项目、进行招标的法人或者其他组织。	**第十条**　招标人是依照本法规定提出招标项目、进行招标的法人或者非法人组织。 　招标人对招标过程和招标结果承担主体责任。	**第十条**　招标人是依照本法规定提出招标项目、进行招标的法人或者非法人组织。 　招标人对招标结果承担主体责任。
	第十一条　国家鼓励招标人发布未来一定时期内的拟招标项目信息，供潜在投标人知悉和进行投标准备。依法必须进行招标的项目，除属于应急、抢险等紧急用途的外，招标人应当编制包括拟招标项目概况、标段划分、预计招标时间等在内的招标计划，于首次招标的招标公告发布至少十日前在国家规定的媒介公布；招标计划应当根据项目进展情况进行更新。	**第十一条**　国家鼓励招标人发布未来一定时期内的拟招标项目信息，供潜在投标人知悉和进行投标准备。依法必须进行招标的项目，除属于应急、抢险等紧急用途的外，招标人应当编制包括拟招标项目概况、标段划分、预计招标时间等在内的招标计划，于首次招标的招标公告发布至少十日前在国家规定的媒介公布；招标计划应当根据项目进展情况进行更新。

续表

《招标投标法》的规定	《中华人民共和国招标投标法（修订草案公开征求意见稿）》	笔者的建议稿
第九条 招标项目按照国家有关规定需要履行项目审批手续的，应当先履行审批手续，取得批准。 招标人应当有进行招标项目的相应资金或者资金来源已经落实，并应当在招标文件中如实载明。	**第十二条** 招标项目依法需要履行项目审批、核准手续的，应当先履行审批、核准手续，取得批准。 招标人应当有进行招标项目的相应资金或者资金来源已经落实，并应当在招标文件中如实载明，法律或者国务院另有规定的除外。 依法必须进行招标的政府投资项目，招标范围、招标方式、招标组织形式应当报投资项目审批部门审批。依法必须进行招标的企业投资项目，拟不招标或者邀请招标的，应当在实施采购前将不进行公开招标的理由报投资项目核准、备案部门备案，投资项目审批、核准部门及时通报有关行政监督部门。	**第十二条** 招标项目依法需要履行项目审批、核准手续的，应当先履行审批、核准手续，取得批准。 招标人应当有进行招标项目的相应资金或者资金来源已经落实，并应当在招标文件中如实载明，法律或者行政法规另有规定的除外。 依法必须进行招标的项目，招标范围、招标方式、招标组织形式应当报投资审批部门审批。
第十条 招标分为公开招标和邀请招标。 公开招标，是指招标人以招标公告的方式邀请不特定的法人或者其他组织投标。 邀请招标，是指招标人以投标邀请书的方式邀请特定的法人或者其他组织投标。	**第十三条** 招标分为公开招标和邀请招标。 公开招标，是指招标人以招标公告的方式邀请不特定的法人或者非法人组织投标。 邀请招标，是指招标人以投标邀请书的方式邀请特定的法人或者非法人组织投标。 依法必须进行招标的项目，公开招标是采购的主要方式，除法律、行政法规规定可以进行邀请招标和不招标的外，应当公开招标。	**第十三条** 招标分为公开招标、邀请招标和议标。 公开招标，是指招标人以招标公告的方式邀请不特定的法人或者非法人组织投标。 邀请招标，是指招标人以投标邀请书的方式邀请特定的法人或者非法人组织投标。 依前本条第三款规定拟不招标或者邀请招标的，应当在实施采购前将不进行公开招标的理由报投资项目核准、备案部门备案，投资项目审批、核准部门及时通报有关行政监督部门。

续表

《招标投标法》的规定	《中华人民共和国招标投标法（修订草案公开征求意见稿)》	笔者的建议稿
第十一条 国务院发展计划部门确定的国家重点项目和省、自治区、直辖市人民政府确定的地方重点项目不适宜公开招标的，经国务院发展计 划部门或者省、自治区、直辖市人民政府批准，可以进行邀请招标。		
第十二条 招标人有权自行选择招标代理机构，委托其办理招标事宜。任何单位和个人不得以任何方式为招标人指定招标代理机构。 招标人具有编制招标文件和组织评标能力的，可以自行办理招标事宜。任何单位和个人不得强制其委托招标代理机构办理招标事宜。 依法必须进行招标的项目，招标人自行办理招标事宜的，应当向有关行政监督部门备案。	**第十四条** 招标人有权自行选择招标代理机构，委托其办理招标事宜。任何单位和个人不得以任何方式为招标人指定招标代理机构，或者限定招标人选择招标代理机构的方式。 招标人具有编制招标文件、组织资格审查和组织评标能力的，可以自行办理招标事宜。任何单位和个人不得强制其委托招标代理机构办理招标事宜。	**第十四条** 招标人有权自行选择招标代理机构，委托其办理招标事宜。任何单位和个人不得以任何方式为招标人指定或变相指定招标代理机构。 招标人具有编制招标文件、组织资格审查和组织评标能力的，可以自行办理招标事宜。任何单位和个人不得强制其委托招标代理机构办理招标事宜。
第十三条 招标代理机构是依法设立、从事招标代理业务并提供相关服务的社会中介组织。 招标代理机构应当具备下列条件： （一）有从事招标代理业务的营业场所和相应资金； （二）有能够编制招标文件和组织评标的相应专业力量。	**第十五条** 招标代理机构是依法设立、从事招标代理业务并提供相关服务的社会中介组织。 招标代理机构应当具备策划招标方案、编制招标文件、组织资格审查和组织评标的相应专业能力。 国家建立招标代理机构和招标从业人员信息登记和信用评价制度，实现信息全国互联共享，加强对招标代理行为的事中事后监管。	**第十五条** 招标代理机构是依法设立、从事招标代理业务并提供相关服务的社会中介组织。 国家建立招标代理机构和招标从业人员信息登记和信用评价制度，实现信用信息全国互联共享，加强对招标代理行为的事中事后监管。

《招标投标法》的规定	《中华人民共和国招标投标法（修订草案公开征求意见稿）》	笔者的建议稿
第十四条 招标代理机构与行政机关和其他国家机关不得存在隶属关系或者其他利益关系。	第十六条 招标代理机构与行政机关、其他国家机关、政府设立或者指定的招标投标交易服务机构不得存在隶属关系或者其他利益关系。	第十六条 招标代理机构与行政机关、其他国家机关、政府设立或者指定的招标投标交易服务机构不得存在隶属关系或者其他利益关系。
第十五条 招标代理机构应当在招标人委托的范围内办理招标事宜，并遵守本法关于招标人的规定。	第十七条 招标代理机构应当在招标人委托的范围内办理招标事宜，并遵守本法关于招标人的规定。	第十七条 招标代理机构应当在招标人委托的范围内办理招标事宜，并遵守本法关于招标人的规定。
第十六条 招标人采用公开招标方式的，应当发布招标公告。依法必须进行招标的项目的招标公告，应当通过国家指定的报刊、信息网络或者其他媒介发布。 招标公告应当载明招标人的名称和地址、招标项目的性质、数量、实施地点和时间以及获取招标文件的办法等事项。	第十八条 招标人采用公开招标方式的，应当发布招标公告。依法必须进行招标的项目的招标公告，应当通过国家规定的媒介发布。 招标公告应当载明招标人的名称和地址，招标项目的性质、数量、资金来源、项目估算或投资概算、实施地点和时间、投标人资格条件要求、递交投标文件的时间和方式、评标方法和定标方法、对投标担保和履约担保的要求、潜在的利益冲突事项以及获取招标文件的办法等。 招标人要求投标人缴纳投标担保、中标人缴纳履约担保的，投标人、中标人应当缴纳。依法必须进行招标的项目，投标担保和履约担保金额不得超过国家规定的标准；招标人不得限定只能以现金方式或者只能以非现金方式缴纳投标担保、履约担保。招标人要求中标人缴纳履约担保的，应当向中标人提供合同价款支付担保。	第十八条 招标人采用公开招标方式的，应当发布招标公告。依法必须进行招标的项目的招标公告，应当通过国家规定的媒介发布。 招标公告应当载明招标人的名称和地址、招标条件、项目概况、招标范围、投标人资格条件要求、递交投标文件的时间和方式、评标方法和定标方法、对投标担保和履约担保的要求、潜在的利益冲突事项以及获取招标文件的办法等。 招标人要求投标人缴纳投标担保、中标人缴纳履约担保的，投标人、中标人应当缴纳。投标担保和履约担保金额不得超过国家规定的标准；推行工程保函替代保证金，投标人可以保函的方式缴纳。招标人要求中标人缴纳履约担保的，应当向中标人提供工程款支付担保。

续表

《招标投标法》的规定	《中华人民共和国招标投标法（修订草案公开征求意见稿）》	笔者的建议稿
第十七条 招标人采用邀请招标方式的，应当向三个以上具备承担招标项目的能力、资信良好的特定的法人或者其他组织发出投标邀请书。 投标邀请书应当载明本法第十六条第二款规定的事项。	**第十九条** 招标人采用邀请招标方式的，应当向三个以上具备承担招标项目的能力、资信良好的特定的法人或者非法人组织发出投标邀请书。 投标邀请书应当载明本法第十八条第二款规定的事项。	**第十九条** 招标人采用邀请招标方式的，应当向三个以上具备承担招标项目的能力、资信良好的特定的法人或者非法人组织发出投标邀请书。 投标邀请书应当载明本法第十八条第二款规定的事项。
第十八条 招标人可以根据招标项目本身的要求，在招标公告或者投标邀请书中，要求潜在投标人提供有关资质证明文件和业绩情况，并对潜在投标人进行资格审查；国家对投标人的资格条件有规定的，依照其规定。 招标人不得以不合理的条件限制或者排斥潜在投标人，不得对潜在投标人实行歧视待遇。	**第二十条** 招标人可以根据招标项目特点自主选择采用资格预审或者资格后审办法，对潜在投标人或者投标人进行资格审查；国家对投标人的资格条件有规定的，依照其规定。 采用资格预审办法的，招标人应当发布资格预审公告、编制资格预审文件。国有资金占控股或者主导地位的依法必须进行招标的项目，招标人应当组建资格审查委员会，按照资格预审文件载明的标准和方法对资格预审申请人有关信息进行审查。资格审查委员会的组成、成员及其工作应当遵守本法有关评标委员会及其成员的规定。资格预审结束后，招标人应当及时向资格预审申请人书面告知其是否通过资格预审，并向未通过的告知原因。 采用资格后审办法的，应当在开标后由评标委员会按照招标文件规定的标准和方法对投标人的资格进行审查。 招标人不得以不合理的条件限制或者排斥潜在投标人，不得对潜在投标人实行歧视待遇。	**第二十条** 招标人可以根据招标项目特点自主选择采用资格预审或者资格后审办法，对潜在投标人或者投标人进行资格审查；国家对投标人的资格条件有规定的，依照其规定。 采用资格预审办法的，招标人应当发布资格预审公告、编制资格预审文件。招标人应当按照资格预审文件载明的标准和方法对资格预审申请人有关信息进行审查。国有资金占控股或者主导地位的依法必须进行招标的项目，招标人应当组建资格审查委员会，由资格审查委员会进行资格预审。资格审查委员会的组成、成员及其工作应当遵守本法有关评标委员会及其成员的规定。资格预审结束后，招标人应当及时向资格预审申请人书面告知其是否通过资格预审，并向未通过的告知原因。 招标人不得以不合理的条件限制或者排斥潜在投标人，不得对潜在投标人实行歧视待遇。

续表

《招标投标法》的规定	《中华人民共和国招标投标法（修订草案公开征求意见稿）》	笔者的建议稿
第十九条　招标人应当根据招标项目的特点和需要编制招标文件。招标文件应当包括招标项目的技术要求、对投标人资格审查的标准、投标报价要求和评标标准等所有实质性要求和条件以及拟签订合同的主要条款。 　　国家对招标项目的技术、标准有规定的，招标人应当按照其规定在招标文件中提出相应要求。 　　招标项目需要划分标段、确定工期的，招标人应当合理划分标段、确定工期，并在招标文件中载明。	**第二十一条**　招标人应当根据招标项目的特点和需要编制招标文件，任何单位和个人不得非法干预招标文件编制。招标文件应当包括招标项目的需求清单、技术要求、对投标人资格审查的标准、投标报价要求、评标标准和方法、定标方法等所有实质性要求和条件以及拟签订合同的主要条款。 　　招标项目的技术有强制性国家标准的，招标人应当在招标文件中提出相应要求；有推荐性国家标准、行业标准、地方标准的，鼓励招标人在招标文件中采用。国家鼓励招标人在招标文件中合理设置支持科技创新、节约能源资源、生态环保等方面的要求和条件。 　　招标项目需要划分标段、确定工期的，招标人应当合理划分标段、确定工期，并在招标文件中载明。 　　招标文件应当载明是否允许中标人依法对中标项目的部分工作进行分包，以及允许分包的范围。分包应当符合国家关于分包的规定。 　　依法必须进行招标的项目，招标文件应当使用国务院发展改革部门会同有关行政监督部门制定发布的标准文本和国务院有关行政监督部门制定发布的行业标准文本编制。	**第二十一条**　招标人应当根据招标项目的特点和需要编制招标文件，任何单位和个人不得非法干预招标文件编制。招标文件应当包括招标项目的需求清单、技术要求、对投标人资格审查的标准、投标报价要求、评标标准和方法、定标方法等所有实质性要求和条件以及拟签订合同的主要条款。 　　招标项目的技术有强制性国家标准的，招标人应当在招标文件中提出相应要求；有推荐性国家标准、行业标准、地方标准的，鼓励招标人在招标文件中采用。国家鼓励招标人在招标文件中合理设置支持科技创新、节约能源资源、生态环保等方面的要求和条件。 　　招标项目需要划分标段、确定工期的，招标人应当合理划分标段、确定工期，并在招标文件中载明。 　　招标文件<u>可以</u>载明是否允许中标人依法对中标项目的部分工作进行分包，以及允许分包<u>或禁止分包</u>的范围。分包应当符合国家关于分包的规定。 　　依法必须进行招标的项目，招标文件应当使用国务院发展改革部门会同有关行政监督部门制定发布的标准文本和国务院有关行政监督部门制定发布的行业标准文本编制。

《招标投标法》的规定	《中华人民共和国招标投标法（修订草案公开征求意见稿)》	笔者的建议稿
第二十条　招标文件不得要求或者标明特定的生产供应者以及含有倾向或者排斥潜在投标人的其他内容。	**第二十二条**　招标文件不得要求或者标明特定的生产供应者、套用特定生产供应者的条件设定招标项目技术标准以及含有倾向或者排斥潜在投标人的其他内容。	**第二十二条**　招标文件不得要求或者标明特定的生产供应者、套用特定生产供应者的条件设定招标以及含有倾向或者排斥潜在投标人的其他内容。
	第二十三条　招标人可以依法对工程建设项目的设计、施工以及货物采购全部或者部分实行总承包招标。	**第二十三条**　招标人可以依法对工程建设项目的设计、施工以及货物采购全部或者部分实行总承包招标。 政府和社会资本项目中，拟由社会资本方自行承担工程项目勘察、设计、施工、监理以及与工程建设有关的重要设备、材料等采购的，应当通过招标方式选择社会资本方，社会资本方自行承担的工作可以不再进行招标。
	第二十四条　招标人可以依法对一定时期内的重复性采购项目或者不同实施主体的同类采购项目进行集中资格审查或者集中招标，具体实施办法由国务院发展改革部门会同有关部门制定。	**第二十四条**　招标人可以依法对一定时期内的重复性采购项目或者不同实施主体的同类采购项目进行集中资格审查或者集中招标，具体实施办法由国务院发展改革部门会同有关部门制定。
	第二十五条　对于有必要向潜在投标人征集建议以明确具体技术、经济需求的招标项目，招标人可以分两阶段进行招标。 第一阶段，投标人按照招标公告或者投标邀请书的要求提交不带报价的建议，招标人根据投标人提交的建议确定招标项目具体需求，	**第二十五条**　对于有必要向潜在投标人征集建议以明确具体技术、经济需求的招标项目，招标人可以分两阶段进行招标。 第一阶段，投标人按照招标公告或者投标邀请书的要求提交不带报价的建议，招标人根据投标人提交的建议确定招标项目具体需求，

《招标投标法》的规定	《中华人民共和国招标投标法（修订草案公开征求意见稿）》	笔者的建议稿
	编制招标文件。招标人可以在保证公平的前提下，与提交建议的投标人进行讨论。 　　第二阶段，招标人向在第一阶段提交建议的投标人提供招标文件，投标人按照招标文件的要求提交包括投标报价的投标文件。	编制招标文件。招标人可以在保证公平的前提下，与提交建议的投标人进行讨论。 　　第二阶段，招标人向在第一阶段提交建议的投标人提供招标文件，投标人按照招标文件的要求提交包括投标报价的投标文件。
第二十一条　招标人根据招标项目的具体情况，可以组织潜在投标人踏勘项目现场。	第二十六条　招标人根据招标项目的具体情况，可以组织潜在投标人踏勘项目现场或者召开投标预备会，潜在投标人自主决定是否参加。	第二十六条　招标人根据招标项目的具体情况，可以组织潜在投标人踏勘项目现场或者召开投标预备会，潜在投标人自主决定是否参加。
第二十二条　招标人不得向他人透露已获取招标文件的潜在投标人的名称、数量以及可能影响公平竞争的有关招标投标的其他情况。 　　招标人设有标底的，标底必须保密。	第二十七条　招标人、电子招标投标交易平台建设和运营机构等参与招标投标活动的主体不得向招标人以外的他人透露已获取招标文件的潜在投标人的名称、数量以及可能影响公平竞争的有关招标投标的其他情况。 　　招标人设有标底的，标底必须保密。	第二十七条　招标人、招标代理人、电子招标投标交易平台建设和运营机构等参与招标投标活动的主体不得向招标人以外的他人透露已获取招标文件的潜在投标人的名称、数量以及可能影响公平竞争的有关招标投标的其他情况。招标人设有标底的，标底必须保密。
第二十四条　招标人应当确定投标人编制投标文件所需要的合理时间；但是，依法必须进行招标的项目，自招标文件开始发出之日起至投标人提交投标文件截止之日止，最短不得少于二十日。	第二十八条　招标人应当确定投标人编制投标文件所需要的合理时间。但是，依法必须进行招标的项目，自招标文件开始发出之日起至投标人提交投标文件截止之日止，最短不得少于十五日；其中，属于采购标准通用设备、材料的，或者施工技术方案简单、工期较短、季节性强的小型工程的，最短不得少于十日。	第二十八条　招标人应当确定投标人编制投标文件所需要的合理时间。但是，依法必须进行招标的项目，自招标文件开始发出之日起至投标人提交投标文件截止之日止，最短不得少于十五日；其中，属于采购标准通用设备、材料的，或者施工技术方案简单、工期较短、季节性强的小型工程的，最短不得少于十日。

续表

《招标投标法》的规定	《中华人民共和国招标投标法（修订草案公开征求意见稿）》	笔者的建议稿
第二十三条　招标人对已发出的招标文件进行必要的澄清或者修改的，应当在招标文件要求提交投标文件截止时间至少十五日前，以书面形式通知所有招标文件收受人。该澄清或者修改的内容为招标文件的组成部分。	**第二十九条**　招标人对已发出的招标文件进行必要的澄清或者修改的，应当及时以书面形式通知所有招标文件收受人。澄清或者修改的内容可能影响投标文件编制的，应当为编制投标文件预留合理时间。但是，依法必须进行招标的项目，应当在招标文件要求提交投标文件截止时间至少十日前通知；其中属于采购标准通用设备、材料的，或者施工技术方案简单、工期较短、季节性强的小型工程的，应当在至少五日前通知。该澄清或者修改的内容为招标文件的组成部分。	**第二十九条**　招标人对已发出的招标文件进行必要的澄清或者修改的，应当及时以书面形式通知所有招标文件收受人。澄清或者修改的内容可能影响投标文件编制的，应当为编制投标文件预留合理时间。但是，依法必须进行招标的项目，应当在招标文件要求提交投标文件截止时间至少十日前通知；其中属于采购标准通用设备、材料的，或者施工技术方案简单、工期较短、季节性强的小型工程的，应当在至少五日前通知。该澄清或者修改的内容为招标文件的组成部分。
	第三十条　依法必须进行招标的项目，招标人在发布招标公告、发出投标邀请书、招标文件或者资格预审文件后，除因不可抗力、国家政策变化等导致招标投标活动不能正常进行外，不得擅自终止招标；确需终止招标的，应当向有关行政监督部门备案后，及时在发布招标公告的媒介发布终止公告并说明原因，或者以书面形式通知被邀请的或者已经获取资格预审文件、招标文件的潜在投标人。 　　招标人终止招标的，依法承担相应责任。	**第三十条**　依法必须进行招标的项目，招标人在发布招标公告、发出投标邀请书、招标文件或者资格预审文件后，除因不可抗力、国家政策变化等导致招标投标活动不能正常进行外，不得擅自终止招标；确需终止招标的，应当向有关行政监督部门备案后，及时在发布招标公告的媒介发布终止公告并说明原因，或者以书面形式通知被邀请的或者已经获取资格预审文件、招标文件的潜在投标人。 　　招标人终止招标的，依法承担相应责任。<u>非因不可抗力、国家政策变化等导致招标投标活动不能正常进行外，因招标人的终止招标行为给潜在投标人造成经济损失的，招标人要予以赔偿。</u>

续表

《招标投标法》的规定	《中华人民共和国招标投标法（修订草案公开征求意见稿）》	笔者的建议稿
第三章 投 标	第三章 投 标	第三章 投 标
第二十五条 投标人是响应招标、参加投标竞争的法人或者其他组织。 依法招标的科研项目允许个人参加投标的，投标的个人适用本法有关投标人的规定。	第三十一条 投标人是响应招标、参加投标竞争的法人或非法人组织。 依法招标的科研项目、创意方案等智力技术服务等允许自然人参加投标的，投标的自然人适用本法有关投标人的规定。	第三十一条 投标人是响应招标、参加投标竞争的<u>自然人、法人或者非法人组织</u>。 <u>投标人参加投标，不受地区或者部门的限制，不受所有制形式或者组织形式的限制。除法律、行政法规另有规定外，任何单位或个人不得为投标人参加投标设置不合理准入条件。</u>
第二十六条 投标人应当具备承担招标项目的能力；国家有关规定对投标人资格条件或者招标文件对投标人资格条件有规定的，投标人应当具备规定的资格条件。	第三十二条 投标人应当具备承担招标项目的能力；国家有关规定对投标人资格条件或者招标文件对投标人资格条件有规定的，投标人应当具备规定的资格条件。	第三十二条 投标人应当具备承担招标项目的<u>相应能力</u>；国家有关规定对投标人资格条件或招标文件对投标人资格条件有规定的，投标人应当具备规定的资格条件。 <u>分两阶段进行招标的项目，提交技术建议的潜在投标人应当具备国家有关规定或第一阶段招标文件规定的资格条件。</u>
第二十七条 投标人应当按照招标文件的要求编制投标文件。投标文件应当对招标文件提出的实质性要求和条件作出响应。 招标项目属于建设施工的，投标文件的内容应当包括拟派出的项目负责人与主要技术人员的简历、业绩和拟用于完成招标项目的机械设备等。	第三十三条 投标人应当按照招标文件的要求编制投标文件。投标文件应当对招标文件提出的实质性要求和条件作出响应。 招标项目属于建设施工的，投标文件的内容应当包括拟派出的项目负责人与主要技术人员的简历、业绩和拟用于完成招标项目的机械设备等。	第三十三条 投标人应当按照招标文件的要求编制投标文件。投标文件应当对招标文件提出的实质性要求和条件作出响应。 招标项目属于建设施工的，投标文件的内容应当包括<u>投标人的资质证明文件、类似建设工程施工业绩</u>，拟派出的项目负责人与主要技术人员的简历、业绩和拟用于完成招标项目的机械设备等。

续表

《招标投标法》的规定	《中华人民共和国招标投标法（修订草案公开征求意见稿）》	笔者的建议稿
第二十八条　投标人应当在招标文件要求提交投标文件的截止时间前，将投标文件送达投标地点。招标人收到投标文件后，应当签收保存，不得开启。投标人少于三个的，招标人应当依照本法重新招标。 　　在招标文件要求提交投标文件的截止时间后送达的投标文件，招标人应当拒收。	**第三十四条**　投标人应当在招标文件要求提交投标文件的截止时间前，将投标文件送达投标地点或者提交电子招标投标交易平台。招标人或者电子招标投标交易平台收到投标文件后，应当签收保存，不得开启或者解密。投标人少于三个的，对于依法必须进行招标的项目，不得开启，招标人应当分析招标失败的原因，采取对招标文件设定的投标人资格条件等进行修改或者其他合理、充分措施后，依照本法重新招标。重新招标后，投标人仍少于三个的，可以再次重新招标，也可以开标、评标，或者依法以其他方式从现有投标人中确定中标人，并向有关行政监督部门备案。 　　在招标文件要求提交投标文件的截止时间后送达的投标文件，招标人应当拒收。	**第三十四条**　投标人应当在招标文件要求提交投标文件的截止时间前，将投标文件送达投标地点或者提交电子招标投标交易平台。招标人或者电子招标投标交易平台收到投标文件后，应当签收保存，不得开启或者解密。投标人少于三个的，对于依法必须进行招标的项目，不得开启，招标人应当分析招标失败的原因，采取对招标文件设定的投标人资格条件等进行修改或者其他合理、充分措施后，依照本法重新招标。重新招标后，投标人仍少于三个的，可以再次重新招标，也可以开标、评标，或者依法以其他方式从现有投标人中确定中标人，并向有关行政监督部门备案。 　　在招标文件要求提交投标文件的截止时间后送达的投标文件，招标人应当拒收。
第二十九条　投标人在招标文件要求提交投标文件的截止时间前，可以补充、修改或者撤回已提交的投标文件，并书面通知招标人。补充、修改的内容为投标文件的组成部分。	**第三十五条**　投标人在招标文件要求提交投标文件的截止时间前，可以补充、修改或者撤回已提交的投标文件，并书面通知招标人。补充、修改的内容为投标文件的组成部分。	**第三十五条**　投标人在招标文件要求提交投标文件的截止时间前，可以补充、修改或者撤回已提交的投标文件，并书面通知招标人。补充、修改的内容为投标文件的组成部分。
第三十条　投标人根据招标文件载明的项目实际情况，拟在中标后将中标项目的部分非主体、非关键性工作进行分包的，应当在投标文件中载明。	**第三十六条**　投标人根据招标文件载明的项目实际情况，拟在中标后将中标项目的部分工作进行分包的，应当在投标文件中载明。	**第三十六条**　投标人根据招标文件载明的项目实际情况，拟在中标后将中标项目的部分工作进行分包的，应当在投标文件中载明。

续表

《招标投标法》的规定	《中华人民共和国招标投标法（修订草案公开征求意见稿）》	笔者的建议稿
第三十一条 两个以上法人或者其他组织可以组成一个联合体，以一个投标人的身份共同投标。 联合体各方均应当具备承担招标项目的相应能力；国家有关规定或者招标文件对投标人资格条件有规定的，联合体各方均应当具备规定的相应资格条件。由同一专业的单位组成的联合体，按照资质等级较低的单位确定资质等级。 联合体各方应当签订共同投标协议，明确约定各方拟承担的工作和责任，并将共同投标协议连同投标文件一并提交招标人。联合体中标的，联合体各方应当共同与招标人签订合同，就中标项目向招标人承担连带责任。 招标人不得强制投标人组成联合体共同投标，不得限制投标人之间的竞争。	第三十七条 招标人接受联合体投标的，两个以上法人或者非法人组织可以组成一个联合体，以一个投标人的身份共同投标。 联合体各方应当签订共同投标协议，明确约定各方拟承担的专业工作和责任，并将共同投标协议连同投标文件一并提交招标人。联合体中标的，联合体各方应当共同与招标人签订合同，就中标项目向招标人承担连带责任。 联合体各方应当具备承担共同投标协议约定的招标项目相应专业工作的能力；国家有关规定或者招标文件对投标人资格条件有规定的，联合体各方应当具备规定的相应资格条件。联合体的各专业资质等级，根据共同投标协议约定的专业分工，分别按照承担相应专业工作的资质等级最低的单位确定。 招标人不得强制投标人组成联合体共同投标，不得限制投标人之间的竞争。	第三十七条 两个以上法人或者非法人组织可以组成一个联合体，以一个投标人的身份共同投标，但招标文件规定不接受联合体投标的除外。 联合体各方应当签订共同投标协议，明确约定联合体牵头方的权利义务、各方拟承担的专业工作和责任，并将共同投标协议连同投标文件一并提交招标人。联合体中标的，联合体各方应当共同与招标人签订合同，就中标项目向招标人承担连带责任。 联合体部分成员虽没有与招标人直接签订合同，但共同投标协议已明确联合体牵头方有权代表联合体其他方签订合同，或联合体部分成员在投标时已明确授权联合体牵头方代表其与招标人签订合同的，联合体各方须就中标项目向招标人承担连带责任。 联合体牵头方应当具备承担招标文件等要求的全面管理协调整体招标项目的能力。联合体各方应当具备承担共同投标协议约定的招标项目相应专业工作的能力；国家有关规定或者招标文件对投标人资格条件有规定的，联合体各方应当具备规定的相应资格条件。联合体的各专业资质等级，根据共同投标协议约定的专业分工，分别按照承担相应专业工作的资质等级最低的单位确定。 招标人不得强制投标人组成联合体共同投标，不得限制投标人之间的竞争。

续表

《招标投标法》的规定	《中华人民共和国招标投标法 （修订草案公开征求意见稿）》	笔者的建议稿
第三十二条　投标人不得相互串通投标报价，不得排挤其他投标人的公平竞争，损害招标人或者其他投标人的合法权益。 　　投标人不得与招标人串通投标，损害国家利益、社会公共利益或者他人的合法权益。 　　禁止投标人以向招标人或者评标委员会成员行贿的手段谋取中标。	第三十八条　投标人不得相互串通投标报价，不得排挤其他投标人的公平竞争，损害招标人或者其他投标人的合法权益。 　　投标人不得与招标人串通投标，损害国家利益、社会公共利益或者他人的合法权益。 　　禁止投标人以向招标人或者评标委员会成员提供财物或者给予其他利益等不正当手段谋取中标。	第三十八条　投标人不得相互串通投标报价，不得排挤其他投标人的公平竞争，损害招标人或者其他投标人的合法权益。 　　投标人不得与招标人串通投标，损害国家利益、社会公共利益或者他人的合法权益。 　　禁止投标人以向招标人或者评标委员会成员提供财物或者给予其他利益等不正当手段谋取中标。
第三十三条　投标人不得以低于成本的报价竞标，也不得以他人名义投标或者以其他方式弄虚作假，骗取中标。	第三十九条　投标人不得以可能影响合同履行的异常低价竞标，也不得以他人名义投标或者以其他方式弄虚作假，骗取中标。	第三十九条　投标人不得以可能影响合同履行的异常评价指标竞标，也不得以他人名义投标或者以其他方式弄虚作假，骗取中标。投标人不得以自己名义为他人投标或在中标后将中标项目转由他人实际履行。
第四章　开标、评标 和中标	第四章　开标、评标、定标 和中标	第四章　开标、评标、定标 和中标
第三十四条　开标应当在招标文件确定的提交投标文件截止时间的同一时间公开进行；开标地点应当为招标文件中预先确定的地点。	第四十条　开标应当在招标文件确定的时间公开进行；开标地点应当为招标文件中预先确定的地点或者发出招标文件的电子招标投标交易平台。	第四十条　开标应当在招标文件确定的时间公开进行；开标地点应当为招标文件中预先确定的地点或者发出招标文件的电子招标投标交易平台。
第三十五条　开标由招标人主持，邀请所有投标人参加。	第四十一条　开标由招标人主持，所有投标人自主决定是否参加。实行电子开标的，所有投标人应当在线参加。	第四十一条　开标由招标人主持，所有投标人自主决定是否参加。实行电子开标的，所有投标人应当在线参加。

《招标投标法》的规定	《中华人民共和国招标投标法（修订草案公开征求意见稿)》	笔者的建议稿
第三十六条　开标时，由投标人或者其推选的代表检查投标文件的密封情况，也可以由招标人委托的公证机构检查并公证；经确认无误后，由工作人员当众拆封，宣读投标人名称、投标价格和投标文件的其他主要内容。 招标人在招标文件要求提交投标文件的截止时间前收到的所有投标文件，开标时都应当当众予以拆封、宣读。 开标过程应当记录，并存档备查。	第四十二条　开标时，由投标人或者其委托的代表分别检查各自投标文件有无提前开启情况；经确认无误后，当众拆封或者解密，公布投标人名称、投标价格和投标文件的其他主要内容。 招标人在招标文件要求提交投标文件的截止时间前收到的所有投标文件，开标时都应当当众予以拆封或者解密、公布。未经开标公布的投标文件不得进入评标环节。 开标过程应当记录，并存档备查。	第四十二条　开标时，由投标人或者其委托的代表分别检查各自投标文件有无提前开启情况；经确认无误后，当众拆封或者解密，公布投标人名称、投标价格和投标文件的其他主要内容。 招标人在招标文件要求提交投标文件的截止时间前收到的所有投标文件，开标时都应当当众予以拆封或者解密、公布。<u>投标人对已经提交投标文件但未公布的，当场应该立即提出异议，招标人对于投标人的异议必须给予释疑。</u>未经开标公布的投标文件不得进入评标环节。 开标过程应当记录，并存档备查。
第三十七条　评标由招标人依法组建的评标委员会负责。 依法必须进行招标的项目，其评标委员会由招标人的代表和有关技术、经济等方面的专家组成，成员人数为五人以上单数，其中技术、经济等方面的专家不得少于成员总数的三分之二。 前款专家应当从事相关领域工作满八年并具有高级职称或者具有同等专业水平，由招标人从国务院有关部门或者省、自治区、直辖市人民政府有关部门提供的专家名册或者招标代理机构	第四十三条　评标由招标人依法组建的评标委员会负责。 依法必须进行招标的项目，其评标委员会由招标人的代表和有关技术、经济或者法律等方面的专家共同组成，成员人数为五人以上单数，并应当满足专业分工需求，其中技术、经济或者法律等方面的专家不得少于成员总数的三分之二。招标人委托的代表可以是本单位熟悉招标项目需求的专业人员，也可以是外部专家。任何单位和个人不得禁止或限制招标人的代表进入评标委	第四十三条　评标由招标人依法组建的评标委员会负责。 依法必须进行招标的项目，其评标委员会由招标人的代表和有关技术、经济或者法律等方面的专家共同组成，成员人数为五人以上单数，并应当满足专业分工需求，其中技术、经济或者法律等方面的专家不得少于成员总数的三分之二。招标人委托的代表可以是本单位熟悉招标项目需求的专业人员，也可以是外部专家。任何单位和个人不得禁止或限制招标人的代表进入评标委

续表

《招标投标法》的规定	《中华人民共和国招标投标法（修订草案公开征求意见稿）》	笔者的建议稿
的专家库内的相关专业的专家名单中确定；一般招标项目可以采取随机抽取方式，特殊招标项目可以由招标人直接确定。 　　与投标人有利害关系的人不得进入相关项目的评标委员会；已经进入的应当更换。 　　评标委员会成员的名单在中标结果确定前应当保密。	员会。 　　前款专家应当从事相关领域工作满五年并具有高级职称或者具有同等专业水平。作为招标人代表的外部专家，由招标人直接确定；技术、经济或者法律等方面的专家由招标人从国务院有关部门或者省、自治区、直辖市人民政府组建或者确定的综合评标专家库或者行业评标专家库内的相关专业的专家名单中确定；一般招标项目可以采取随机抽取方式，特殊招标项目可以由招标人直接确定。国务院发展改革部门会同有关行政监督部门建立健全评标专家库专家征集、培训、考核和清退机制，实现专家资源全国互联共享。 　　与投标人有利害关系的人不得进入相关项目的评标委员会；已经进入的应当更换。 　　评标委员会成员的名单在中标结果确定前应当保密。 　　招标人根据需要可以组成工作组或者利用电子信息系统辅助评标委员会工作。辅助评标工作应当客观、准确，不得对投标文件做出任何更改或评价。	员会。 　　前款专家应当从事相关领域工作满五年并具有高级职称或者具有同等专业水平。作为招标人代表的外部专家，由招标人直接确定；技术、经济或者法律等方面的专家由招标人从国务院有关部门或者省、自治区、直辖市人民政府组建或者确定的综合评标专家库或者行业评标专家库内的相关专业的专家名单中确定；一般招标项目可以采取随机抽取方式，特殊招标项目可以由招标人直接确定。国务院发展改革部门会同有关行政监督部门建立健全评标专家库专家征集、培训、考核和清退机制，实现专家资源全国互联共享。 　　与投标人有利害关系的人不得进入相关项目的评标委员会；已经进入的应当更换。 　　评标委员会成员的名单在中标结果确定前应当保密。 　　招标人根据需要可以组成工作组或者利用电子信息系统辅助评标委员会工作。辅助评标工作应当客观、准确，不得对投标文件做出任何更改或评价。

《招标投标法》的规定	《中华人民共和国招标投标法（修订草案公开征求意见稿)》	笔者的建议稿
第三十八条 招标人应当采取必要的措施，保证评标在严格保密的情况下进行。 任何单位和个人不得非法干预、影响评标的过程和结果。	**第四十四条** 招标人应当采取必要的措施，保证评标在严格保密的情况下进行。 任何单位和个人不得非法干预、影响评标的过程和结果。 招标人应当向评标委员会提供评标所必需的信息，在评标开始前向评标委员会介绍招标项目背景、特点和需求，并在评标过程中根据评标委员会的要求对法律法规和招标文件内容进行说明。招标人提供的信息和介绍说明内容不得含有歧视性、倾向性、误导性，不得超出招标文件的范围或者改变招标文件的实质性内容，并应当随评标报告记录在案。	**第四十四条** 招标人应当采取必要的措施，保证评标在严格保密的情况下进行。 任何单位和个人不得非法干预、影响评标的过程和结果。 招标人应当向评标委员会提供评标所必需的信息，在评标开始前向评标委员会介绍招标项目背景、特点和需求，并在评标过程中根据评标委员会的要求对法律法规和招标文件内容进行说明。招标人提供的信息和介绍说明内容不得含有歧视性、倾向性、误导性，不得超出招标文件的范围或者改变招标文件的实质性内容，并应当随评标报告记录在案。
第三十九条 评标委员会可以要求投标人对投标文件中含义不明确的内容作必要的澄清或者说明，但是澄清或者说明不得超出投标文件的范围或者改变投标文件的实质性内容。	**第四十五条** 评标委员会可以要求投标人对投标文件中含义不明确的内容作必要的澄清或者说明，但是澄清或者说明不得超出投标文件的范围或者改变投标文件的实质性内容。 评标委员会发现投标人的报价为异常低价，有可能影响合同履行的，应当要求投标人在合理期限内作澄清或者说明，并提供必要的证明材料。投标人不能说明其报价合理性，导致合同履行风险过高的，评标委员会应当否决其投标。 前两款中评标委员会的要求以及投标人的澄清或者说明应当以书面形式进行。	**第四十五条** 评标委员会可以要求投标人对投标文件中含义不明确的内容作必要的澄清或者说明，但是澄清或者说明不得超出投标文件的范围或者改变投标文件的实质性内容。 评标委员会发现投标人的报价为异常低价，有可能影响合同履行的，应当要求投标人在合理期限内作澄清或者说明，并提供必要的证明材料。投标人不能说明其报价合理性，导致合同履行风险过高的，评标委员会应当否决其投标。 前两款中评标委员会的要求以及投标人的澄清或者说明应当以书面形式进行。

《招标投标法》的规定	《中华人民共和国招标投标法（修订草案公开征求意见稿)》	笔者的建议稿
第四十一条　中标人的投标应当符合下列条件之一： 　　（一）能够最大限度地满足招标文件中规定的各项综合评价标准； 　　（二）能够满足招标文件的实质性要求，并且经评审的投标价格最低；但是投标价格低于成本的除外。	第四十六条　招标人应当按照招标项目实际需求和技术特点，从以下方法中选择确定评标方法： 　　（一）综合评估法，即确定投标文件能够最大限度地满足招标文件中规定的各项综合评价标准的投标人为中标候选人的评标方法； 　　（二）经评审的最低投标价法，即确定投标文件能够满足招标文件的实质性要求，并且经评审的投标价格最低的投标人为中标人候选人的评标方法；但是投标价格为可能影响合同履行的异常低价的除外； 　　（三）法律、行政法规、部门规章规定的其他评标方法。 　　经评审的最低投标价法仅适用于具有通用的技术、性能标准或者招标人对其技术、性能没有特殊要求的项目。 　　国家鼓励招标人将全生命周期成本纳入价格评审因素，并在同等条件下优先选择全生命周期内能源资源消耗最低、环境影响最小的投标。	第四十六条　招标人应当按照招标项目实际需求和技术特点，在发布招标公告时从以下方法中选择确定评标方法： 　　（一）综合评估法，即确定投标文件能够最大限度地满足招标文件中规定的各项综合评价标准的投标人为中标候选人的评标方法； 　　（二）经评审的最低投标价法，即确定投标文件能够满足招标文件的实质性要求，并且经评审的投标价格最低的投标人为中标人候选人的评标方法；但是投标价格为可能影响合同履行的异常低价的除外； 　　（三）法律、行政法规、部门规章规定的其他评标方法。 　　经评审的最低投标价法仅适用于具有通用的技术、性能标准或者招标人对其技术、性能没有特殊要求的项目。 　　国家鼓励招标人将全生命周期成本纳入价格评审因素，并在同等条件下优先选择全生命周期内能源资源消耗最低、环境影响最小的投标。

《招标投标法》的规定	《中华人民共和国招标投标法（修订草案公开征求意见稿）》	笔者的建议稿
第四十条 评标委员会应当按照招标文件确定的评标标准和方法，对投标文件进行评审和比较；设有标底的，应当参考标底。评标委员会完成评标后，应当向招标人提出书面评标报告，并推荐合格的中标候选人。 招标人根据评标委员会提出的书面评标报告和推荐的中标候选人确定中标人。招标人也可以授权评标委员会直接确定中标人。 国务院对特定招标项目的评标有特别规定的，从其规定。	**第四十七条** 评标委员会应当按照招标文件确定的评标标准和方法，集体研究并分别独立对投标文件进行评审和比较。评标委员会完成评标后，应当向招标人提出书面评标报告，推荐不超过三个合格的中标候选人，并对每个中标候选人的优势、风险等评审情况进行说明；除招标文件明确要求排序的外，推荐中标候选人不标明排序。 招标人根据评标委员会提出的书面评标报告和推荐的中标候选人，按照招标文件规定的定标方法，结合对中标候选人合同履行能力和风险进行复核的情况，自收到评标报告之日起二十日内自主确定中标人。定标方法应当科学、规范、透明。招标人也可以授权评标委员会直接确定中标人。 国务院对特定招标项目的评标有特别规定的，从其规定。	**第四十七条** 评标委员会应当按照招标文件确定的评标标准和方法，集体研究并分别独立对投标文件进行评审和比较。评标委员会完成评标后，应当向招标人提出书面评标报告，推荐不超过三个合格的中标候选人，并对每个中标候选人的优势、风险等评审情况进行说明；除招标文件明确要求排序的外，推荐中标候选人不标明排序。 招标人根据评标委员会提出的书面评标报告和推荐的中标候选人，按照招标文件规定的定标方法，结合对中标候选人合同履行能力和风险进行复核的情况，自收到评标报告之日起二十日内自主确定中标人。定标方法应当科学、规范、透明。招标人也可以授权评标委员会直接确定中标人。 国务院对特定招标项目的评标有特别规定的，从其规定。
第四十二条 评标委员会经评审，认为所有投标都不符合招标文件要求的，可以否决所有投标。 依法必须进行招标的项目的所有投标被否决的，招标人应当依照本法重新招标。	**第四十八条** 评标委员会经评审，认为所有投标都不符合招标文件要求的，应当否决所有投标。 依法必须进行招标的项目的所有投标被否决的，招标人应当分析招标失败的原因，必要时采取对招标文件设定的投标人资格条件等进行修改或者其他相应措施后，	**第四十八条** 评标委员会经评审，认为所有投标都不符合招标文件要求的，应当否决所有投标。 依法必须进行招标的项目的所有投标被否决的，招标人应当分析招标失败的原因，必要时采取对招标文件设定的投标人资格条件等进行修改或者其他相应措施后，

《招标投标法》的规定	《中华人民共和国招标投标法（修订草案公开征求意见稿）》	笔者的建议稿
	依照本法重新招标。重新招标后，投标人少于三个的，可以开标、评标，或者依法以其他方式从现有投标人中确定中标人，并向有关行政监督部门备案；所有投标再次被否决的，可以不再进行招标，并向有关行政监督部门备案。	依照本法重新招标。重新招标后，投标人少于三个的，可以开标、评标，或者依法以其他方式从现有投标人中确定中标人，并向有关行政监督部门备案；所有投标再次被否决的，可以不再进行招标，并向有关行政监督部门备案。
第四十三条 在确定中标人前，招标人不得与投标人就投标价格、投标方案等实质性内容进行谈判。	第四十九条 除法律、行政法规另有规定外，在确定中标人前，招标人不得与投标人就投标价格、投标方案等实质性内容进行谈判；但是在不影响公平的前提下，招标人可以与投标人就投标方案的实施细节进行谈判。	第四十九条 除法律、行政法规另有规定外，在确定中标人前，招标人不得与投标人就投标价格、投标方案等实质性内容进行谈判；但是在不影响公平的前提下，招标人可以与投标人就投标方案的实施细节进行谈判。
第四十四条 评标委员会成员应当客观、公正地履行职务，遵守职业道德，对所提出的评审意见承担个人责任。 评标委员会成员不得私下接触投标人，不得收受投标人的财物或者其他好处。 评标委员会成员和参与评标的有关工作人员不得透露对投标文件的评审和比较、中标候选人的推荐情况以及与评标有关的其他情况。	第五十条 评标委员会成员应当客观、公正、勤勉地履行职务，遵守职业道德，对所提出的评审意见承担个人责任。 评标委员会成员不得私下接触投标人，不得收受投标人的财物或者其他好处。 评标委员会成员和参与评标的有关工作人员不得透露对投标文件的评审和比较、中标候选人的推荐情况以及与评标有关的其他情况。	第五十条 评标委员会成员应当客观、公正、勤勉地履行职务，遵守职业道德，对所提出的评审意见承担个人责任。 评标委员会成员不得私下接触投标人，不得收受投标人的财物或者其他好处。 评标委员会成员和参与评标的有关工作人员不得透露对投标文件的评审和比较、中标候选人的推荐情况以及与评标有关的其他情况。

《招标投标法》的规定	《中华人民共和国招标投标法（修订草案公开征求意见稿）》	笔者的建议稿
	第五十一条 依法必须进行招标的项目，招标人应当自定标结束之日起三日内在发布招标公告的媒介公示中标人，公示期不得少于三日。 中标人公示应当载明中标人的名称、投标报价、评分或者评标价、质量、工期（交货期）、资质业绩、项目负责人信息，确定中标人的主要理由，中标候选人名单，所有被否决的投标，提出异议的渠道和方式，以及法律法规和招标文件规定公示的其他内容。 在公示中标人的同时，对于投标符合招标文件要求的投标人，招标人应当书面告知其评分或者评标价，对于被否决的投标，招标人应当书面告知其原因。	**第五十一条** 依法必须进行招标的项目，招标人应当自定标结束之日起三日内在发布招标公告的媒介公示中标人，公示期不得少于三日。 中标人公示应当载明中标人的名称、投标报价、评分或者评标价、质量、工期（交货期）、资质，确定中标人的主要理由，中标候选人名单，所有被否决的投标，提出异议的渠道和方式，以及法律法规和招标文件规定公示的其他内容。 在公示中标人的同时，对于投标符合招标文件要求的投标人，招标人应当书面告知其评分或者评标价，对于被否决的投标，招标人应当书面告知其原因。
第四十五条 中标人确定后，招标人应当向中标人发出中标通知书，并同时将中标结果通知所有未中标的投标人。 中标通知书对招标人和中标人具有法律效力。中标通知书发出后，招标人改变中标结果的，或者中标人放弃中标项目的，应当依法承担法律责任。	**第五十二条** 中标人公示结束且无尚未处理的异议后，招标人应当向中标人发出中标通知书，并同时将中标结果通知所有未中标的投标人。依法必须进行招标的项目，招标人应当自中标通知书发出之日起三日内在发布招标公告的媒介公告中标结果。 中标通知书对招标人和中标人具有法律效力。中标通知书到达中标人后，招标人改变中标结果的，或者中标人放弃中标项目的，应当依法承担违约法律责任。	**第五十二条** 中标人公示结束且无尚未处理的异议后，招标人应当向中标人发出中标通知书，并同时将中标结果通知所有未中标的投标人。依法必须进行招标的项目，招标人应当自中标通知书发出之日起三日内在发布招标公告的媒介公告中标结果。 中标通知书对招标人和中标人具有法律效力。中标通知书到达中标人后，招标人改变中标结果的，或者中标人放弃中标项目的，应当依法承担违约法律责任。

《招标投标法》的规定	《中华人民共和国招标投标法（修订草案公开征求意见稿）》	笔者的建议稿
第四十六条　招标人和中标人应当自中标通知书发出之日起三十日内，按照招标文件和中标人的投标文件订立书面合同。招标人和中标人不得再行订立背离合同实质性内容的其他协议。 　　招标文件要求中标人提交履约保证金的，中标人应当提交。	**第五十三条**　招标人和中标人应当自中标通知书发出之日起三十日内，按照招标文件和中标人的投标文件订立书面合同。招标人可以和中标人进行合同谈判，但谈判内容不得更改招标文件和中标人投标文件的实质性内容。招标人和中标人不得再行订立背离合同实质性内容的其他协议。 　　中标人放弃中标、不能履行合同、不按照招标文件要求提供履约担保，或者被查实存在影响中标结果的违法行为等不符合中标条件的情形的，招标人可以根据评标委员会提出的书面评标报告和推荐的中标候选人重新确定其他中标候选人为中标人，或者组织评标委员会重新评标并推荐中标候选人，也可以重新招标。重新确定中标人的，应当参照本法第五十一条和第五十二条规定进行公示、通知、公告。	**第五十三条**　招标人和中标人应当自中标通知书发出之日起三十日内，按照招标文件和中标人的投标文件订立书面合同。招标人可以和中标人进行合同谈判，但谈判内容不得更改招标文件和中标人投标文件的实质性内容。招标人和中标人不得再行订立背离合同实质性内容的其他协议。 　　中标人放弃中标、不能履行合同、不按照招标文件要求提供履约担保，或者被查实存在影响中标结果的违法行为等不符合中标条件的情形的，招标人可以根据评标委员会提出的书面评标报告和推荐的中标候选人重新确定其他中标候选人为中标人，或者组织评标委员会重新评标并推荐中标候选人，也可以重新招标。重新确定中标人的，应当参照本法第五十一条和第五十二条规定进行公示、通知、公告。
第四十七条　依法必须进行招标的项目，招标人应当自确定中标人之日起十五日内，向有关行政监督部门提交招标投标情况的书面报告。	**第五十四条**　依法必须进行招标的项目，招标人应当自与中标人订立书面合同之日起十五日内，在发布招标公告的媒介公开合同订立情况信息，但涉及国家秘密、商业秘密的除外。	**第五十四条**　依法必须进行招标的项目，招标人应当自与中标人订立书面合同之日起十五日内，在发布招标公告的媒介公开合同订立情况信息，但涉及国家秘密、商业秘密的除外。

《招标投标法》的规定	《中华人民共和国招标投标法 (修订草案公开征求意见稿)》	笔者的建议稿
	第五十五条 招标人、招标代理机构应当对每个招标项目有关的文件资料建立真实完整的招标档案，并按照国家有关规定妥善保存，不得伪造、变造、隐匿或者销毁。招标档案的保存期限为自招标结束之日起至少十五年。招标档案可以用电子档案方式保存。	**第五十五条** 招标人、招标代理机构应当对每个招标项目有关的文件资料建立真实完整的招标档案，并按照国家有关规定妥善保存，不得伪造、变造、隐匿或者销毁。招标档案的保存期限为自招标结束之日起至少十五年。招标档案可以用电子档案方式保存。
	第五章　合同履行	**第五章　合同履行**
第四十八条 中标人应当按照合同约定履行义务，完成中标项目。中标人不得向他人转让中标项目，也不得将中标项目肢解后分别向他人转让。 中标人按照合同约定或者经招标人同意，可以将中标项目的部分非主体、非关键性工作分包给他人完成。接受分包的人应当具备相应的资格条件，并不得再次分包。 中标人应当就分包项目向招标人负责，接受分包的人就分包项目承担连带责任。	**第五十六条** 中标人应当按照合同约定履行义务，完成中标项目，法律、行政法规规定中标人可以不承担中标项目实施工作的除外。中标人不得向他人转让中标项目，也不得将中标项目肢解后分别向他人转让。 中标人按照合同约定或者经招标人同意，可以将中标项目的部分工作分包给他人完成。中标项目的主体、关键性工作不得分包，国家对工程总承包项目、政府和社会资本合作项目等的分包另有规定的，从其规定。除法律、行政法规另有规定外，中标人可以自主确定分包人。接受分包的人应当具备相应的资格条件，并不得再次分包。 中标人应当就分包项目向招标人负责，接受分包的人就分包项目承担连带责任。	**第五十六条** 中标人应当按照合同约定履行义务，完成中标项目，法律、行政法规规定中标人可以不承担中标项目实施工作的除外。中标人不得向他人转让中标项目，也不得将中标项目肢解后分别向他人转让。 中标人按照合同约定或者经招标人同意，可以将中标项目的部分工作分包给他人完成。中标项目的主体、关键性工作不得分包，国家对工程总承包项目、政府和社会资本合作项目等的分包另有规定的，从其规定。除法律、行政法规另有规定外，中标人可以自主确定分包人。接受分包的人应当具备相应的资格条件，并不得再次分包。 中标人应当就分包项目向招标人负责，接受分包的人就分包项目承担连带责任。

续表

《招标投标法》的规定	《中华人民共和国招标投标法（修订草案公开征求意见稿）》	笔者的建议稿
	第五十七条　依法必须进行招标的项目，中标人在中标项目实施过程中，不按照合同约定履行义务或者存在其他情形，致使合同目的不能实现的，招标人可以依法解除合同，重新招标，或者在报有关行政监督部门备案后，不再重新招标，选择其他中标候选人或者相邻标段中标人签订合同，并参照本法第五十一和五十二条规定进行公示、通知、公告，但有关中标候选人或者相邻标段中标人不接受选择的除外。	**第五十七条**　依法必须进行招标的项目，中标人在中标项目实施过程中，不按照合同约定履行义务或者存在其他情形，致使合同目的不能实现的，招标人可以依法解除合同，重新招标，或者在报有关行政监督部门备案后，不再重新招标，选择其他中标候选人或者相邻标段中标人签订合同，并参照本法第五十一和五十二条规定进行公示、通知、公告，但有关中标候选人或者相邻标段中标人不接受选择的除外。
	第五十八条　依法必须进行招标的项目，招标人应当在国家规定的媒介及时公开包括项目重大变动、合同重大变更、合同中止和解除、违约行为处理结果、竣工验收等在内的合同履行情况信息，但涉及国家秘密、商业秘密的除外。	**第五十八条**　依法必须进行招标的项目，招标人应当在国家规定的媒介及时公开包括项目重大变动、合同重大变更、<u>合同中止和解除、竣工验收</u>等在内的合同履行情况信息，但涉及国家秘密、商业秘密的除外。
	第五十九条　对依法必须进行招标的项目，有关行政监督部门应当加强对合同履行情况的监管，建立合同履行情况评价机制，评价结果记入招标人和中标人信用记录。	**第五十九条**　对依法必须进行招标的项目，有关行政监督部门应当加强对合同履行情况的监管，建立合同履行情况评价机制，评价结果记入招标人和中标人信用记录。

《招标投标法》的规定	《中华人民共和国招标投标法（修订草案公开征求意见稿)》	笔者的建议稿
	第六章　异议与投诉处理	第六章　异议与投诉处理
	第六十条　潜在投标人、投标人或者其他利害关系人认为招标投标活动不符合本法规定的，有权向招标人提出异议。其中，下列异议应当按规定的时间提出： （一）潜在投标人或者其他利害关系人对资格预审公告或者招标公告有异议的，应当在公告期间提出；对资格预审文件有异议的，应当在提交资格预审申请文件截止时间两日前提出；对招标文件有异议的，应当在投标截止时间七日前提出； （二）投标人对开标有异议的，应当在开标现场提出； （三）投标人或者其他利害关系人对评标、定标结果有异议的，应当在中标人公示期间提出。 对前款第（一）、（三）项异议，招标人应当自收到异议之日起三日内作出答复；作出答复前，应当暂停招标投标活动。前款第（二）项异议，招标人应当当场作出答复，并制作记录。	第六十条　潜在投标人、投标人或者其他利害关系人认为招标投标活动违反法律、法规、资格预审文件或招标文件等而致使自己的合法权益受到损害的，有权向招标人提出书面异议，在开标现场提出的除外。其中，下列异议应当按规定的时间提出： （一）潜在投标人或者其他利害关系人对资格预审公告或者招标公告有异议的，应当在公告期间提出；对资格预审文件有异议的，应当在提交资格预审申请文件截止时间两日前提出；对招标文件有异议的，应当在投标截止时间七日前提出； （二）投标人对开标有异议的，应当在开标现场提出； （三）投标人或者其他利害关系人对评标、定标结果有异议的，应当在中标公示期间提出。 对前款第（一）、（三）项异议，招标人应当自收到异议之日起三日内作出书面答复；作出答复前，应当暂停招标投标活动。前款第（二）项异议，招标人应当当场作出答复，并制作书面记录。 鼓励潜在投标人、投标人或者其他利害关系人和招标人进行积极的磋商，妥善处理争议。

《招标投标法》的规定	《中华人民共和国招标投标法 （修订草案公开征求意见稿）》	笔者的建议稿
	第六十一条　招标人认为评标过程、评标报告违反法律、行政法规规定，不符合招标文件确定的评标标准和方法，或者评分存在错误的，有权在评标过程中或者自收到评标报告之日起三个工作日内向评标委员会提出异议。 　　对评标过程中收到的异议，评标委员会应当在评标结束前作出答复；对评标结束后收到的异议，评标委员会应当自收到异议之日起三个工作日作出答复。评标过程、评标报告存在问题的，应当及时予以更正，并在评标报告中记载。	**第六十一条**　<u>各级政府发展改革部门会同有关部门设立统一的招标采购投诉机构，专门集中独立处理各类项目招标采购投诉事宜。</u>
	第六十二条　招标人、潜在投标人、投标人、评标委员会成员或者其他利害关系人认为招标投标活动不符合本法规定的，可以自知道或者应当知道之日起十日内向有关行政监督部门投诉。投诉应当有明确的请求和必要的证明材料。 　　就本法第六十条规定事项投诉的，应当先向招标人提出异议；就本法第六十一条规定事项投诉的，应当先向评标委员会提出异议。异议答复期间不计算在前款规定的期限内。 　　招标人可以在招标文件中提出对招标投标过程中发生特定争议事项的仲裁、调解等处理途径。发生该争议事项后，潜在投标人、投标	**第六十二条**　<u>政府直接投资项目的潜在投标人、投标人或者其他利害关系人认为招标人在招标投标活动违反法律、法规、资格预审文件或招标文件等而致使自己的合法权益受到损害，可以自知道或者应当知道之日自己的合法权益受损害之日起十个工作日内向投诉处理部门投诉。投诉的应提交书面投诉申请，投诉申请应当有明确的请求和必要的证明材料。</u> 　　<u>非依法必须招标和国有企业投资的依法必须招标的企业投资项目，招标人可以在招标文件中提出对招标投标过程中发生特定争议事项的仲裁、调解等处理途径；招标文件未作规定的，潜在</u>

265

续表

《招标投标法》的规定	《中华人民共和国招标投标法（修订草案公开征求意见稿)》	笔者的建议稿
	人或者其他利害关系人选择仲裁、调解等处理途径的，有关行政监督部门不再受理有关该争议事项的投诉。经调解无法达成协议的，可以自调解终止之日起五日内向有关行政监督部门投诉。	投标人、投标人或者其他利害关系人既可以直接向法院起诉，也可以向投诉处理机构投诉，法律、行政法规对国有企业投资的依法必须招标项目另有规定的，从其规定。发生该争议事项后，潜在投标人、投标人或者其他利害关系人选择仲裁或诉讼的，投诉处理部门不得受理有关该争议事项的投诉。当事人申请人民调解，经调解无法达成协议的，可以自调解终止之日起五个工作日内向投诉处理部门提出。 采取政府和社会资本合作模式的工程建设项目的潜在投标人、投标人或者其他利害关系人可以自知道或者应当知道自己的合法权益受损害之日起十个工作日内向投诉处理部门申请，法律、行政法规另有规定，从其规定。 使用国际组织或者外国政府贷款、援助资金的项目的潜在投标人、投标人或者其他利害关系人的投诉，按照有关有关法规、规则处理。 就本法第六十条规定事项投诉的，潜在投标人、投标人或者其他利害关系人可以向招标人提出异议，异议答复期间不计算在前款规定的期限内。 通过招标投标方式订立的合同，在履行过程中发生争议的，适用《合同法》处理，法律、行政法规另有规定的除外。

《招标投标法》的规定	《中华人民共和国招标投标法 （修订草案公开征求意见稿)》	笔者的建议稿
	第六十三条 行政监督部门应当自收到投诉之日起三个工作日内决定是否受理投诉，并自受理投诉之日起三十个工作日内作出书面处理决定；需要检验、检测、鉴定、专家评审的，所需时间不计算在内。行政监督部门对投诉事项作出的处理决定，应当在国家规定的媒介上公告。 行政监督部门在投诉处理过程中，征得双方同意后，可以进行调解。 投诉人捏造事实、伪造材料或者以非法手段取得证明材料进行投诉的，行政监督部门应当予以驳回，并计入投诉人信用记录。以非法手段取得证明材料进行投诉，投诉事项属实的，行政监督部门应当依法作出处理决定。	**第六十三条** 投诉处理部门应当自收到投诉申请之日起三个工作日内决定是否受理投诉，并自受理投诉之日起二十个工作日内作出书面处理决定；需要检验、检测、鉴定、专家评审的，所需时间不计算在内。投诉处理部门对投诉事项作出的处理决定，以书面形式通知投诉人和与投诉事项有关的当事人，并应当在规定的媒介上公告。投诉处理部门部门在处理过程中，征得双方同意后，可以进行调解。 投诉人捏造事实、伪造材料或者以非法手段取得证明材料进行投诉的，投诉处理部门应当予以驳回，并通报行政监管部门。在处理投诉过程中发现其他违法行为的，应当向行政监管部门通报。
	第六十四条 行政监督部门处理投诉以及依法开展抽查检查过程中，有权查阅、复制招标档案和有关文件、资料，调查有关情况，相关单位和人员应当予以配合。必要时，行政监督部门可以责令暂停招标投标活动。 行政监督部门及其工作人员对工作过程中知悉的国家秘密、商业秘密，应当依法予以保密。	**第六十四条** 投诉处理部门有权查阅、复制招标档案和有关文件、资料，调查有关情况，相关单位和人员应当予以配合。投诉处理期间，却有必要时，投诉处理部门可以书面通知招标人暂停招标投标活动，但暂停时间最长不得超过二十个工作日。投诉处理部门有权要求招标人的改正，造成损失的，有权要求招标人给予赔偿。投诉处理部门投诉处理

续表

《招标投标法》的规定	《中华人民共和国招标投标法（修订草案公开征求意见稿)》	笔者的建议稿
		部门及其工作人员对工作过程中知悉的国家秘密、商业秘密，应当依法予以保密。政府直接投资项目应建立赔偿基金。投诉处理程序由行政法规、部门规章规定。
	第六十五条 投诉人对行政监督部门的投诉处理决定不服或者行政监督部门逾期未作处理的，可以依法申请行政复议或者向人民法院提起行政诉讼。	第六十五条 投诉人对投诉处理部门的处理决定不服或者投诉处理部门逾期未作处理的，可以依法申请行政复议或者向人民法院提起行政诉讼。
第五章 法律责任	第七章 法律责任	第七章 法律责任
第四十九条 违反本法规定，必须进行招标的项目而不招标的，将必须进行招标的项目化整为零或者以其他任何方式规避招标的，责令限期改正，可以处项目合同金额千分之五以上千分之十以下的罚款；对全部或者部分使用国有资金的项目，可以暂停项目执行或者暂停资金拨付；对单位直接负责的主管人员和其他直接责任人员依法给予处分。	第六十六条 违反本法规定，必须进行招标的项目而不招标的，将必须进行招标的项目化整为零或者以其他任何方式规避招标的，应当重新招标的项目不依法重新招标的，责令限期改正，可以处项目合同金额或者项目估算金额百分之一以上百分之二以下的罚款；对全部或者部分使用国有资金的项目，可以暂停项目执行或者暂停资金拨付。	第六十六条 违反本法规定，必须进行招标的项目而不招标的，将必须进行招标的项目化整为零或者以其他任何方式规避招标的，应当重新招标的项目不依法重新招标的，责令限期改正，可以处项目合同金额或者项目估算金额百分之一以上百分之二以下的罚款；对全部或者部分使用国有资金的项目，可以暂停项目执行或者暂停资金拨付。
第五十条 招标代理机构违反本法规定，泄露应当保密的与招标投标活动有关的情况和资料的，或者与招标人、投标人串通损害国家利益、社会公共利益或者他人合法权益的，处五万元以上二十五万元以下的罚款，对单位直接负责的主管人员和其他直接责任人员处单位	第六十七条 招标代理机构违反本法规定，泄露应当保密的与招标投标活动有关的情况和资料的，或者与招标人、投标人串通损害国家利益、社会公共利益或者他人合法权益的，处十万元以上五十万元以下的罚款，对单位直接负责的主管人员和其他直接责任人员处单位	第六十七条 招标代理机构违反本法规定，泄露应当保密的与招标投标活动有关的情况和资料的，或者与招标人、投标人串通损害国家利益、社会公共利益或者他人合法权益的，处十万元以上五十万元以下的罚款，对单位直接负责的主管人员和其他直接责任人员处单位

《招标投标法》的规定	《中华人民共和国招标投标法（修订草案公开征求意见稿）》	笔者的建议稿
罚款数额百分之五以上百分之十以下的罚款；有违法所得的，并处没收违法所得；情节严重的，禁止其一年至二年内代理依法必须进行招标的项目并予以公告，直至由工商行政管理机关吊销营业执照；构成犯罪的，依法追究刑事责任。给他人造成损失的，依法承担赔偿责任。 前款所列行为影响中标结果的，中标无效。	罚款数额百分之五以上百分之十以下的罚款；有违法所得的，并处没收违法所得；情节严重的，禁止其一年至三年内代理依法必须进行招标的项目并予以公告，直至由市场监督管理机关吊销营业执照，对单位直接负责的主管人员和其他直接责任人员禁止一年至三年内从事招标代理业务，直至终身禁止从事招标代理业务；构成犯罪的，依法追究刑事责任。给他人造成损失的，依法承担赔偿责任。 前款所列行为影响中标结果的，中标无效。	罚款数额百分之五以上百分之十以下的罚款；有违法所得的，并处没收违法所得；情节严重的，禁止其一年至三年内代理依法必须进行招标的项目并予以公告，直至由市场监督管理机关吊销营业执照，对单位直接负责的主管人员和其他直接责任人员禁止一年至三年内从事招标代理业务，直至终身禁止从事招标代理业务；构成犯罪的，依法追究刑事责任。给他人造成损失的，依法承担赔偿责任。
	第六十八条　招标项目依法需要先履行投资项目审批、核准手续，招标人未取得批准即组织招标的，责令改正，可以处两万元以上十万元以下的罚款。给他人造成损失的，依法承担赔偿责任。	**第六十八条**　招标项目依法需要先履行投资项目审批、核准手续，招标人未取得批准即组织招标的，责令改正，可以处两万元以上十万元以下的罚款。给他人造成损失的，依法承担赔偿责任。
第五十一条　招标人以不合理的条件限制或者排斥潜在投标人的，对潜在投标人实行歧视待遇的，强制要求投标人组成联合体共同投标的，或者限制投标人之间竞争的，责令改正，可以处一万元以上五万元以下的罚款。	**第六十九条**　招标人依法应当公开招标而采用邀请招标的，以不合理的条件限制或者排斥潜在投标人的，对潜在投标人实行歧视待遇的，限定只能以现金方式或者只能以非现金方式缴纳投标担保、履约担保的，强制要求投标人组成联合体共同投标的，限制投标人之间竞争的，或者向评标委员会提供的信息和介绍说明内容违反本法规定的，责令改正，可以处两万元以上二十万元以下的罚款。	**第六十九条**　招标人依法应当公开招标而采用邀请招标的，以不合理的条件限制或者排斥潜在投标人的，对潜在投标人实行歧视待遇的，限定只能以现金方式或者只能以非现金方式缴纳投标担保、履约担保的，强制要求投标人组成联合体共同投标的，限制投标人之间竞争的，或者向评标委员会提供的信息和介绍说明内容违反本法规定的，责令改正，可以处两万元以上二十万元以下的罚款。

续表

《招标投标法》的规定	《中华人民共和国招标投标法（修订草案公开征求意见稿)》	笔者的建议稿
	第七十条 招标人不依法发布招标公告、资格预审公告或者发出投标邀请书的，不依法在招标文件、资格预审文件中载明有关信息的，依法必须进行招标的项目不使用有关标准文本编制招标文件的，未依法为编制投标文件预留合理时间的，责令改正，并依照本法第六十九条的规定处罚；构成规避招标的，依照本法第六十六条的规定处罚。	**第七十条** 招标人不依法发布招标公告、资格预审公告或者发出投标邀请书的，不依法在招标文件、资格预审文件中载明有关信息的，依法必须进行招标的项目不使用有关标准文本编制招标文件的，责令改正，并依照本法第六十九条的规定处罚；构成规避招标的，依照本法第六十六条的规定处罚。
第五十二条 依法必须进行招标的项目的招标人向他人透露已获取招标文件的潜在投标人的名称、数量或者可能影响公平竞争的有关招标投标的其他情况的，或者泄露标底的，给予警告，可以并处一万元以上十万元以下的罚款；对单位直接负责的主管人员和其他直接责任人员依法给予处分；构成犯罪的，依法追究刑事责任。 前款所列行为影响中标结果的，中标无效。	**第七十一条** 招标人、电子招标投标交易平台等参与招标投标活动的主体向招标人以外的他人透露已获取招标文件的潜在投标人的名称、数量或者可能影响公平竞争的有关招标投标的其他情况的，或者泄露标底的，给予警告，可以并处两万元以上二十万元以下的罚款；构成犯罪的，依法追究刑事责任。 前款所列行为影响中标结果的，中标无效。	**第七十一条** 招标人、电子招标投标交易平台等参与招标投标活动的主体向招标人以外的他人透露已获取招标文件的潜在投标人的名称、数量或者可能影响公平竞争的有关招标投标的其他情况的，或者泄露标底的，给予警告，可以并处两万元以上二十万元以下的罚款；构成犯罪的，依法追究刑事责任。 前款所列行为影响中标结果的，中标无效。
	第七十二条 招标人不依法履行开标程序，允许未经开标公布的投标文件进入评标环节的，责令改正，可以并处两万元以上二十万元以下的罚款，有关中标无效。	**第七十二条** 招标人不依法履行开标程序，允许未经开标公布的投标文件进入评标环节的，责令改正，可以处两万元以上二十万元以下的罚款，有关中标无效。

续表

《招标投标法》的规定	《中华人民共和国招标投标法（修订草案公开征求意见稿）》	笔者的建议稿
第五十三条 投标人相互串通投标或者与招标人串通投标的，投标人以向招标人或者评标委员会成员行贿的手段谋取中标的，中标无效，处中标项目金额千分之五以上千分之十以下的罚款，对单位直接负责的主管人员和其他直接责任人员处单位罚款数额百分之五以上百分之十以下的罚款；有违法所得的，并处没收违法所得；情节严重的，取消其一年至二年内参加依法必须进行招标的项目的投标资格并予以公告，直至由工商行政管理机关吊销营业执照；构成犯罪的，依法追究刑事责任。给他人造成损失的，依法承担赔偿责任。	第七十三条 投标人相互串通投标或者与招标人串通投标的，投标人以向招标人、招标代理机构或者评标委员会成员提供财物或者给予其他利益等不正当手段谋取中标的，中标无效，处中标项目金额或者招标项目估算金额百分之一以上百分之五以下的罚款，对单位直接负责的主管人员和其他直接责任人员处单位罚款数额百分之五以上百分之十以下的罚款；有违法所得的，并处没收违法所得；情节严重的，取消其一年至三年内参加任何使用国有资金投资、国家融资、国际组织或者外国政府贷款、援助资金的项目的投标资格并予以公告，直至由市场监督管理机关吊销营业执照；构成犯罪的，依法追究刑事责任。给他人造成损失的，依法承担赔偿责任。	第七十三条 投标人相互串通投标或者与招标人串通投标的，投标人以向招标人、招标代理机构或者评标委员会成员提供财物或者给予其他利益等不正当手段谋取中标的，中标无效，处中标项目金额或者招标项目估算金额百分之一以上百分之五以下的罚款，对单位直接负责的主管人员和其他直接责任人员处单位罚款数额百分之五以上百分之十以下的罚款；有违法所得的，并处没收违法所得；情节严重的，取消其一年至三年内参加任何使用国有资金投资、国家融资、国际组织或者外国政府贷款、援助资金的项目的投标资格并予以公告，直至由市场监督管理机关吊销营业执照；构成犯罪的，依法追究刑事责任。给他人造成损失的，依法承担赔偿责任。
第五十四条 投标人以他人名义投标或者以其他方式弄虚作假，骗取中标的，中标无效，给招标人造成损失的，依法承担赔偿责任；构成犯罪的，依法追究刑事责任。 依法必须进行招标的项目的投标人有前款所列行为尚未构成犯罪的，处中标项目金额千分之五以上千分之十以下的罚款，对单位直接	第七十四条 投标人以他人名义投标或者以其他方式弄虚作假，骗取中标的，中标无效，给招标人造成损失的，依法承担赔偿责任；构成犯罪的，依法追究刑事责任。 依法必须进行招标的项目的投标人有前款所列以他人名义投标或者以其他方式弄虚作假行为尚未构成犯罪的，处中标项目金额或者招	第七十四条 投标人以他人名义投标或者以其他方式弄虚作假，骗取中标的，中标无效，给招标人造成损失的，依法承担赔偿责任；构成犯罪的，依法追究刑事责任。 依法必须进行招标的项目的投标人有前款所列以他人名义投标或者以其他方式弄虚作假行为尚未构成犯罪的，处中标项目金额或者招

《招标投标法》的规定	《中华人民共和国招标投标法（修订草案公开征求意见稿)》	笔者的建议稿
负责的主管人员和其他直接责任人员处单位罚款数额百分之五以上百分之十以下的罚款；有违法所得的，并处没收违法所得；情节严重的，取消其一年至三年内参加依法必须进行招标的项目的投标资格并予以公告，直至由工商行政管理机关吊销营业执照。	标项目估算金额百分之一以上百分之五以下的罚款，对单位直接负责的主管人员和其他直接责任人员处单位罚款数额百分之五以上百分之十以下的罚款；有违法所得的，并处没收违法所得；情节严重的，取消其一年至三年内参加任何使用国有资金投资、国家融资、国际组织或者外国政府贷款、援助资金的项目的投标资格并予以公告，直至由市场监督管理机关吊销营业执照。	标项目估算金额百分之一以上百分之五以下的罚款，对单位直接负责的主管人员和其他直接责任人员处单位罚款数额百分之五以上百分之十以下的罚款；有违法所得的，并处没收违法所得；情节严重的，取消其一年至三年内参加任何使用国有资金投资、国家融资、国际组织或者外国政府贷款、援助资金的项目的投标资格并予以公告，直至由市场监督管理机关吊销营业执照。
第五十五条 依法必须进行招标的项目，招标人违反本法规定，与投标人就投标价格、投标方案等实质性内容进行谈判的，给予警告，对单位直接负责的主管人员和其他直接责任人员依法给予处分。 前款所列行为影响中标结果的，中标无效。	第七十五条 依法必须进行招标的项目，招标人违反本法规定，与投标人就投标价格、投标方案等实质性内容进行谈判的，给予警告，可以处项目合同金额或者项目估算金额千分之五以上千分之十以下的罚款。 前款所列行为影响中标结果的，中标无效。	第七十五条 依法必须进行招标的项目，招标人违反本法规定，与投标人就投标价格、投标方案等实质性内容进行谈判的，给予警告，可以处项目合同金额或者项目估算金额千分之五以上千分之十以下的罚款。 前款所列行为影响中标结果的，中标无效。
第五十六条 评标委员会成员收受投标人的财物或者其他好处的，评标委员会成员或者参加评标的有关工作人员向他人透露对投标文件的评审和比较、中标候选人的推荐以及与评标有关的其他情况的，给予警告，没收收受的财物，可以并处三千元以上五万元以下的罚款，对有所列违法行为的评标委员会成员取消担任评标	第七十六条 评标委员会成员违反本法规定，不客观、公正、勤勉履行评标职责的，责令改正；拒不改正或者有其他严重情节的，处一万元以上五万元以下的罚款，禁止三个月至一年内参加依法必须进行招标的项目的评标；情节特别严重的，禁止三年内参加依法必须进行招标的项目的评标，并将其从各级评标专家库除名，	第七十六条 评标委员会成员违反本法规定，不按照招标文件规定的评标标准和方法评标的，责令改正；拒不改正或者有其他严重情节的，处一万元以上五万元以下的罚款，禁止三个月至一年内参加依法必须进行招标的项目的评标；情节特别严重的，禁止三年内参加依法必须进行招标的项目的评标，并将其从各级评标专家

《招标投标法》的规定	《中华人民共和国招标投标法（修订草案公开征求意见稿）》	笔者的建议稿
委员会成员的资格，不得再参加任何依法必须进行招标的项目的评标；构成犯罪的，依法追究刑事责任。	三年内不再接受其入库申请。 　　评标委员会成员故意隐瞒与投标人的利害关系的，私下接触投标人的，收受投标人的财物或者其他好处的，评标委员会成员或者参加评标的有关工作人员向他人透露对投标文件的评审和比较、中标候选人的推荐以及与评标有关的其他情况的，给予警告，没收收受的财物，可以并处两万元以上十万元以下的罚款，对有所列违法行为的评标委员会成员取消担任评标委员会成员的资格，不得再参加任何依法必须进行招标的项目的评标，并将其从各级评标专家库除名，终生不再接受其入库申请；构成犯罪的，依法追究刑事责任；给招标人造成损失的，依法承担赔偿责任。 　　评标委员会成员中的招标人代表违反本条规定的，可以同时对招标人处两万元以上十万元以下的罚款。 　　前款所列行为影响中标结果的，中标无效。	库除名，三年内不再接受其入库申请。 　　评标委员会成员故意隐瞒与投标人的利害关系的，私下接触投标人的，收受投标人的财物或者其他好处的，评标委员会成员或者参加评标的有关工作人员向他人透露对投标文件的评审和比较、中标候选人的推荐以及与评标有关的其他情况的，给予警告，没收收受的财物，可以并处两万元以上十万元以下的罚款，对有所列违法行为的评标委员会成员取消担任评标委员会成员的资格，不得再参加任何依法必须进行招标的项目的评标，并将其从各级评标专家库除名，终生不再接受其入库申请；构成犯罪的，依法追究刑事责任；给招标人造成损失的，依法承担赔偿责任。 　　评标委员会成员中的招标人代表违反本条规定的，可以同时对招标人处两万元以上十万元以下的罚款。 　　前款所列行为影响中标结果的，中标无效。
第五十七条　招标人在评标委员会依法推荐的中标候选人以外确定中标人的，依法必须进行招标的项目在所有投标被评标委员会否决后自行确定中标人的，中标无效。责令改正，可以处中	第七十七条　招标人在评标委员会依法推荐的中标候选人以外确定中标人的，不按照招标文件规定的定标方法确定中标人的，依法必须进行招标的项目在所有投标被评标委员会否决后自行	第七十七条　招标人在评标委员会依法推荐的中标候选人以外确定中标人的，不按照招标文件规定的定标方法确定中标人的，依法必须进行招标的项目在所有投标被评标委员会否决后自行

续表

《招标投标法》的规定	《中华人民共和国招标投标法 （修订草案公开征求意见稿）》	笔者的建议稿
标项目金额千分之五以上千分之十以下的罚款；对单位直接负责的主管人员和其他直接责任人员依法给予处分。	确定中标人的，中标无效。责令改正，可以处中标项目金额百分之一以上百分之二以下的罚款。	确定中标人的，中标无效。责令改正，可以处中标项目金额百分之一以上百分之二以下的罚款。
	第七十八条 招标人不依法告知资格预审结果的，不依法公示中标人的，不依法履行向投标人的书面告知义务的，不依法通知或者公告中标结果的，责令改正，可以处两万元以上十万元以下的罚款。	**第七十八条** 招标人不依法告知资格预审结果的，不依法公示中标人的，不依法履行向投标人的书面告知义务的，不依法通知或者公告中标结果的，责令改正，可以处两万元以上十万元以下的罚款。
第五十八条 中标人将中标项目转让给他人的，将中标项目肢解后分别转让给他人的，违反本法规定将中标项目的部分主体、关键性工作分包给他人的，或者分包人再次分包的，转让、分包无效，处转让、分包项目金额千分之五以上千分之十以下的罚款；有违法所得的，并处没收违法所得；可以责令停业整顿；情节严重的，由工商行政管理机关吊销营业执照。	**第七十九条** 中标人将中标项目转让给他人的，将中标项目肢解后分别转让给他人的，违反本法规定将中标项目的部分主体、关键性工作分包给他人的，或者分包人再次分包的，转让、分包无效，处转让、分包项目金额百分之一以上百分之五以下的罚款；有违法所得的，并处没收违法所得；可以责令停业整顿；情节严重的，由市场监督管理机关吊销营业执照。	**第七十九条** 中标人将中标项目转让给他人的，将中标项目肢解后分别转让给他人的，违反本法规定将中标项目的部分主体、关键性工作分包给他人的，或者分包人再次分包的，转让、分包无效，处转让、分包项目金额百分之一以上百分之五以下的罚款；有违法所得的，并处没收违法所得；可以责令停业整顿；情节严重的，由市场监督管理机关吊销营业执照。
第五十九条 招标人与中标人不按照招标文件和中标人的投标文件订立合同的，或者招标人、中标人订立背离合同实质性内容的协议的，责令改正；可以处中标项目金额千分之五以上千分之十以下的罚款。	**第八十条** 招标人与中标人不按照招标文件和中标人的投标文件订立合同的，或者招标人、中标人订立背离合同实质性内容的协议的，责令改正；可以对招标人和中标人分别处中标项目金额百分之一以上百分之二以下的罚款。	**第八十条** 招标人与中标人不按照招标文件和中标人的投标文件订立合同的，或者招标人、中标人订立背离合同实质性内容的协议的，责令改正；可以对招标人和中标人分别处中标项目金额百分之一以上百分之二以下的罚款。

续表

《招标投标法》的规定	《中华人民共和国招标投标法（修订草案公开征求意见稿)》	笔者的建议稿
	第八十一条　依法必须进行招标的项目，招标人违反本法规定，不及时公布招标计划的，不履行招标方案审批、备案程序的，擅自终止招标的，不履行终止招标的备案程序的，不履行重新招标失败后的备案程序的，不提交招标投标和合同订立情况的书面报告的，不依法公开合同订立和履行情况信息的，不备案更换中标人情况的，或者提供虚假备案信息的，责令改正，可以处两万元以上十万元以下的罚款。	**第八十一条**　依法必须进行招标的项目，招标人违反本法规定，不及时公布招标计划的，不履行招标方案审批、备案程序的，擅自终止招标的，不履行终止招标的备案程序的，不履行重新招标失败后的备案程序的，不提交招标投标和合同订立情况的书面报告的，不依法公开合同订立和履行情况信息的，不备案更换中标人情况的，或者提供虚假备案信息的，责令改正，可以处两万元以上十万元以下的罚款。
第六十条　中标人不履行与招标人订立的合同的，履约保证金不予退还，给招标人造成的损失超过履约保证金数额的，还应当对超过部分予以赔偿；没有提交履约保证金的，应当对招标人的损失承担赔偿责任。 中标人不按照与招标人订立的合同履行义务，情节严重的，取消其二年至五年内参加依法必须进行招标的项目的投标资格并予以公告，直至由工商行政管理机关吊销营业执照。 因不可抗力不能履行合同的，不适用前两款规定。	**第八十二条**　中标人不履行与招标人订立的合同的，招标人可以要求履约担保人承担担保责任，给招标人造成的损失超过履约担保范围的，还应当对超过部分予以赔偿；没有提供履约担保的，应当对招标人的损失承担赔偿责任。 招标人不按照约定支付合同价款的，中标人可以要求支付担保人承担担保责任，给中标人造成的损失超过支付担保范围的，还应当对超过部分予以赔偿；没有提供支付担保的，应当对中标人的损失承担赔偿责任。 中标人不按照与招标人订立的合同履行义务，情节严重的，取消其二年至五年	**第八十二条**　中标人不履行与招标人订立的合同的，招标人可以要求履约担保人承担担保责任，给招标人造成的损失超过履约担保范围的，还应当对超过部分予以赔偿；没有提供履约担保的，应当对招标人的损失承担赔偿责任。 招标人不按照约定支付合同价款的，中标人可以要求支付担保人承担担保责任，给中标人造成的损失超过支付担保范围的，还应当对超过部分予以赔偿；没有提供支付担保的，应当对中标人的损失承担赔偿责任。 中标人不按照与招标人订立的合同履行义务，情节严重的，取消其二年至五年

《招标投标法》的规定	《中华人民共和国招标投标法（修订草案公开征求意见稿)》	笔者的建议稿
	内参加依法必须进行招标的项目的投标资格并予以公告,直至由市场监督管理机关吊销营业执照。 因不可抗力不能履行合同的,不适用前两款规定。	内参加依法必须进行招标的项目的投标资格并予以公告,直至由市场监督管理机关吊销营业执照。 因不可抗力不能履行合同的,不适用前两款规定。
	第八十三条 电子招标投标交易平台出现安全性、保密性或者可靠性问题,不符合国家规定的技术规范和监督管理要求的,责令其建设、运营机构改正;拒不改正的,不得交付使用,已经运营的应当停止运营。 电子招标投标交易平台建设、运营机构违反本法规定,泄露应当保密的与招标投标活动有关的情况和资料的,或者与招标人、投标人串通损害国家利益、社会公共利益或者他人合法权益的,处十万元以上五十万元以下的罚款,对单位直接负责的主管人员和其他直接责任人员处单位罚款数额百分之五以上百分之十以下的罚款;有违法所得的,并处没收违法所得;情节严重的,禁止其一年至三年内运行依法必须进行招标的项目并予以公告,直至由市场监督管理机关吊销营业执照;构成犯罪的,依法追究刑事责任。给他人造成损失的,依法承担赔偿责任。 前款所列行为影响中标结果的,中标无效。	**第八十三条** 电子招标投标交易平台出现安全性、保密性或者可靠性问题,不符合国家规定的技术规范和监督管理要求的,责令其建设、运营机构改正;拒不改正的,不得交付使用,已经运营的应当停止运营。 电子招标投标交易平台建设、运营机构违反本法规定,泄露应当保密的与招标投标活动有关的情况和资料的,或者与招标人、投标人串通损害国家利益、社会公共利益或者他人合法权益的,处十万元以上五十万元以下的罚款,对单位直接负责的主管人员和其他直接责任人员处单位罚款数额百分之五以上百分之十以下的罚款;有违法所得的,并处没收违法所得;情节严重的,禁止其一年至三年内运行依法必须进行招标的项目并予以公告,直至由市场监督管理机关吊销营业执照;构成犯罪的,依法追究刑事责任。给他人造成损失的,依法承担赔偿责任。 前款所列行为影响中标结果的,中标无效。

续表

《招标投标法》的规定	《中华人民共和国招标投标法（修订草案公开征求意见稿）》	笔者的建议稿
	第八十四条　潜在投标人、投标人或者其他利害关系人捏造事实、伪造材料或者以非法手段取得证明材料进行投诉，处两万元以上二十万元以下的罚款；情节严重的，取消其一年至三年内参加任何使用国有资金投资、国家融资、国际组织或者外国政府贷款、援助资金的项目的投标资格并予以公告，直至由市场监督管理机关吊销营业执照；给他人造成损失的，依法承担赔偿责任。 　　招标人有前款规定情形的，处两万元以上二十万元以下的罚款；给他人造成损失的，依法承担赔偿责任。 　　招标人、评标委员会不按照规定对异议作出答复，继续进行招标投标活动的，由有关行政监督部门责令改正，拒不改正或者不能改正并影响中标结果的，招标、投标、中标无效，应当依法重新招标或者评标；情节严重的，可以对招标人、评标委员会成员处两万元以上十万元以下的罚款。	**第八十四条**　潜在投标人、投标人或者其他利害关系人捏造事实、伪造材料或者以非法手段取得证明材料进行投诉，处两万元以上二十万元以下的罚款；情节严重的，取消其一年至三年内参加任何使用国有资金投资、国家融资、国际组织或者外国政府贷款、援助资金的项目的投标资格并予以公告，直至由市场监督管理机关吊销营业执照；给他人造成损失的，依法承担赔偿责任。 　　招标人有前款规定情形的，处两万元以上二十万元以下的罚款；给他人造成损失的，依法承担赔偿责任。 　　招标人、评标委员会不按照规定对异议作出答复，继续进行招标投标活动的，由有关行政监督部门责令改正，拒不改正或者不能改正并影响中标结果的，招标、投标、中标无效，应当依法重新招标或者评标；情节严重的，可以对招标人、评标委员会成员处两万元以上十万元以下的罚款。
第六十一条　本章规定的行政处罚，由国务院规定的有关行政监督部门决定。本法已对实施行政处罚的机关作出规定的除外。	**第八十五条**　本章规定的行政处罚，由国务院规定的有关行政监督部门决定。本法已对实施行政处罚的机关作出规定的除外。	**第八十五条**　本章规定的行政处罚，由国务院规定的有关行政监督部门决定。本法已对实施行政处罚的机关作出规定的除外。

续表

《招标投标法》的规定	《中华人民共和国招标投标法（修订草案公开征求意见稿)》	笔者的建议稿
	第八十六条 机关、团体、国有企事业单位有本法第六十六条至第八十四条规定情形的，对单位直接负责的主管人员和其他直接责任人员依法给予处分。	第八十六条 机关、团体、国有企事业单位有本法第六十六条至第八十四条规定情形的，对单位直接负责的主管人员和其他直接责任人员依法给予处分。
第六十二条 任何单位违反本法规定，限制或者排斥本地区、本系统以外的法人或者其他组织参加投标的，为招标人指定招标代理机构，强制招标人委托招标代理机构办理招标事宜的，或者以其他方式干涉招标投标活动的，责令改正；对单位直接负责的主管人员和其他直接责任人员依法给予警告、记过、记大过的处分，情节较重的，依法给予降级、撤职、开除的处分。 个人利用职权进行前款违法行为的，依照前款规定追究责任。	第八十七条 任何单位违反本法规定，强制要求本法第三条规定范围以外的项目进行招标的，限制或者排斥法人或者非法人组织参加投标的，为招标人指定招标代理机构或者限定招标人选择招标代理机构的方式的，强制招标人委托招标代理机构办理招标事宜的，强制招标人采用特定资格审查办法的，非法干预招标文件编制的，强制招标人选择特定评标方法或者定标方法的，禁止或者限制招标人的代表进入评标委员会的，或者以其他方式干涉招标投标活动的，责令改正；对单位直接负责的主管人员和其他直接责任人员依法给予警告、记过、记大过的处分，情节较重的，依法给予降级、撤职、开除的处分。 个人利用职权进行前款违法行为的，依照前款规定追究责任。	第八十七条 任何单位违反本法规定，强制要求本法第三条规定范围以外的项目进行招标的，限制或者排斥法人或者非法人组织参加投标的，为招标人指定招标代理机构或者限定招标人选择招标代理机构的方式的，强制招标人委托招标代理机构办理招标事宜的，强制招标人采用特定资格审查办法的，非法干预招标文件编制的，强制招标人选择特定评标方法或者定标方法的，禁止或者限制招标人的代表进入评标委员会的，或者以其他方式干涉招标投标活动的，责令改正；对单位直接负责的主管人员和其他直接责任人员依法给予警告、记过、记大过的处分，情节较重的，依法给予降级、撤职、开除的处分。 个人利用职权进行前款违法行为的，依照前款规定追究责任。

续表

《招标投标法》的规定	《中华人民共和国招标投标法（修订草案公开征求意见稿)》	笔者的建议稿
第六十三条 对招标投标活动依法负有行政监督职责的国家机关工作人员徇私舞弊、滥用职权或者玩忽职守，构成犯罪的，依法追究刑事责任；不构成犯罪的，依法给予行政处分。	**第八十八条** 对招标投标活动依法负有行政监督职责的国家机关工作人员徇私舞弊、滥用职权或者玩忽职守，构成犯罪的，依法追究刑事责任；不构成犯罪的，依法给予行政处分。	**第八十八条** 对招标投标活动依法负有行政监督职责的国家机关工作人员徇私舞弊、滥用职权或者玩忽职守，构成犯罪的，依法追究刑事责任；不构成犯罪的，依法给予行政处分。
第六十四条 依法必须进行招标的项目违反本法规定，中标无效的，应当依照本法规定的中标条件从其余投标人中重新确定中标人或者依照本法重新进行招标。	**第八十九条** 依法必须进行招标的项目违反本法规定，中标无效的，应当依照本法规定的中标条件从其余投标人中重新确定中标人或者依照本法重新进行招标。合同已经签订或者履行的，按照合同法等有关法律法规规定处理。	**第八十九条** 依法必须进行招标的项目违反本法规定而中标无效的，尚未签订合同的，应当依照本法规定的中标条件从其余投标人中重新确定中标人或者依照本法重新进行招标。合同已经签订但尚未履行的，终止履行，重新进行招标。合同已经履行的，按照合同法等有关法律法规规定处理。
第六章 附 则	**第八章 附 则**	**第八章 附 则**
第六十五条 投标人和其他利害关系人认为招标投标活动不符本法有关规定的，有权向招标人提出异议或者依法向有关行政监督部门投诉。		
第六十六条 涉及国家安全、国家秘密、抢险救灾或者属于利用扶贫资金实行以工代赈、需要使用农民工等特殊情况，不适宜进行招标的项目，按照国家有关规定可以不进行招标。	**第九十条** 涉及国家安全、国家秘密、抢险救灾或者属于利用扶贫资金实行以工代赈、需要使用农民工等特殊情况，不适宜进行招标的项目，按照国家有关规定可以不进行招标。	删除，已并入第三条。

续表

《招标投标法》的规定	《中华人民共和国招标投标法（修订草案公开征求意见稿)》	笔者的建议稿
第六十七条　使用国际组织或者外国政府贷款、援助资金的项目进行招标，贷款方、资金提供方对招标投标的具体条件和程序有不同规定的，可以适用其规定，但违背中华人民共和国的社会公共利益的除外。	第九十一条　使用国际组织或者外国政府贷款、援助资金的项目进行招标，贷款方、资金提供方公开发布的采购规则对招标投标的具体条件和程序有不同规定的，可以适用其规定，但违背中华人民共和国的社会公共利益的除外。	第九十条　使用国际组织或者外国政府贷款、援助资金的项目进行招标，贷款方、资金提供方公开发布的采购规则对招标投标的具体条件和程序有不同规定的，可以适用其规定，但违背中华人民共和国的社会公共利益的除外。
	第九十二条　本法规定的违法行为行政处罚追溯期限，应当自相关招标项目实施完成之日起计算；相关招标项目未完成而终止实施的，自终止之日起计算。	第九十一条　本法规定的违法行为行政处罚追溯期限，应当自招标投标活动完成或终止之日起计算。
	第九十三条　本法规定按日、工作日计算期间的，开始当天不计入，从次日开始计算。期限的最后一日是国家法定节假日的，顺延到节假日后的次日为期限的最后一日。	第九十二条　本法规定按日、工作日计算期间的，开始当天不计入，从次日开始计算。期限的最后一日是国家法定节假日的，顺延到节假日后的次日为期限的最后一日。
第六十八条　本法自2000年1月1日起施行。	第九十四条　本法自　年　月　日起施行。	第九十三条　本法自　年　月　日起施行。